宋徽宗时代

余耀华◎著

新华出版社

图书在版编目（CIP）数据

宋徽宗时代 / 余耀华著.
-- 北京 : 新华出版社, 2020.1
ISBN 978-7-5166-4930-5

Ⅰ. ①宋… Ⅱ. ①余… Ⅲ. ①中国历史－研究－北宋
Ⅳ. ①K244.07

中国版本图书馆CIP数据核字(2019)第246348号

宋徽宗时代

作　　者：余耀华

责任编辑：陈君君　　**封面设计：**李尘工作室

出版发行：新华出版社
地　　址：北京石景山区京原路8号　　**邮　　编：**100040
网　　址：http://www.xinhuanet.com/publish
经　　销：新华书店、新华出版社天猫旗舰店、京东旗舰店及各大网店
购书热线：010－63077122　　**中国新闻书店购书热线：**010－63072012

照　　排：六合方圆
印　　刷：北京市文林印务有限公司

成品尺寸：170mm×240mm
印　　张：19.25　　**字　　数：**330千字
版　　次：2020年1月第一版　　**印　　次：**2020年1月第一次印刷

书　　号：ISBN 978-7-5166-4930-5
定　　价：49.00元

前 言

中华民族上下五千年历史，官府修正史，民间有野史，后人写前人，文人写历史，该用一种什么样的态度？是戏说还是正传？是据野史演义还是正史为鉴？每一个作家都有自己选择的权利。其实，两种态度在司马迁写《史记》时便已并存。完全客观的历史学家不存在，完全客观的作家更是不存在。即便是食官俸的皇家史官，也都是遮遮掩掩地表现出自己对人物的好恶，即使是治学严谨的太史公司马迁写《史记》，也添加了大量的文学描写和大胆想象。每一个以历史为题材的作家，都可以在遵从基本历史事实的前提下，写出自己心中的历史，只要写得有趣、有味，足矣！

北宋靖康二年（1127年），在中国历史长河中只是一瞬间，却是一个令人难以忘怀、值得永远记住的日子。这一年，经济文化堪称辉煌灿烂，发达程度不亚于甚或超过汉、唐最为鼎盛的时期，经济文化发展达到巅峰，甚或是当时世界经济文化最发达的北宋王朝，顷刻之间宣告覆亡，“靖康耻”如刀子般永远刻进了中国人的记忆中。

社稷倾覆，江山易主，宋徽宗自然有不可推卸的责任，但是，如果将罪过全部算在他一人身上，那也不尽公允。众所周知，北宋自真宗以后，阶级矛盾、民族矛盾激化，“冗官”“冗兵”“冗费”问题突出，财政危机加剧，王朝统治处于风雨飘摇之中。有志之士为挽救危机，进行了许多努力，如仁宗时范仲淹的庆历新政，表现出一代贤臣先天下之忧而忧、后天下之乐而乐的拳拳之心，神宗时的王安石变法，更是北宋王朝的最后一根火柴，只是好景不长，被反对派的口水浇灭了。宋徽宗亲政的时候，北宋王朝已是每况愈下，气数将尽了。

宋徽宗执政时，北宋王朝积弱已久，就像一个久染沉疴、行将就木的病人，要徽宗妙手回春，挽狂澜于既倒，似乎不切实际。但是，徽宗昏庸无道，挥霍无度，远君子，近奸佞，大兴土木，弃儒崇道，对北宋的灭亡，起到了推波助澜的作用，成为压死骆驼的最后一根稻草。

徽宗联金灭辽，本想大申国威，谁知弄巧成拙，竟然引狼入室，让金国铁骑以摧枯拉朽之势颠覆了北宋王朝。后世不少史学家对徽宗这一决策提出质疑，认为这是导致北宋覆亡的催命符。

客观地说，徽宗图谋恢复燕云十六州之举并无不当，自五代时期石敬瑭将燕云十六州割让给辽国以来，中原王朝便丧失了抵御游牧民族南下的屏障——长城。而自燕京至黄河之间地势平坦，几乎无险可守，游牧民族很容易长驱直入进入中原腹地。从五代末周世宗柴荣以来，中原王朝便处心积虑地要收复燕云失地，以使本固邦宁。宋朝皇帝都在做这件事，无奈都是以损兵折将而告终。真宗选择以金钱换和平的方略，和契丹签订“澶渊之盟”，尽管在对辽贸易中赚回了岁币，但对辽纳岁币，毕竟对一个主权国家，是一件很难堪的事情。因此，徽宗宁愿将给辽的岁币转给金人，也要收复燕云十六州，这个想法无可厚非。

在探讨北宋亡国的历史问题时，有的说法认为是政权腐朽，有的说法认为敌对者有强大的铁骑，铁骑具有当时最强大的战斗力。事实这两点都不足以解释北宋积弱与灭亡的根源。

北宋灭亡的根本原因在于重文轻武。自元祐以来，朝廷上下几无可用之将，举国内外几无可战之兵，在联金灭辽的大战中，竟然派一个不知用兵的宦官童贯为帅，真正是山中无老虎，猴子称大王啊！以兵力而论，北宋士兵的人数数倍于金兵，但当剽悍的金兵铁骑挥师南下的时候，几乎没有遇到什么有效的抵抗，越过黄河天险犹如跨越一条平静的小河，直抵汴京城下。一切都是那么突然，徽宗还沉醉于享乐之中，一夜之间，便由雍容华贵的天子变成了阶下囚。

作为皇帝，以宋徽宗的才能，治理国家本可游刃有余，但他却是失败者，把一个好端端的国家弄得满目疮痍，哀鸿遍野，十室九空，民怨沸腾。在断送了繁花似锦的北宋江山的同时，也尝到了自己种下的苦果。

作为艺术家，宋徽宗极为成功：潇洒飘逸、刚柔相济的瘦金体；栩栩如生、呼之欲出的花鸟人物图；饱蘸泪水、哀怨低回的诗词，时隔八百余年，仍然放射着璀璨夺目的光彩。

客观地说，宋徽宗虽然寻花问柳，嫖娼狎妓，但没有像前蜀王衍写出“这边走，那边走，只是寻花柳。那边走，这边走，莫厌金杯酒”（《醉妆词》）那样格调低下的词，也没有像李后主写出“奴为出来难，教郎恣意怜”（《菩萨蛮》）那样露骨的词，从操守来说，宋徽宗风流，但不下流。

赵佶是一位杰出的艺术家，他当皇帝，是个人的悲剧，也是时代的悲剧，他添加的最后一根稻草，压死了骆驼。

目 录

第一篇

帝国遗产的继承人

第一章　有争议的继承人

梦之兆

北宋元丰五年（1082年）十月十日，东京紫禁城皇宫里传出一阵婴儿的啼哭声，神宗又添了一位皇子，他就是赵佶。

据说赵佶降生之前，神宗到秘书省巡视，偶见东厢房的墙壁上挂着一幅南唐后主李煜的画像，画中的李煜丰神秀骨，眉清目朗，风流倜傥，雍容华贵。神宗对这位亡国之君的儒雅风度极为心仪，便在旁边的椅子上小坐一会，谁知刚刚坐下，忽觉一阵头晕，蒙眬之中见画中的李煜从墙上走下来，冲着他双手一揖道："恭喜陛下，今夜喜得龙子，此子乃天上文曲星下凡，才高八斗，学富五车，聪明盖世，乃绝代奇才。"神宗皇帝正欲问话，李煜又重新走进画中，两眼注视前方，纹丝不动。神宗晃晃头，眨眨眼，显得有些蒙眬。

内侍见状，关心地说："皇上，您很疲劳，回宫休息吧！"

"没有呀！"神宗道，"朕好好的，怎么疲劳了？"

"皇上刚坐下，就小憩了一会儿。"内侍道，"我们大家都站在这里，等皇上醒来呢！"

"有这种事吗？"神宗颇为吃惊，这才知道刚才做了个梦，微笑着说，"没事，没事了。"

当天晚上，后宫陈御侍果然生下一子，这位皇子，就是宋徽宗赵佶。

当时或稍后一点的人们都普遍倾向于相信神宗的这个梦：徽宗由李煜转世托生。神宗后来回忆这件事时，也曾说徽宗是“生时梦李主来谒，所以文采风流，过李主百倍”。

熟悉中国文学艺术史的人，则会很容易地发现：南唐李煜和宋徽宗确实有惊人的相似之处：

——同样具有极高的艺术天分，才华横溢，文采风流；不同的是，在诗词曲赋方面，徽宗略输文采；在书法绘画方面，李煜则稍逊一筹。

——在治理国家上，两人同样弱智，同样昏庸，同样不管别人死活，只顾自己享乐，可恶至极；不同的仅仅是祸害人的程度与范围而已。

——两人同样都是亡国之君。李煜的南唐亡于徽宗的祖宗赵匡胤之手，徽宗的北宋亡于金国女真人的铁蹄之下。

——两人的归宿同样悲惨不堪。

李煜成为俘虏，被软禁在宋都汴梁，眼睁睁地看着心爱的妻子被赵家天子屡屡召去侍酒侍宴侍寝，成了真正的“三陪”。阴历七月七日，是李煜的生日，也是牛郎织女鹊桥相会的时候，而此时这位词人皇帝心爱的小周后，却被宋太宗赵光义召去侍宴后侍寝，妻子向他哭泣诉救，他却毫无办法，万分悲怆地写了一首《虞美人》，这位亡国之君在词中不敢发泄不满，只是满怀凄楚地怀念故国和往昔岁月：

春花秋月何时了？
往事知多少。
小楼昨夜又东风，
故国不堪回首月明中。
雕栏玉砌应犹在，
只是朱颜改。
问君能有几多愁？
恰似一江春水向东流。

宋徽宗被女真铁骑掠到冰天雪地的黑龙江，被安置在北方小镇五国城（今黑龙江省依兰县），除了年老色衰者，几乎所有妻子女儿都被女真人瓜分，沦为姬妾，失宠后，再沦为奴婢侍女。临死，这位天才的艺术家皇帝也写过一首怀念故国与往昔的词——《燕山亭·北行见杏花》。这首词准确地表现了作者的悲怆与真情，这可能是宋徽宗的所有文学作品中最好的一首词：

裁剪冰绡，
轻叠数重，
淡著胭脂匀注。
新样靓妆，
艳溢香融，
羞杀蕊珠宫女。
易得凋零，
更多少无情风雨。
愁苦！
问院落凄凉，
几番春暮？

凭寄离恨重重，
这双燕何曾，
会人言语？
天遥地远，
万水千山，
知他故宫何处？
怎不思量，
除梦里有时曾去。

无据，

和梦也新来不做。

往昔的一切，就连做梦也梦不到了，其悲怆可以想见。

赵佶一岁时便被神宗封为镇宁军节度使、宁国公。哲宗继位后，又晋封为遂宁郡王，绍圣三年（1096年）改封为端王。

哲宗元符年间，哲宗皇帝唯一的儿子、太子赵茂夭折，哲宗因皇嗣未立，郁郁寡欢。听说泰州天庆观有一个名叫徐神翁的道士善于推测人的命任休咎，便派宦官前去询问。宦官见到徐神翁，说明来意。徐神翁沉吟片刻说：“上天已经降下嗣君，大人何必再问？”

宦官说：“皇上别无子嗣，嗣君是谁？”

徐神翁缄默不语，被宦官问得急了，随手取过一片纸，写了“吉人”两个字，递给宦官说：“拿回去交差吧！”

宦官再问，徐神翁已打坐入定，无奈之下，只得回京复命。

哲宗召集群臣议事，询问“吉人”二字何意，满朝文武中虽不乏高人，但一个个如坠雾里，没有人能悟透其中奥秘，只得作罢。

其实，“吉人”二字合起来是一个“佶”字，这是宋徽宗的名讳，徐神翁之所以不肯明说，是怕泄露了天机。

元符年间，哲宗在殿廷每天有一次朝会，叫作上朝，也叫廷议，各位大臣上朝时，都手拿一块笏板，将上朝要说的话写在笏板上，以免到时忘记了。上朝时，值班舍人必定要手持笏板巡视班列，遇到没有拿好笏板或站立不合规矩者，都要大声提醒一句：“端笏立！”意思是要恭恭敬敬拿好笏板，遵守好殿廷上的规矩。赵佶当时已被立为端王，有人认为，“端笏立！”意味着端王已经有被立为帝的预兆了。

还有一件事情很有趣：哲宗曾创建一堂，落成之后，让群臣起一个恰当的堂名，那些饱读诗书的文人士子一个个搜索枯肠，想取一个好听的名字以博取皇上欢心，哲宗竟然一个也没有看中。臣子取的名字不中意，还是自己来吧！哲宗沉思片刻，突然灵光一闪，大声说："就叫'迎端'吧！"意思是迎事端而治之，办一件事情，开始就要认真，不料这却成了迎端王入继大统的符谶。

这几段阿谀奉承的记载非常荒唐，无法使人相信，但赵佶的知名度却一天一天高起来。

赵佶暗自欢喜，但只能埋在心里。因为哲宗正值盛年，此时谈皇位继承是一个不成立的命题。赵佶当藩王的时候，管家杨震对他忠心耿耿。一次，两只鹤鸟降落在端王府后花园的桂花树上，鹤降于庭，向来被视为祥瑞。朝中大臣纷纷前来祝贺，赵佶内心也喜不自禁。杨震担心传出去引起哲宗皇帝的猜忌，便把那些人赶走了，对他们说，你们看错了，是鹳非鹤！又有一次，端王寝阁上突然长出一株灵芝，这又是祥瑞之兆，大臣们纷纷前来祝贺。杨震是一个有心人，连忙把灵芝铲掉，对人说是菌非芝。赵佶对杨震的做法有些不满，后来才理解到他护主的良苦用心，从此对杨震更加信任。

一连串的祥瑞异兆，让赵佶心里有些不淡定了，难道说自己真能位登九五吗？终于有一天，他按捺不住了，叫来一个仆人，吩咐说："你拿我的生辰八字到大相国寺去，等开门时进去，让每一个卦都推算一遍，询问吉凶祸福，但只准说为你自己算命，不准说出我来。"

仆人奉命而去，每一个卦摊都前去询问，那些占卜者信口胡诌，竟无一人能看出徽宗的富贵之命。仆人大失所望，正准备打道回府时，突然发现不远处的树底下坐着一位占卜者，神色淡定，对过往之人行注目礼，仆人慢慢踱过去，礼貌地问："先生哪里人？"

"浙人陈彦！"

仆人拿出赵佶的生辰八字递过去，说："这是在下的生辰八字，请先生测一下吉凶祸福。"

陈彦接过去看了看，熟视仆人一会儿后说："你这人真会开玩笑，这不是你的生辰八字啊！"

“那是谁的生辰八字？”仆人显得很吃惊。

“这是天子的生辰八字，你为何以此捉弄人呢？”

仆人大惊失色，一句话也没说，付了卦资，转身就走。

急忙回府向赵佶报告。

赵佶听了仆人的报告，沉思片刻后，对仆人说：“你明天再去一趟，不必隐瞒，就说是我的生辰八字，看他怎么说。”

仆人第二天再去相国寺见陈彦，把赵佶的话复述了一遍。陈彦叹息良久，对仆人说：“你回去禀报端王，他命中注定该位登九位，请他自爱。”

一连串的传说，旨在说明一个问题，赵佶天生就是一个当皇帝的命。

赵佶听了仆人的传话，内心窃喜，但表面上却装着若无其事，因为皇帝哥哥正当盛年，他不敢有非分之想。

赵佶是个极具心机之人，他心里清楚，不管制造多少祥瑞，都只能是帮他登上皇位作铺垫，仅靠这些并不能成为天子，要想成功，必须赢得朝中最有权势之人的欢心。哲宗病重时，朝中实际掌权者是神宗正宫向太后。向太后一言九鼎，朝中的重大决策，没有向太后首肯，一切都是镜花水月，无从谈起。于是，赵佶使出浑身解数，曲意奉迎向太后，以讨取向太后的欢心，甚至不惜降尊纡贵，着意笼络向太后身边的宫女。这一招果然奏效，时间一长，宫廷上上下下都替赵佶说好话，说他仁义孝悌，风流蕴藉，不同凡响。

向太后听多了，果然对赵佶有了好感，在她的心目中，赵佶龙章凤姿，比其他几位王子有才华，因而对赵佶特别钟爱。朝野上下纷纷猜测，哲宗之后，端王是最有希望入继大统之人。

有争议的遗产继承人

北宋元符三年（1100年）正月十二日夤夜，小雨中夹杂着雪花，寒风料峭，东京紫禁城福宁殿的夜空中，隐隐传出一阵哭泣之声，年仅二十五岁，正值盛年的哲宗皇帝赵煦乘鹤西去，魂归道山。

哲宗是神宗的第六个儿子，元丰八年（1085年）三月初一在福宁殿被立为太子，三月初五即位，那一年他刚刚十岁。如今还不到而立之年，便撒手尘寰，在朝野引起了不小震动。官家对外公开的死因见于《元符遗制》，书中记载："故冬以来，数冒大寒，浸以成疾，药石弗效，遂至弥留。"知枢密院事曾布在《曾公遗录》中记载述其症状为"精液不禁，又多滑泄"。通俗地说，哲宗皇帝死于纵欲过度。

依宗法制度，父死子继位，遗憾的是哲宗皇帝膝下无子，猝然而逝，也没来得及留下任何遗嘱。没有指定皇位继承人，只能由皇帝的母亲、神宗的正宫娘娘向太后做牵头人，升坐福临殿，召集执政大臣开会，讨论选择皇位继承人这一重大问题。

向太后是河内人（今天河南沁阳人），她出身名门，是宋真宗时期名相向敏中的曾孙女，与神宗结为夫妻后，二人感情极好。元丰八年（1085年），神宗驾崩于福宁殿。向皇后与神宗生母宣仁太后一起，策立赵煦为帝，就是哲宗。后来，宣仁太后命人修缮庆寿宫给向太后居住。向太后坚决拒绝，原因是庆寿宫在宣仁太后住所的东面，按照帝国的习俗，东面为上，向太后不肯乱了婆媳上下之分。哲宗即位后，挑选皇后，并为各位皇弟娶妻。向太后是一个非常有远见的女人，她告诫向氏家族的女子，不要汲汲于富贵，不得参与其间。家族中有求官者，她一概拒之门外，不肯通融。因此，这位正直贤淑的太后，在朝野上下臣民中相当有威望。

福宁殿灯火通明，向太后把大臣们召集在一起，流着泪对大家说："国家不幸，大行皇帝没有子嗣，国不可一日无君，现在要推举一位贤者继承皇位。"

宰相章惇仔细琢磨向太后的话，理解为立谁为帝，似乎还没有最后定论，既然没有定论，就可以发表意见。宰相乃百官之首，依尊卑之序，应该第一个发言。

章惇年轻的时候与大文豪苏东坡的关系很好，有一次，两人出去游玩，到了一条水流湍急的溪边，溪上有一座独木桥，对面是悬崖峭壁。章惇建议苏东坡到对面峭壁上题诗留念。苏东坡看了对面一眼说："太危险了，我不去。"

章惇笑了笑，二话不说，沿着独木桥走到溪对面，把长袍往腰带上一掖，拽着一根老藤荡到峭壁前，抽笔写上“苏轼章惇游此”。

章惇返回后，苏东坡看了他一眼说：“你要是掌权，肯定是一个杀人不眨眼的魔头，会有许多人头落地。”

“为什么呀？”章惇有些不解。

苏东坡说：“一个连自己的命都不当回事的人，能拿别人的命当回事吗？”

在宋史中，章惇被明确定义在奸臣一列，位列奸臣传之中。当年王安石变法受挫之时，章惇为枢密院使，为了维护变法成果，他强项敢争，针对司马光反对免役法的奏疏，直斥司马光“村夫子，无能为”。在哲宗朝，章惇出任宰相后，党同伐异，驱逐异己，就连当年的老朋友苏东坡也难逃被流放的厄运。

章惇平日不喜欢端王赵佶，于是站出来说：“依礼律论，皇位应该由大行皇帝（哲宗皇帝）的同母弟弟简王赵似继承。”

古代宗法制是立嫡长子，可哲宗赵煦别说嫡子，就是庶出也没有，章惇的建议，算得上是立嫡的变通，毕竟除了儿子外，皇帝一母所生的弟弟比其他人更有资格继承皇位。

向太后并不赞同章惇的说法，说道：“老身也没有亲生儿子，所有皇子都是神宗皇帝的庶子，不应该再有区别，简王排行十三，不可排在诸兄之前，卿言不当，可再议。”

章惇见状，改口说：“有嫡立嫡，无嫡立长，这是古今通例。神宗皇帝生有十四个儿子，其中八人早逝，加上大行皇帝，共为九人。剩余五位藩王中，依照长幼顺序，应立申王赵佖为帝。”

章惇和申王赵佖并无多少交往，他之所以竭力推荐赵佖，目的就是阻止端王赵佶登基。

哲宗去世后，现存各位王爷中赵佖的年龄最大，立赵佖为帝，应该是顺理成章的事情。但是，赵佖年幼时患眼疾，瞎了一只眼，让一个瞎子当皇帝，岂不贻笑天下？向太后不高兴地说：“申王虽然年长，但患有目疾，岂有堂堂天子竟是一个瞎子之理？此事不宜，不可再议。”

向太后的理由光明正大，无懈可击，章惇不禁一时语塞。

向太后似乎胸有成竹，缓缓说道：“申王既有目疾不能立，依次当立端王入继大统了，各位卿家，可有异议？”

各位大臣面面相觑，没有人敢出声。大家都知道，皇位继承是一个最为敏感的问题，一言不合，便会招来无妄之灾，最为稳妥的办法，就是三缄其口，一言不发。

章惇脱口而出，大声说：“端王行为轻佻，不适合君临天下。”

章惇这一招非常厉害，矛头指向端王的人品。试想，一个人品不正的人，怎么能够君临天下呢?

向太后见章惇竟敢当堂顶撞自己，心里有些恼火，沉下脸说：“先帝曾经说过，端王有福寿相，人又仁孝，有当人君的福气。立端王为君，是继承先帝的遗意。”

话说到这份儿上，谁心里都明白，向太后是铁了心要让端王继位，开会讨论只是走过场而已。

向太后和宰相章惇各执一词，互不相让，双方似乎有些僵持不下之势，此时需要有一个人站出来，打破这个僵局。

知枢密院事曾布与章惇向来不和，当然不会放过这样的机会，出班说道：“章惇发表议论，只能代表个人观点，不是执政大臣共同商量的意见。”

向太后脸上立马露出了笑容，反问曾布：“你认为呢？”

曾布道：“太后决定英明，我举双手赞成。”

曾布是枢密院的长官，与中书分掌军政大权，合称“二府”，他有资格与章惇一较高低。

关键时刻，有人站出来说话，太后的砝码陡然加重，天平立即发生倾斜。章惇正要分辩，尚书左丞蔡卞、中书门下侍郎许将都站出来附和曾布，拥护向太后的决定，异口同声地说端王是继承皇位最合适的人选。

章惇见形势一边倒，自己势单力薄，知道再争辩也无用，于是闭口不言。

其实，章惇说端王行为轻佻，不足以君临天下，并不是故意贬低赵佶，而是说的真话。历史证明，端王赵佶不仅仅是“行为轻佻”，而且近乎荒唐，章惇说他行为轻佻，还算是客气的。

而向太后看到的是赵佶的孝顺和聪明，只是她没有弄明白，艺术天才和政治家是两个不同的概念，二者有区别，而且区别还很大。

章惇的谶言

赵佶在当端王时，确实是一个多才多艺、好学上进的好青年，在宫廷内外、朝野上下口碑也不错。据说他从小举止不凡。当时的皇家贵族子弟大多喜欢追逐声色犬马，沉浸于享受，不求上进，赵佶却醉心于笔砚、丹青、图史、射御，十六七岁时，便已经是“盛名圣誉布于人间”了，不但知名度高，美誉度也不低，他与驸马都尉王诜、宋室赵令穰往来密切，王、赵二人擅长丹青、书法，赵佶常与他们切磋琢磨，在笔墨、丹青、琴棋书画，尤其是书法绘画方面，表现出非凡的天赋。

驸马都尉王诜是英宗皇帝的女儿魏国大长公主的丈夫，论辈分，他是赵佶的姑夫。王诜是一个浪荡公子，行为极不检点。虽然公主温柔贤淑，尽心侍奉公婆，王诜却移情小妾，多次顶撞公主。神宗皇帝曾为此两次贬王诜的官，王诜不思悔改，甚至在公主生病的时候，当着公主的面与小妾寻欢作乐。偏偏品行如此恶劣之人，却又是一个满腹经纶的文化人，同时也是赵佶的文友，端王府的座上宾。

近墨者黑，近朱者赤，徽宗与王诜为友，自然会碰出一些火花。赵佶不仅是一位才华横溢的好青年，在王诜等人的众星捧月之下，风月场上也是一把好手，他经常微服出宫，游幸于青楼歌馆，寻花问柳，京城稍有名气的妓女，几乎都与他有染，有时还将喜欢的妓女乔装带入王府，独居一室，尽情淫乐。

俗话说，赌博不落单，嫖娼不成双，赵佶却不是这样，他常同一班臭味相投的朋友出入于烟花柳巷，经常结伴的就有王诜。王爷、驸马同宿妓，说出来是一件令人捧腹的事情。

皇帝与文人交往无可厚非，但不能把私人友情放在与国事相当的地位，更不能滥行封赏。从心理学的角度解释，像宋徽宗这样才华横溢、具有高度灵气和素养的艺术天才，很有可能也是一个充满诗人气质和浪漫情怀的人。通常情况下，这种人不认为蔑视传统价值观念的世俗行为规范有什么不妥，他们只服从于内心感受的召唤，按照自己的喜怒好恶行事，不知冷静、理性为何物，为人处事冲动而情绪化，具有极为浓厚的感性色彩。假如再加上皇帝至高无上的权力，那是非常可怕的，因为在重大的国事决策上，很容易被自己的情绪所左右，感性的东西比较多，欠缺理性的思考。

二百四十年后，元朝一代名相脱脱在组织修撰《宋史》时，也不胜感慨地说：假如当初章惇的意见被宋廷采纳，北宋也许是另一种结局。因为“自古人君玩物而丧志，纵欲而败度，鲜有不亡者，徽宗甚焉”。

章惇说端王“行为轻佻”，倒真是有些先见之明，后来的历史证明，宋徽宗不仅仅是“行为轻佻”，而是近乎荒唐，章惇的话，不幸成了谶言。

第二章　昙花一现的新政

凤雏新声

赵佶有惊无险地登上皇位，史称宋徽宗。从一个亲王而坐上皇帝的宝座，赵佶似乎还没有做好准备，况且，他以庶子的身份成为皇帝，人心是否信服，他心里也没有底。

宋朝有个怪现象，自从仁宗皇帝由刘太皇垂帘听政之后，无论是宗室还是大臣，似乎对后宫的女人有一种依赖感。年青的徽宗继位后，也想走这条老路，恰好曾布奏请向太后垂帘听政，理由是新天子经验不足，向太后既然将新天子扶上马，那就干脆再送一程。其实，谁也没有做皇帝的经验，曾布的理由显然是站不住脚的。

向太后年事已高（55 岁），且性格恬淡，新天子即位后，自己正好可以过上清闲自在的日子，颐养天年，不料新天子却要她垂帘听政，心里不怎么情愿，当即便一口拒绝了，无奈徽宗不依不饶，再三恳求，只得勉强答应了。于是通过御药院黄经臣传旨说："垂帘听政，非出本心，只因圣君拜请，大臣劝谏，这才勉为其难。一旦国事稍定，便立即还政，断不敢同真宗刘皇后、英宗高皇后那样终身听政。"然后由蔡京起草一道诏令，颁布天下。

徽宗一心想做一个臣民理想中的明君：开明、克己、仁慈、公正、正大光明、爱民如子。他想通过自己的努力，把江河日下的大宋帝国打造成太平盛世。

即位之后，便大刀阔斧地整顿朝纲：任命大名府知府韩忠彦为吏部尚书（不久又任命为尚书右仆射兼门下侍郎），真定知府李清臣为礼部尚书，右正言黄履为尚书左丞。这三人皆为人正直，出言无忌，此次破格提拔，消息很快在京城不胫而走，朝野称颂。透过这次人事变动，让人闻到了一股清新的气息。

韩忠彦是北宋名相韩琦的儿子，上任之后，果然向朝廷提出广仁恩、开言路、去疑似、戒用兵的四项建议。向太后大加赞许，全部采纳了韩忠彦的建议。

转眼到了春天，司天监计算出四月初一会出现日食天象。在那个科学不发达的年代，人们都非常迷信，一旦出现日食天象，便认为是朝政有重大失误或朝中出了奸臣，上天以示警诫。

徽宗也很相信这些，再想到韩忠彦广开言路的建议，便下诏让士庶臣僚直言指责时弊，批评朝政，并明确表示，说对了有赏，给你官，给你钱，说错了也没有关系，绝不会因此获罪。诏书中说：

朕自入继大统，任大责重，不知如何治理天下。四海之大，问题之多，非朕一人所能遍察，还赖文武百官及庶民多进忠言，以匡扶朕之不足。举国之内，每个人都在思考问题，村氓百姓之中，也不乏可采之言。凡朕躬的阙失，如朝中大臣的忠奸、政令是否妥当，风俗是美是恶，其他如朝廷的恩泽不能普及民间、百姓的疾苦无人关心等等，均可建言献策。其言可用，朕则有赏；言而失中，也不加罪。在京言事者，送给所属地区长官；外地言事者，送给所在州军转呈。

诏书出自中书舍人曾肇之手，言情恳切，沁人肺腑，在宋朝诏书中别具一格。可以想象，此时的徽宗完全是出于至诚，绝非欺世盗名、骗取朝野的好评。

诏书下达之后，韩忠彦便上书言事，说先皇哲宗即位时，也曾下诏让天下人言事，当时献言者以千百计。章惇为相后，却命人摘取上书人的片言只语，随意发挥，说他们谤讪朝政，应诏言事者大多获罪，至今人们还愤愤不平。如今陛下又下诏让中外直言朝政得失，请汲取前车之鉴，兑现诺言，取信于民，不要因言事而降人以罪。

中书舍人曾肇则要求撤销编类臣僚章疏局。这个机构的职责是编录臣庶奏章，别有用心之人往往从奏章中摘录片言只语，然后任意发挥，给人定上莫须有的罪名。

徽宗认为说得有理，便下诏撤销了编类臣僚章疏局。

激浊扬清

古代等级制度森严，不是谁都可以直接给皇上写奏折的，只有一定级别的朝廷官员才有这个权利。诏书下达之后，那些平常没有资格给皇上写奏折的中下级官员，纷纷提笔给皇上写奏折，内容多集中在用人方面。筠州推官崔鹏只是掌一州中司法事务的小官，位卑职微，但他不以为意，上书说：

陛下下诏求直言。臣如果有话不说，便辜负了陛下的栽培之恩。如今政令烦苛，民不堪其扰，风俗险恶，法令不能制，这且不去说它，单就陛下身边的忠奸大臣……

接着，崔鹏便把矛头直指宰相章惇。在历数章惇一大堆劣迹后，又斥责他操持权柄，遮蔽圣聪，排斥异己，狙诈凶险，恩怨必报，天下之人称之为奸邪，京师流传说“大惇小惇（指御史中丞安惇），殃及子孙”，还有人称章惇为“惇贼”，这样的人如果不惩罚，难以平民愤!

徽宗浏览奏折，不禁有一丝快意，他在藩邸时便知道章惇是奸邪之辈，在朋党之争中排斥异己，对旧党进行疯狂报复，夹杂了很多个人情绪。即位时又是章惇第一个跳出来反对，差一点龙位不保，心中早存芥蒂，崔鹏上疏弹劾章惇，可以说是正中下怀。徽宗是一个明白人，知道仅凭一纸奏折便拿章惇开刀，可能会招来非议，天下人一定会说自己挟嫌报复。为了避嫌，便暂时隐忍不发，放了章惇一马。但对弹劾章惇的崔鹏，提拔为相州教授，以示嘉奖。

向太后不是一个恋权的女人，见徽宗处事颇有章法，心里很高兴，前几个月她还是很认真地垂帘听政，遇事也从旁指点一二，到了后来，就故意少说话，大事尽量让徽宗自己做主，如果觉得有所不妥，才补充几句，垂帘听政只是一个摆设而已。

徽宗见太后很支持自己，信心逐渐增强，随后又提拔龚夬为殿中侍御史，召陈瓘、邹浩为左右正言。

安惇是言官们抨击的第二个对象。他身为御史中丞，本应扶正祛邪，整肃朝纲，但他却与章惇沆瀣一气，狼狈为奸。邹浩在哲宗时期因劝谏册立元符皇后之事，被章惇进谗言，削官安置到新州，徽宗即位被召回朝出任右正言。安惇上奏反对说："如果起用邹浩，岂不是说先皇哲宗皇帝的处罚错了吗？"

徽宗怒斥道："立后是件大事，你官阶高而不敢言，邹浩却挺身而出，敢于尽言，足见他是个直臣，这样的人为何不能复用？"

安惇无言以对，惶恐退下。

该当安惇的好日子到头了，弹劾邹浩未果，却引来左正言陈瓘的弹劾。陈瓘上表弹劾安惇，说他扰乱圣聪，阻塞贤路，陛下如果要向天下人明示好恶，亲君子，弃奸佞，请从安惇做起。

徽宗有心要肃整朝纲，看了陈瓘的奏折后，下诏将安惇逐出京城，贬到潭州去了。安惇成了徽宗清政的第一个试刀者。

这一天，朝议时，韩彦忠、曾布先后奏请恢复哲宗皇帝废后孟氏的皇后之位。两人的奏言在朝中引起强烈反响。当时章惇为山陵使，给哲宗送葬去了，不在朝。

蔡卞持反对态度，认为瑶华复位，是彰显先帝之过，理由是废后诏书是先帝亲自签发的。

右正言邹浩立即进行反驳，说先帝废掉孟皇后之后，中宫之位三年虚设，足见先帝也有悔意。恢复孟皇后之位，是做先帝想做而不便做之事，以补先帝生前的缺憾。

蔡京反对给孟皇后恢复名誉，说弟弟给嫂嫂恢复名誉，名不正，言不顺，恐怕要成为天下人之笑柄。

向太后见蔡京说得厉害，皇帝不好作答，立即说道：

蔡承旨此言不妥，今天是老身垂帘听政，代为处分军国大事，这是姑复媳位，不是弟复嫂位。如果是冤案，就是弟复嫂位，又有何不可呢？先帝在的时候，就废后之事曾对老身说过："章惇误我！"蔡右丞（蔡卞）也在场，也是知情人，是不是还有什么证据，能够证明瑶华废后，确实犯了什么大逆不道之罪？

蔡京虽然能言善辩，但在向太后咄咄逼人的气势之下，借他一个胆子也不敢反驳，只得伏地请罪，承认自己说了昏话。

向太后见再无人反对，下旨恢复孟氏为元祐皇后，派人将她从瑶华宫迎回皇宫居住。

蔡京的弟弟蔡卞是王安石的女婿，在哲宗绍圣年间任尚书右丞，不断做一些小动作欺骗哲宗，排斥异己。每次中伤朝中正直官员，便事先递上密疏，详尽罗织罪状。哲宗不辨真假，自然同意他的意见，蔡卞趁机以圣旨名义发出，让全国执行。这样即使积怨，也与他没有什么关系。宰相章惇虽然老奸巨猾，也往往落入他的圈套。

蔡卞、章惇二人狼狈为奸，一唱一和。章惇好发议论，蔡卞颇有城府，深藏不露。议论朝政之时，章惇往往是摇唇鼓舌，说得唾沫四溅，蔡卞却一言不发，诡秘莫测。

殿中侍御史龚夬上奏，说蔡卞与章惇勾结，一个在明，一个在暗，使元祐旧臣全都贬到岭南等僻远荒疏之地，民间歌谣说"蔡卞心，章惇口"，章惇所做的坏事，都是蔡卞暗中出的主意。此人不宜留在京师，应该罢黜。

"一蔡二惇，必定灭门，籍没家财，禁锢子孙。"这是说人们如果得罪了蔡卞、章惇、安惇等人，必遭灭门之灾，家产被抄没，子孙遭禁锢。

又有一首歌谣说："大惇小惇，入地无门；大蔡（蔡京）小蔡（蔡卞），还他命债。"这是说得罪了章惇、安惇，连入地狱的门都找不到，触怒了大蔡小蔡，就连性命也难以保全了。

接着，台谏陈师锡、陈次升、任伯雨等十多人上疏弹劾蔡卞。

徽宗放了章惇一马，对于蔡卞便不再姑息，下诏贬蔡卞为江宁（今南京）知府。台谏们认为处罚太轻，继续弹劾。徽宗于是下旨将蔡卞改贬为提举杭州洞霄宫，太平州居住。尽管如此，朝臣们痛打落水狗，仍然弹劾不已。徽宗便再降蔡卞为秘书少监，这是一个虚名，毫无实权，徽宗不让他在朝，命他分司池州（今安徽贵池）。

接着，徽宗又提拔韩忠彦为尚书右仆射，兼中书侍郎，李清臣为门下侍郎，蒋之奇同知枢密院事。

七月，向太后见徽宗处理朝政尚属清明，选贤任能，罢黜奸邪，朝政清明，决定急流勇退，传谕撤帘还政。向太后垂帘听政不足半年时间，她不贪权势，主动撤帘。在宋代众多后妃中，向太后不失为睿智贤淑的一位。

章惇的报应终于还是来了。八月间，章惇护送哲宗的灵柩去永泰陵安葬。由于天降大雨，灵柩陷入泥泞之中难以前行，在荒郊野外折腾了一夜，才得以通过。丰稷、陈次升、龚夬、陈瓘等人弹劾章惇大不敬，还有谏官上表，说章惇在皇上继位时有异议。

徽宗对朝臣们说，朕不会因为章惇对朕继位有异议而罢他的官，但他护送先帝灵柩于永泰陵时，确实是严重失职。于是下诏，将章惇撵出京城，出知越州（浙江绍兴）。

蔡京与其弟蔡卞是一丘之貉，徽宗即位时，蔡京已被罢去翰林学士兼侍读、修国史之职，贬为太原知府，皇太后动了恻隐之心，留他在京修国史。朝中大臣纷纷上书，揭露蔡京的罪行。侍御史陈师锡上疏指出，蔡京好大喜功，日夜结交内侍、戚畹贵族，企图得到重用。如果真用此人，必然导致天下大乱，毁了祖宗基业。

龚夬则劾奏蔡京治文及甫狱时，大臣梁焘、刘挚、陈衍等含冤而死，子孙遭到禁锢，而王岩叟、范祖禹、刘安世等贬窜远方，心肠之狠，甚于蛇蝎。

徽宗知道众怒难犯，于是把蔡京逐出京城，贬为知永兴军（今陕西西安）。言官们认为处罚太轻，徽宗再次下诏，将蔡京夺职贬居杭州，诏书中说他“擢自神考，际会泰陵，上缘翰墨之华，起居侍从之首，为恶直丑正之行”。

林希在绍圣初年攀附权贵，起草贬斥司马光、吕大防、苏轼等人的诏书，颠倒黑白，信口雌黄，品质极为恶劣。右司谏陈瓘上疏弹劾，林希被削去端明殿学士之职，贬为扬州知府。

哲宗绍圣年间曾任御史中丞的邢恕是一个伪君子，心地险恶，与蔡卞、章惇等同流合污，排斥元祐诸臣，诬告宣仁皇后想废掉哲宗，又诋毁大臣梁焘、刘挚图谋不轨，导致他们几至灭族。经陈瓘上疏弹劾，邢恕被贬至均州。

接着，吕嘉问、吴居厚、徐铎等一干奸臣也相继被贬。至此，那些宵小奸佞大部分被逐出朝廷，新朝呈现一派清明气象。

从谏如流

驱逐了奸佞，为任用贤良铺平了道路。徽宗听从韩忠彦的建议，召回元祐诸臣。首先起用的是年已七旬、双目失明的哲宗朝宰相范纯仁。范纯仁是范仲淹之子，公忠体国，为人正直，因受章惇等人的迫害，于绍圣四年（1097年）二月被贬往岭南，安置在永州。他自忖生死未卜，客死异乡将是自己最后的归宿，忽然接到新天子的勖勉慰问，不禁有绝处逢生、恍如隔世之感，在赴邓州途中，徽宗又拜范纯仁为观文殿大学士、中太乙宫使。两个职务虽然都是虚职，但观文殿大学士可备天子顾问，京城的宫观使照例都是宰执出任。新天子的恩宠，让范纯仁感激涕零。接着，徽宗又派人赐药，催范纯仁入朝觐见。这种吐哺握发、求贤若渴的举动，得到朝野一片赞誉。可惜这位年过古稀的老宰相疾病缠身，回京后很难正常工作。徽宗便批准范纯仁退休在家养老，每次见到辅臣，都要问候范纯仁的情况，并对人说："范纯仁，得识一面足矣！"

号称唐宋八大家之一的文坛领袖苏轼也获得平反昭雪。可惜天不为宋主留人才，苏轼平反昭雪后，病死在回京的途中。

徽宗得知苏轼病死途中，感慨地说："苏轼作文，好像行云流水，嬉笑怒骂，皆成文章，是当今的奇才啊！召他进京，就是要让他为朝廷效力，不想却溘然长逝，让人痛惜啊！"

除了范纯仁、苏轼外，其他很多蒙冤大臣，也都得到了妥善处理。在韩忠彦的倡议下，已故的司马光、吕公著、文彦博、王珪、吕大防、刘挚、梁焘等三十三人得到平反昭雪，恢复了原有官职。这些棘手的公案已经沉积多年，徽宗举重若轻，一一妥善解决，表现出了一个年轻天子的才干。

唐太宗李世民是历史上一位从谏如流的一代明君，徽宗即位之初，也想成为一代明君：开明、克己、仁慈、公正、正大光明、爱民如子。他在纳谏上并不比李世民逊色。一次，徽宗闲暇之余在宫中放风筝，一阵大风吹过来，刮断了风筝线，风筝落入附近百姓家，百姓见是宫中之物，惊恐不已。

曾布在徽宗面前提到这件事，徽宗支支吾吾地说："不会有这种事吧！或许是民间误传，待查明之后再说。"

曾布见状说道："陛下刚即位，朝政之暇，偶尔为戏，未尝不可，怕的是有了差错，不敢承认，还要诿过臣下，不但败坏了社会风气，也有损圣德啊！"

徽宗自知理亏，只得承认。

徽宗喜欢大兴土木，修葺殿堂，宰相张商英屡次进谏，请求罢掉这些不急之务。一次，徽宗命人修葺升平楼，但又担心张商英进谏，于是吩咐监工，如果张商英经过此处，赶快把匠人藏起来，不要让他发现了。作为一国之君，修建楼堂馆所，是一件很普通的事情，却要躲开宰相的监督，让人有些忍俊不禁。

天子从谏，臣子才敢于直言。政和初年，右正言陈禾铁骨铮铮，敢于直言。徽宗知其耿直，下诏升任陈禾为给事中。当时宦官童贯、黄经臣等人倚恃徽宗的宠幸，胡作非为，朝野中人为之侧目，但都是敢怒不敢言。陈禾赴任之前，对左右说："我担任右正言之职，就该直言相谏，一旦改任给事中，便不是言官，卸任之前，一定要尽忠直言。"于是不待徽宗宣召，便上殿面君，力陈汉、唐之世宠任宦官，造成大权旁落、社稷覆亡的历史教训。今天宠任宦官，他日定会有不测之祸，恳请陛下留意，防患于未然。

徽宗饥肠辘辘，实在有些不奈，拂袖而起说："朕饿了，改日再说吧！"

陈禾意犹未尽，一把拽住徽宗的衣服说："陛下再忍耐片刻，容臣把话说完。"徽宗只得重新坐下来。

陈禾继续说："陛下今天宠幸宦官，他日会有江山危亡之祸，孰重孰轻，请陛下三思！"

徽宗很不高兴了，自己即位不久，陈禾竟然说出会有江山危亡之祸，什么意思呀？心里一分神，坐在殿上有些木然。陈禾以为徽宗拒谏，心情激动，用力过猛，竟然将徽宗的衣服拽破了。

徽宗真的生气了，大声说："正言怎么了，朕的衣服被你拽破了。"

陈禾全然不顾，凛然说道："陛下不惜碎衣，臣下岂惜碎首以报陛下！"

徽宗回过神来，不禁动容，勉强说道："你竟然如此赤胆忠心，朕还有什么可以忧虑的呢！"

内侍请徽宗换一件衣服，徽宗挥手道："留下此衣，旌赏正直有节操的大臣吧！"

从这些小事，可以看出这位少年天子的刚厉有为之气。

谋求均衡

徽宗为端王的时候，虽然醉心于笔墨、丹青、琴棋书画，来往于烟花柳巷，对朝廷的政事并不怎么关心，但他毕竟是宗室一分子，在那个圈子里生活，耳闻目睹，对朝廷的事情还是略知一二。在哲宗朝，无论是宣仁圣烈太皇太后垂帘听政时期司马光搞的"元祐更化"，还是哲宗亲政时期章惇搞的"绍圣绍述"，实际上都是搞窝里斗，朝臣的精力都在内耗中消失，做皇帝的精力也都花在调解各种各样的矛盾之中。

对于徽宗来说，最大的历史遗案，便是对王安石变法的评价问题。王安石在神宗的支持下大力变法，确实使国家富强起来，但因此也得罪了不少朝中元老，以致变法、废法，一直成为贯穿神宗以后宋朝的大问题。在徽宗的鼓励下，上疏言事的人越来越多，后来议论得最多的问题便是对神宗、哲宗时变法、废法的评价上。

一种议论认为，神宗任用王安石变法图强，但元祐年间，司马光反其道而行之，更改熙宁、元丰之政，使国家陷入积贫积弱的境地。以后虽有绍圣“绍述”，推翻了元祐之政，但终因积重难返，神宗时的法度已破坏殆尽。新朝如果欲大有作为，必须尽去元祐党人，弃旧图新。

一种看法则是针锋相对，认为祖宗之法本已很完善，只需萧规曹随即可，不必节外生枝。司马光拨乱反正，正本清源，才使宋室江山转危为安。后来又有绍圣之变，导致国穷民困，政令不举。当务之急是起用元祐旧臣，贬逐主张绍述的大臣。

还有一种观点是不必持门户之见，无论是元丰党人，还是元祐党人，都应因才取用，不可扬此抑彼，这一说法虽有调和之嫌，无疑是正确的。

年轻的徽宗陷入了深思，到底接受哪一种意见，他一时拿不定主意。神宗皇帝是他的父亲，变法图强，自然是无可厚非。哲宗是他的兄长，虽然不是一母所生，但向来手足情深，自己的帝位就是承袭他的，如果初即位便驱逐先朝老臣，更改法度，于情于理，似乎都不好说。他仔细阅读奏疏，觉得无论是否定元丰党人还是去尽元祐党人，似乎都有失偏颇，都有以偏概全之嫌，倒是屏退门户之见的建议，打动了他的心。

恰在此时，范纯仁病死家中，弥留之际，他向徽宗上了一道遗表，恳请天子不要理会所谓的朋党之争，应该观察某人是否正直，从而披抉幽隐，发现人才。遗表由范纯仁口述，由他的儿子转呈徽宗。

徽宗的目光停留在遗表上，凝视不动，思绪万千。所谓不要理会朋党之争，不就是要不偏不倚，公平用人吗？范纯仁是当年元祐党的领袖，在政坛上曾经大起大落，临终还能如此捐弃成见，一心为国，其心可嘉。

经过反复思考之后，徽宗于元符三年（1110 年）向全国发布一道诏书，表明自己对元丰、元祐两党之争的态度。大意是说，对于军国大政和用人标准，对于元丰、元祐不会有区别，如果能使政事稳妥无失，人才各得其用，天下就太平了。无偏无党，正直是与，清静无为，顾大局识大体，使天下得以休养生息。

应该说，这道诏书是徽宗在位期间所下的诏书中最有分量、最值得肯定的，可谓痛快淋漓，大快朵颐！

很显然，徽宗想谋求一个在新党与旧党之间的平衡点，使两党能够和平相处。诏书刚颁布一个月，便将“元符”年号改为“建中”，意思是不偏不倚，新党旧党一视同仁，大家都是好兄弟，又因为“建中”是唐德宗的年号，不能重复，特地在“建中”二字后面添加“靖国”二字，即为“建中靖国”。“靖国”的意思，就是建立一个安定和谐的国家，立意不可谓不善。

徽宗刚刚即位，如此除旧布新，去奸佞，任贤良，开言路，纳忠言，俨然一个中兴天子的形象。如果能持之以恒，不改初衷，北宋的兴旺发达必将大有希望。可惜的是，徽宗的新政只是昙花一现，接下来发生的事情让人大跌眼镜。

第三章　转变帝国的航向

曾布专横

徽宗即位之初的所作所为，确实让人有耳目一新、精神振奋的感觉，可惜的是，徽宗锐意革新的政策只是昙花一现，没有继续下去，结果是雷声大，雨点小，虎头蛇尾，不了了之。究其原因，一是徽宗太年轻，没有从政经验，即位之初，只得倚仗向太后给他掌舵。向太后倾向于旧党，因此韩忠彦才得以升任宰相。向太后还政、乘鹤西去之后，旧党失去了依靠，新党便乘机卷土重来。二是韩忠彦、曾布两位宰相意见不合，时间一长，矛盾竟然发展到不可调和的地步。

韩忠彦虽然位在曾布之上，因其性格懦弱，木讷而不善言辞，朝堂上的事多是由曾布说了算。曾布本是与章惇一同主张绍述之人，后来与章惇产生矛盾，于是与韩忠彦联手，挤掉了章惇。如今故态复萌，主张绍述，排除忠直之臣。

曾布的所作所为，引起了谏官的不满。任伯雨上疏弹劾了章惇之后，又把矛头对准了曾布，针对曾布欲调和两党的做法，他上疏说：

人才固不当分党与，然自古小人未有与君子杂然并进，可以致治者。盖君子易退，小人难退，二者并用，终于君子自去，小人犹留。唐德宗坐此致播迁之祸，建中乃其纪号，不可以不戒。

任伯雨在奏疏中将旧党中人视为君，将新党中人视为小人。

任伯雨是个很固执的人，当谏官半年，一连上了一百零八篇奏疏，这些奏疏中，有的是真有其事，有的是捕风捉影。有一次，徽宗将任伯雨的奏章扔在地上，生气地说："朕不是说了吗？稳定是第一位，不要再搞窝里斗，怎么总是这样喋喋不休的呢？"

徽宗恼火了，开始讨厌旧党中人。而曾布则不仅仅是恼火，他是忍无可忍的了，本想顺着徽宗的意思，先调和一段时间再说，既然有人不买账，那就不用再调和了，于是奏请徽宗，罢了任伯雨的谏官之职，改任权给事中，并派人警告任伯雨，今后请闭嘴，少说话，否则下场很惨。

任伯雨不是一个吓得住的人，同传话的人大吵一场，准备再上疏弹劾曾布。曾布怒不可遏，决定先下手为强，将任伯雨改任度支员外郎。

右司谏陈瓘也接连上表弹劾曾布。

任伯雨和陈瓘都是韩忠彦举荐的，两人都同曾布过不去，曾布便怀疑是韩忠彦在背后捣鬼，只因此时徽宗仍然本着中和立政、持平用人的宗旨，并不偏向于哪一方，故朝中虽然暗流汹涌，表面上却是风平浪静。

曾布不是一个有气度的人，当然不会容忍陈瓘对他的攻击。奏请徽宗，将陈瓘逐出京城，贬往泰州。中书舍人邹浩、右谏议大夫陈次升一齐请曾布收回成命，遭到曾布的拒绝，只好相约给陈瓘饯行。

陈瓘对邹、陈二人说："我原以为官家天资聪慧，或能有一番大作为，故而敢效愚忠，直言相谏。现在看来，官家的聪明，不在政治上，而在文学艺术上。官家虽然倡导调和、公正、持平，却又不明白怎么做。一旦调和不成，持平不了，局势必将一边倒，到时只怕党争要酿成党祸，到时来势之凶猛，恐怕会更甚于元祐更化、绍圣绍述了。"

"陈兄认为会向哪一边倒呢？"邹浩问道。

"韩忠彦懦弱，影响不了官家。曾布虽主调和，调和不成，他也影响不了官家。据说有不少人在为蔡京唱赞歌。如果蔡京上台，后果就难以预料了。"

陈次升吃惊地问：“为什么？”

陈瓘回答道：“蔡京多才多艺，办事干练，让他治理一个州县，必定是一个能吏，如果让他治国，官家若能驾驭，国必大治，如果驾驭不了，国必大乱。”三人默然无语。

尚书右丞范纯礼，为人耿直敢言，曾布对他有所忌惮，想除去他却又找不到理由，思之再三，便找驸马都尉王诜，悄悄地对他说，皇上的意思是要让你为承旨郎，由于范右丞从旁谏阻，这件事才不了了之。

王诜信以为真，因此怀恨在心。恰好辽国派使臣来京，王诜和范纯礼负责接待工作。辽使离去之后，王诜向徽宗进谗言，说范仁礼多次在辽使面前直呼皇上御名，让辽使见笑，失了臣子之礼。

徽宗竟然不问真假，便将范纯礼贬到颍昌府做了知府。李清臣也因为与曾布有矛盾，罢了门下侍郎之职。尽管如此，韩忠彦与曾布之间的争斗仍然是一个不了之局，双方你奈何不了我，我对你也没有办法。

韩忠彦的权谋之术远远不及见风使舵的曾布，接连吃过几次亏后，便想找一个帮手来对付曾布。

曾布与韩忠彦的想法不谋而合，也想找一个帮手对付韩忠彦。戏剧性的一幕是，两人想到的帮手竟然是同一个人，他就是蔡京。

蔡京还朝

蔡京是一个城府极深、极善钻营的人，他的拿手绝活就是见风使舵，紧跟形势走。蔡京是熙宁三年（1070年）的进士，当时王安石变法方兴未艾，神宗视王安石为股肱，新党人士气势正盛，蔡京见风转舵，成了新党中人；元丰八年（1085年）神宗去世，蔡京已爬到代理开封府知府的职位，有了参与朝廷高层政治活动的资格。眼看前途一片光明，不料在宣仁圣烈太皇太后的支持下，保守派司马光东山再起，旧党崛起，蔡京敏感地意识到新党气数将尽，有心改换门庭，投靠旧党。

正在这时，司马光下了一道死命令，限天下五天之内废除“募役法”，恢复“差役法”。在人们普遍认为这是一件不可能做到的事情，蔡京却抓住这个稍纵即逝的机会，竟然在自己的辖区内，奇迹般地办成了，并立即向保守派领袖司马光报功。

蔡京的投机行为虽然得到司马光的赏识，但却遭旧党中人的不耻，因为在五天之内完成由“募役法”到“差役法”的转变，是一件不可能的事情，蔡京是在蒙着眼睛骗鼻子，“故意扰民以坏成法”。

面对旧党汹汹的浪潮，司马光担心旧党起内讧，只好挥泪斩马谡，让蔡京卷铺盖走人。但司马光没有亏待蔡京，将他安置到真定府做知府，兼真定府路安抚使，只挪了一个位子，行政级别并没有降低，而真定府是一个肥缺，很多人想去也去不了。

哲宗绍述的时候，蔡京摇头一变，又以新党的面目出现，当上了户部尚书，成了章惇眼里的红人，官至翰林学士承旨，有可能跻身执政大臣的行列。不料章惇被曾布击败，被逐出京城，最终客死他乡。

十年之间，蔡京翻手为云，覆手为雨，政治操守可见一斑。章惇遭贬，蔡京也跟着倒霉，被撵到杭州闲居。蔡京虽然到了杭州，但他不甘心就此沉沦，时刻都在寻找机会谋求东山再起。

徽宗即位之后，于建中靖国元年下诏在杭州设置明金局，并以内廷供奉官的名义，派宦官童贯到杭州主持明金局的工作，负责搜罗文玩字画。内廷供奉官大体相当于皇宫的采购处长，职位并不是很高，但却是一个很有油水的肥差。

蔡京闲居在杭州，知道童贯是天子弄臣，便想方设法巴结，将自己珍藏的王右军的字画献给童贯，又帮助童贯把杭州民间收藏的几件珍品字画、器玩弄到手。蔡京是一位不折不扣的才子，能书善画，书法冠绝一时，就连号称“米癫”的大书法家米芾也都自愧不如。蔡京利用自己的特长，精心制作了一些屏障、扇带，让童贯带回宫中。当然，童贯也不会白忙乎，从蔡京那里得到了一笔丰厚的贿赂。

徽宗见到童贯从杭州带回来的这些好东西，惊喜之余，开始对童贯另眼相看了。童贯乘机为蔡京说项，赞扬蔡京是天下奇才，这样的人闲置不用，实在是暴殄天物。

童贯又将蔡京托他带回的金银珠宝和小巧玩意分送给后宫众嫔妃与内侍。后宫这些人受了小恩小惠，心存感谢，纷纷在徽宗面前夸赞蔡京，说蔡京才华出众，贤能无双，忠于朝廷，是一个不可多得的人才。

蔡京也没有忘记元符皇后刘氏，当年章惇废孟后，蔡京是同谋者，刘皇后是知道的。当时有一个叫徐知常的左阶道篆，常以道士身份出入元符皇后宫中，蔡京嘱咐其心腹太常博士范致虚花重金收买徐知常，托徐知常求元符皇后暗助自己复职。元符皇后本来就对蔡京心存感激，当然满口答应，她与徐知常密商一计，由心腹宫女传出话去，说当今皇上是上界星君下凡，必定另有星宿下凡辅佐。

徽宗听到这些谣传，心里很舒坦，他想知道辅佐星君的星宿是谁，于是想起了当年给他测字的陈彦道士。

陈彦应召进宫，装模作样地推算了半天，写下四句谶语：

宦海沉浮三十年，
两朝耿耿佐君边。
芳草萋萋去天际，
京师腊祭好重迁。

徽宗七窍玲珑，一看就懂，这是说在腊祭之前将蔡京召回，既然是谶句，那就是天机，天机不可泄露啊！谶语说得如此直白，当我是二百五呀？由于有了疑心，便没有依陈彦的谶语行事。

徽宗尽管没有召蔡京进京，但还是下诏起用蔡京为定州知府，蔡京还没有起程赴任，徽宗又下诏改任大名府。

起居郎邓洵武是一个极善投机钻营的人物，他预料到蔡京会东山再起，重掌朝政，便刻意巴结。当时韩忠彦、曾布为相，在一次入朝奏事时，邓洵武在徽宗面前挑拨说："陛下是先帝之子，理应绍述神考遗志。宰相韩忠彦是韩琦之子。先帝曾推行新法，韩琦常谏新法不可行。现在韩忠彦曾为相，便更变先帝之法，陛下都听之任之。韩忠彦作为臣子，尚能继承父亲的遗志反对新法，陛下作为天子，反而不能绍述先帝的遗志。"

徽宗问道："依你之见，此事该如何处理呢？"

"陛下如欲继先帝遗志，非起用蔡京不可。"邓洵武看准了徽宗在是否变法上举棋不定而又急于继承父志的心理，用父子之情去离间君臣关系。

徽宗果然掉进了邓洵武的圈套，沉默不语。

当时，蔡京已贬往外地，徽宗并无复用之意，邓洵武早有预谋，继续说道："陛下如果真要绍述先志，群臣中恐怕没有相助者。"边说边从怀中拿出一幅《爱莫助之图》献给徽宗。

图分为左右两表：左表列元丰诸臣，右表列元祐诸臣。自宰相、执政、侍从、台谏、郎官、馆阁、学校等，各作一重。在元丰诸臣表中，列蔡京为首，余下不过赵挺之、范致虚、王能甫、钱遹等五六人而已。表下面注：能够尽力，以助绍述。在元祐诸臣表中，列韩忠彦为首，而举满朝公卿、百官、执事，尽行载入差不多有五六十人。表下面注：破坏政令，阻挠绍述。

这本来是恶作剧式的文字游戏，徽宗竟然深信不疑。

对于神宗、哲宗两朝旧臣，徽宗本已不存偏见，而邓洵武公然挑拨，目的在于试探徽宗调和两党矛盾的态度是否坚定不移，谁知他这种带赌博式的荒唐举动，竟然得到这位青年天子的默许。

徽宗之所以对蔡京情有独钟，是因为他对蔡京潇洒飘逸的书法心仪已久。徽宗当藩王的时候，就与书法结下不解之缘，只要见到自己喜爱的书画作品，都要想办法弄到手。绍圣年间，蔡京的书法名噪一时，无人能出其右。一次，蔡京的两个侍从手持百圆扇为蔡京扇凉，蔡京一高兴，便在两人的扇子上题写了杜甫的两句诗。几天之后，两人再来侍候蔡京时，喜气洋洋，衣帽一新。蔡京觉得奇怪，问他们怎么一下子阔了起来。两位侍从告诉他，几天前蔡京给他们题字的两把扇子，被端王花两万钱高价买走了。徽宗花重金购买蔡京的墨迹，当然是爱屋及乌，对蔡京本人有好感。即位之后，本想重用蔡京，无奈蔡京劣迹斑斑，犯了众怒，遭到朝野一致抨击，无法庇护，只得将他贬谪到杭州去了。

宋朝的皇帝对看图说话似乎都很重视，当年的王安石因郑侠献的一幅《流民图》而败走麦城，如今的徽宗看了《爱莫助之图》之后，感触也非常深。他以为元丰人少，元祐人多，疑心元祐众臣朋党为奸，有心要改变这种状况。恰好此时韩忠彦和曾布两人同时力荐蔡京入朝。徽宗于是下诏，把蔡京召入朝中担任翰林学士承旨，蔡京终于又回到了朝廷。

曾布力荐蔡京不难理解，因为蔡京也主张绍述，两人是同党，同党中人联手对付一个外人，当然在情理之中了。

韩忠彦力荐蔡京，却有些让人费解，因为他是旧党，蔡京是激进人物，韩忠彦为何要推荐一个与自己政见不合的人物呢？用韩彦忠的话说，曾布你不是靠“绍述”迎合皇上吗？我就找一个更能“绍述”的人来制服你,这叫作以暴制暴。

韩忠彦欲用蔡京来排挤曾布，曾布也想靠蔡京打击韩彦忠，但他们两人都忽视了蔡京的能力和野心。蔡京是一个工于心计、心狠手辣、睚眦必报的奸诈之徒，论他的能力，韩彦忠和曾布两人绑在一起，也不是他的对手。

韩忠彦本想找一个助手，却病急乱投医，为自己找来了一个掘墓人。曾布想找一个帮手，却找来了一个卸磨杀驴之人。

徽宗即位之初，曾发布煌煌文告昭示天下，将以至正大公的胸怀，不偏不倚地对待变法与保守两派人士，以期利国利民，并改年号“建中靖国”，仅隔一年余时间，当初之言犹然在耳，徽宗便自食其言，改元“崇宁”，“宁”指的是熙宁，这是徽宗的父亲神宗皇帝推行变法的年代，“崇”是推崇之意，这是明白无误在表示要恢复神宗之法。在这个节骨眼上，蔡京回朝了。

蔡京是一个极具野心的人，翰林学士承旨并不是他的终极目标。为了表示他的不同凡响，他到处散布谣言，攻讦元祐党人，而徽宗竟然默许了，这预示着一场迫害元祐党人的风暴已起之于青萍之末了。

国策做出重大调整，人事重新洗牌也就成为必然。徽宗下诏提拔邓洵武为中书舍人给事中兼职侍讲；恢复蔡卞、邢恕、吕嘉问、安惇、蹇序辰等人官职；

礼部尚书丰稷，则被逐出京城，出任苏州知府。

蔡京是个聪明人，知道饭要一口一口地吃，路要一步一步地走。经过一番深思熟虑之后，决定先联合曾布挤走韩彦忠，然后再干掉曾布。于是便与曾布在徽宗面前唱双簧，说韩彦忠身为宰相，骨子里却不乐意崇尚神宗之法，不赶走韩彦忠，崇尚神宗之法就是空谈。

五月，韩彦忠终于被逐出朝廷，以观文殿大学士身份出知大名府。韩彦忠悔不当初，原本举荐蔡京还朝是要挤兑曾布，不料搬起石头砸了自己的脚，政治斗争是无情的，一招失手，满盘皆输啊！

驱逐了韩彦忠后，徽宗又下诏追贬司马光、文彦博等四十四人官阶，并规定不再任用元祐、元符党人；司马光等人的子弟不得为京官。再下诏，任命蔡京为尚书左丞、赵挺之和温益为尚书右丞、许将为门下侍郎、许益为中书侍郎。

尚书左丞（即执政）是一个副宰相的职级，相当于宰相助理。这种快速提拔足以令人眼花缭乱，曾布觉得有些不妙，但已无力阻拦了。更糟糕的是，此时的蔡京已不把曾布放在眼里了，出任尚书左丞不足一个月的时间，便对曾布痛下杀手，彻底断送了曾布的宰相梦。

曾布与陈佑甫是儿女亲家，陈迪是陈佑甫的儿子，也是曾布的女婿。曾布欲推荐陈佑甫担任户部侍郎。按大宋有关规定，宰相不能举荐自己的亲属担任要职，两府议事的时候，曾布提到这件事，意思是征求蔡京的意见，蔡京故意使坏，不说同意，也没提反对意见。曾布以为蔡京默许了，便向徽宗举荐陈佑甫。

蔡京却站出来说：“爵禄是公器，国家设官分职，是为了治理国家，确定俸禄，是为了让臣子尽忠供职。这官职爵禄，宰相怎么能私授给亲家呢？”

曾布被激怒了，反驳道：“蔡京与蔡卞是兄弟，不是也同朝为官吗？”

蔡京抓住曾布的语言漏洞说：“曾大人，我说过不可亲家同朝吗？我是说不可凭借权位私自相授。蔡卞是我举荐的吗？当年蔡卞任尚书左丞，位在我之上，哲宗皇帝曾拟授我右丞之职，有人当时奏说兄弟不可同朝，想必曾大人还记得这件事吧？”

兄弟不同朝这句话，其实就是曾布说的。蔡京虽然语含讥讽，曾布却也无话可说。曾布恼羞成怒，大声说："陈佑甫虽然是我的亲家，但以他的才干，足以胜任户部侍郎之职，外举不避仇，内举不避亲，我怎么就不能举荐？"

蔡京冷笑一声道："恐怕未必真有才吧！"

曾布冷哼一声道："以小人之心，度君子之腹。"

大臣温益对曾布早就心存不满，乘机斥责道："在皇上面前，怎么能如此无礼？"

在天子面前无人臣之礼，是犯罪行为。曾布自知失礼，连忙跪下请罪。徽宗甚为不快，拂袖而去。

第二天，言官们交相弹劾曾布，其中最著名的一句话是："呼吸立成祸福，喜怒遽变炎凉。"意是说，曾布势焰熏天，喘口气就能决定别人的命运，喜怒哀乐之间，就可以改变天地间的冷暖炎凉。

曾布无奈，只得请求辞职。徽宗立即准奏，免去曾布右相之职，改为观文殿大学士，贬到润州去当了知州。

蔡京痛打落水狗，继续弹劾曾布，说他贪赃枉法，收受贿赂，并设下圈套，让曾布自己承认贪污，希图免罪。结果曾布再次贬官，被遣往太平州（今安徽当涂）居住。从此以后，曾布以戴罪之身，历经劫难，五年之后，在郁郁寡欢中死去。曾布死不足惜，但从其宦海沉浮中，我们可以看到北宋末年政坛的波谲云诡，权臣相互倾轧，最终导致北宋的衰微与覆灭。

蔡京成功地导演了一场联曾倒韩、卸磨杀驴的好戏，如愿以偿地当上了尚书右仆射兼中书侍郎，已是权势显赫的宰相了，半年之后，又升任左仆射兼门下侍郎，成为帝国第一宰相。他从贬谪地东山再起，仅用了一年时间，便成了国之重臣，其升迁速度之快，令人瞠目结舌。

元祐党禁

奸佞得志，便意味着忠良遭殃。蔡京走马上任后，徽宗便下诏禁止元祐法，同时在尚书省设立讲议司。为的是要绍述神宗大业。徽宗以往下诏书，尽量中庸平和，这一次却一反常态，把元祐期间的政治措施抨击得一无是处，措辞之严厉，态度之蛮横，同以往的谦抑与温和判若两人。

这道诏书是在蔡京操纵下炮制出来的。诏书指责哲宗在位时期民生维艰，商旅不通，官吏寡廉鲜耻，民风浅薄，赋税不均，奢靡严重，稍微遇到饥荒，百姓便流离失所。诏书中所指的也许都是事实，但北宋积贫积弱已久，把这些积弊全都算在哲宗头上，实在不公允。不过，问题的症结并非在此。蔡京的本意并非与哲宗过不去，目的在于整肃仍然活跃在政坛上的哲宗朝旧臣，置他们于死地，这才是这道诏书的真正目的。

至于那个非驴非马、不伦不类的讲议司，则是仿照神宗熙宁年间设置条例司的旧例设立的。讲议司的主官叫提举，由宰相蔡京兼任。徽宗设立讲议司，本意是讲议熙、丰已行法度及神宗欲行而未行之事。然而，这个机构却成了蔡京排挤异己、陷害忠良的工具。蔡京托绍述之名钳制天子，任用亲信吴厚居、范致虚等人为幕属，将朝廷政治、经济大权牢牢控制在自己手里，颁发的政令不许台谏封驳议论，强行推向全国。

蔡京是一个睚眦必报之人，他凭借手中的权力，把与他有个人恩怨或意见相左的人悉数定成了元祐奸党，并亲自议定了一份名单，总共一百二十人。这些所谓的元祐奸党中：

文臣执政官二十五名，司马光、文彦博、吕公著、韩忠彦、李清臣、刘奉世、王岩叟、苏辙、范纯礼、陆佃等均在其中。

曾任侍制以上的官员三十五名，苏轼、范祖禹、刘安世、曾肇、邹浩等人榜上有名。

余官四十八人，程颐、晁补之、黄庭坚、李格非（词人李清照之父）、司马康（司马光之子）、秦观、吕希哲、任伯雨、陈瓘、龚夬等在劫难逃。

此外还有内官张士良等八人，武臣王献可等四人。

徽宗以他那优雅高超的书法艺术，先后两次亲笔书写“元祐党人碑”，刻石立在皇宫的端礼门和文德殿的东壁之上，用以昭示天下。如此一来，朝中的精英以及那些算不上精英但与蔡有过节的人，都被戴上了“奸党”的帽子。

事实上，所谓奸党的人情况十分复杂，不可一概而论，如王安石的学生陆佃根本就不是旧党。只是要正人君子，与蔡京冰炭不同炉，自然难逃厄运。章惇、曾布虽然心地褊狭，品质恶劣，但和元祐党人毫不相干，只因与蔡京见解不合，也被列入元祐党籍。又如曾任宰相的张商英，哲宗朝曾反对变更新法，上疏攻击司马光、吕公著等，只因与蔡京政见不合，也被列入元祐党籍，贬出朝廷。总之，元祐党籍是蔡京迫害异己的撒手锏，他随手掷给你一顶元祐党籍的帽子，就足以使你陷入万劫不复的境地。

蔡京刊立党人碑后，又将元符末年，因日食求直言时上书的几百人全部清查出来，将他们定为邪上、邪中、邪下三个等级。以钟世美以下四十一人为正等，悉数加以升官嘉奖。范柔中以下五百多人定为邪等，无一例外地都被降官，以示惩罚。尽管如此，心肠歹毒的蔡京仍嫌株连不够，又向徽宗提出惩办那些要求恢复元祐旧法之人。徽宗自然应允，于是刘奉世等二十七人被罢了俸禄。按照宋代规定，大臣罢官之后，让他们去管理道教宫观，没有具体职掌，只领取俸禄，称之为“祠禄”。如今连这一点微薄的待遇都要取消了。同时又命令他们分散在各州居住，规定这些人不得居住在同一个州，以防串通滋事。这些人多是皤皤老翁，长期遭受迫害，困顿潦倒，生活拮据，现在又以戴罪之身，挈妇将雏，飘零天涯，饱受颠沛流离之苦。著名词人黄庭坚、晁补之等人就在这一行列中。涉及的人数之多，范围之广，较之章惇当年的疯狂报复，有过之而无不及。有人看不惯这种做法，写了一首小词讥讽说：

当初亲下求言诏，引得来胡道，人人投献治安书，比洛阳年少。自讼镌官差岳庙，却一齐塌了。误人多事，误人多少！

崇宁二年（1103年）正月，一些奉承蔡京的小人唯恐天下不乱，上书徽宗，说竖立在端礼门和文德殿的元祐党人碑，距京师近在咫尺的陈州竟不知情，更何况边远之地，应由朝廷下诏，将端礼门御书石碑上的“奸党”姓名下发给外路州军，立石刊记，以传示万世。

徽宗不假思索，欣然应允，交由蔡京办理。蔡京亲自书元祐党人姓名，颁发到各郡县，命令各地将这些名字刻在石碑上。

长安官府接到立石的命令，不敢怠慢，立即召一个叫安民的石匠刻碑。安民看过党人姓名后说："小匠不晓得朝廷刻石的意思，但听得司马相公这个人，海内都称道他正直忠良，如今却把他列作奸党首领，小匠不忍奉命刻石。"

长官怒道："你一个小小的石匠，能够辨别朝廷上谁是忠谁是奸吗？"

安民对答道："并不是小人能辨别朝廷的忠奸，不过像司马相公爱国爱民的赤心，天下之人，妇孺皆知。举世都识为忠，朝廷独指为奸，怎能叫小人不疑心呢？"

"越发胡说了！"长官大喝道，"这是朝廷的命令，我尚不敢违抗，你是什么人，竟敢违抗朝廷之命吗？"

石匠安民愣在当场，不敢出声。

"刻，便是活，不刻，立即乱棒打死，两条路，你自己选吧！"

"小人愿刻。"安民跪在地上，哭着说，"但求大人答应小匠一件事。"

"什么事？"

"小人刻碑不留名。"

原来，石匠行当有一个不成文的规定，就是所刻的石碑上，要刻上刻碑人的名字。安民不想将自己刻党人碑的罪恶之名流传后世，故以不留名的方式对蔡京一伙提出抗议。

九江有一碑工名叫李仲宁，镌刻技术精湛，偶与诗人黄庭坚相识，黄庭坚为他所居之处题了"琢玉坊"的匾额，李钟宁珍如拱璧。朝廷诏令州郡刻元祐党人碑时，他也被征去刻碑。他见"奸党"名单中有黄庭坚之名，便对州军长官说："小人以前家庭贫穷，只因刊刻苏内翰（苏轼）、黄学士（黄庭坚）诗词，来买的人越来越多，小人一家才得以饱暖，如今说他们是奸党并要镌刻石上，小人实在不忍下手。"州郡长官是个正直的官员，感慨地说，想不到一个乡野村夫，竟有这等超凡脱俗的见解，真是难能可贵。于是馈赠以酒，并答应了他的请求。

安民、李仲宁这些贫贱乡民深明大义，与那些饱读四书五经、满腹经纶却卖身求荣投靠权贵的士大夫，形成了鲜明的对比。

封杀文化人

被列入元祐党的众多官员中，有很多人是才高八斗、著作等身的文化人，他们的作品早已风靡天下，妇孺皆知。蔡京知道，只要这些人的著作还在民间流传，就不可能消除他们的影响，当务之急就是让这些人的著作在民间消失。于是，在蔡京的指使下，一伙奸佞挖空心思找这些文化人的麻烦。

最先遭殃的是诗人黄庭坚，因他被列入了元祐党籍，被责降管勾玉隆观。百无聊赖之际，写了一篇《荆南承天院碑》，碑文大意是说，有人说建一座佛寺要耗费掉中等民户万家之财，实在是百姓沉重的负担。依鄙人之见，即使国家无战祸，天灾疾役也是百姓无力抗拒的。天下善人少而不善者多，如果国家的刑罚施于外，佛家的思想施于内，两者相辅相成，无疑对国家是有益而无害。其实，黄庭坚撰写的碑文，只是直抒胸臆，表示对修造佛寺的看法而已。

湖北转运判官陈举上表弹劾，说黄庭坚语涉谤讪。而真正的原因是陈举想在碑文后面添上自己的名字，以抬高自己的身价，作为炫耀的资本，遭到黄庭坚婉拒。陈举恼羞成怒，便从碑文中摘录数句，交给执政赵挺之，而赵挺之与黄庭坚有矛盾，便乘机落井下石，马上将奏本上交徽宗，致使黄庭坚贬窜宜州，客死异乡。一抔黄土葬孤魂，黄庭坚再也没有回归故乡洪州分宁。

崇宁二年（1103 年）四月，徽宗下诏销毁吕公著、司马光、范纯仁等人在景灵西宫的画像，又在蔡京的怂恿下，禁行苏洵、苏轼、苏辙、黄庭坚、张耒、晁补之、秦观、马涓等人的文集；焚毁范祖禹的《唐鉴》、范镇的《东斋记事》，刘攽的《诗话》、僧文莹的《湘山野录》等书的印版。

最有意思的是《资治通鉴》一书的命运。司马光既然被列入了元祐党人，他主持撰写的《资治通鉴》也在焚毁之列，当时负责销毁《资治通鉴》印版的是蔡京的弟弟蔡卞及其党羽林自等人。

博士陈莹中得知这个消息，特意在太学考试出题时援引了神宗为《资治通鉴》写的序文，以示皇帝关注过此书。

林自不学无术，不曾读过《资治通鉴》，不知道神宗确实写过这篇序文，质问陈莹中说："这篇序文怎么能是神宗写的呢？"

陈莹中反问道："谁敢说这是假的吗？"

林自又自找借口说："即使是真的，也是神宗幼年时写的文章而已。"

"天子之学出于圣人，得自天性。"陈莹中反问道，"难道皇上少年和成年时写的文章有区别吗？"

林自自知理亏，回去将这件事报告给了蔡卞。蔡卞秘密下令学宫中把印版放在高阁安全之处，不要再议论毁版的事了。《资治通鉴》躲过了一场浩劫，得以幸存下来，流传于世。

蔡京销毁了司马光等人的画像，又命人在显谟阁画熙宁、元丰功臣的像；在都城南面修建学宫，建房一千八百七十二间，赐名辟雍，广储学士，召集人研究王安石的《经义字说》，在辟雍中供俸孔子、孟子等人的图像，以王安石配享孔子，地位仅次于孟子。

夜砸党人碑

也许是徽宗、蔡京一伙迫害元祐党人的做法太离谱，因此在全国范围内掀起了轩然大波，致使人神共愤，万民嗟怨，蔡京等人不得不有所收敛。崇宁四年（1105 年）五月，徽宗下诏"除党人父兄子弟之禁"。坚冰乍融，柳暗花明，事情总算有了转机。八月间又规定，凡因上书而受到编管的人士由亲戚担保，放归田里，与家人团聚。

"门外天涯迁客路，桥边风雪蹇驴情。"当年元祐党人落泊离京，风餐宿雨，无限凄凉，如今可与家人共享天伦之乐了。但又规定，如果犯流罪以上，或擅出州界，或不思悔改、谤讪朝政者，不在此列。如再违犯，保任者同罪。这就是说，只要蔡京一伙看谁不顺眼，随时都可以找一个理由重新进行迫害。

这虽然是有限的放宽禁网，但毕竟是寒冬中有了一丝春天的气息！

这一年九月，因九鼎铸成，徽宗在大庆殿接受群臣祝贺，诏用新乐，并大赦天下，元祐党人的处境稍稍有了改善。徽宗心情大好，忽生恻隐之心，亲自起草一份诏书，表示自己不念旧恶，体恤臣民。诏书中说元祐奸党诋毁先帝，罪在不赦，理应窜逐远方，饱受颠沛流离之苦。但如今五谷丰登，祥瑞迭至，一夫失所，朕心不安，为表示朝廷宽厚之意，贬谪之人可以内徙，但不得至四辅（东辅襄邑、西辅郑州、北辅澶州、南辅昌府）及京畿之地。

尽管有种种限制，但从交通不便、气候恶劣的边陲移往内地，生活上毕竟方便了很多。

也是事有凑巧，崇宁五年（1106年）正月，天上出现彗星。徽宗以为又是上天向他示警，心里非常恐惧。赵挺之和吴居厚乘机请求徽宗下诏求言。徽宗采纳了他们的建议，并提拔吴居厚为门下侍郎，刘逵为中书侍郎。

古代向皇帝上书，有严格规定，不够级别，不能向皇帝上书。如果是皇帝下诏求言，则不受等级的限制，只要你有话想对皇帝说，就可以越级上奏。这种求言，还有一个特别规定，就是言者无罪，说错了也不要紧，皇帝绝对不会降罪。因此，很多人会在这个时候向皇帝上言，说平常不敢说之话。

刚提拔的中书侍郎刘逵首先上疏，请求毁掉元祐党人碑，放宽禁令。当时对元祐党人的迫害虽然有所松动，但如此直率大胆的倡议，是冒了很大风险的，刘逵甚至做好了被杀头的准备。谁知峰回路转，柳暗花明，徽宗一反常态，竟然采纳了刘逵的建议，连夜派人到端礼门砸毁了元祐党人碑，恢复他们的仕籍，外地的“奸党”石刻也一律拆毁，不许言官再弹劾此事，除党人一切之禁，表现出了少有的宽容大度。

徽宗又表示，元祐党人中凡是应该起用之人，依照大赦条例起用；已经贬谪的官员，还没有由远移近者尽快落实移近；凡服劳役者减刑。同时命三省共同商议，起用元祐党籍中曾任宰臣、执政官的刘挚等十一人，待制以上官苏轼等十九人，文臣及其他官员任伯雨等五十五人，选人刘谅卿等六十七人，这些人健在的都安排了工作。

虽然安排的都是闲职，没有实权，甚至有的人在旧职上降两级使用，还有一些人仍然不得进京师，明显带有歧视的味道，但是比起贬窜边陲来说，境遇还是改善了不少，从某种意义上说，也算是皇恩浩荡了。

其实，在给元祐党人平反这个问题上，蔡京是持反对意见的。在元祐党人碑被砸的第二天，蔡京就曾质问徽宗："这碑怎么毁了？"

徽宗回答说："朕因上天示警，想要宽大政令，所以派人把碑毁了。"

蔡京厉声说："碑石可毁，奸党的姓名不可灭！"

大臣们都耳闻蔡京对皇上吼叫声。

徽宗似乎对蔡京有所忌惮，听到蔡京的吼叫，虽然面露怒容，但也只是看了蔡京一眼，并没有出声，似乎到了敢怒不敢言的地步。之后一个月，蔡京便被免去宰相之职，出任没有任何职权的太乙宫使去了。重新任命去职不久的赵挺之为尚书右仆射兼中书侍郎。

蔡京罢相之后，对刘逵恨之入骨，一直在暗中活动，欲扳倒赵挺之、刘逵两人，谋求恢复相位。

这一天，他秘密召集私党开会，商量谋求复位。御史余深、石公弼两人说，皇上刚刚重用赵、刘两贼，要想扳倒他们两人，恐怕不是一件容易的事情。

蔡京似乎很有信心，他说："事在人为，只要大家肯尽力，老夫自有办法。"

"为相公做事，我等敢不尽力吗？相公有什么办法呢？"余深问道。

"在后宫，皇上最宠爱谁？"

"郑贵妃！"有人回答。

"郑贵妃最倚重谁？"

"郑居中呀！这还用问？"

蔡京的阴谋很明显，他又要故伎重演，走后宫路线以谋求恢复相位。

果然，蔡京说出了他的计划，就是让宦官给郑贵妃进言，拉拢郑居中，向皇上进言。他见大家看着他，解释说："皇上虽然一时听信奸言，罢了老夫的相位，但对老夫的信任并没有完全消除，只要有人说几句好话，仍然会恢复对老夫的信任。赵挺之、刘逵这两个人做事中规中矩，时间长了，皇上一定会不乐意，到时就会想念老夫，你们疏通好郑贵妃、郑居中两方面的关系，乘机弹劾赵挺之、刘逵，老夫恢复相位也就水到渠成。”

大家统一了意见，按蔡京的安排，分头行动。

要了解蔡京的这次阴谋，还得先了解郑贵妃、郑居中其人。

郑贵妃是开封人，父亲郑绅曾做外官。她生得美丽、聪慧，自小选进宫中侍奉向太后。向太后喜欢她秀外慧中，命她做了内侍的领班。徽宗在端王邸的时候，每天都要进宫给向太后请安，总是她代为传报，并由她和另外一名领班王女陪侍，二人小心谨慎，又善于奉承，徽宗见她们言语伶俐，容貌娇艳，心中十分爱悦。虽碍着宫禁森严，不能搂在怀中销魂，但难免有眉来眼去、言语调情的时候。久而久之，两人的感情日益加深，有时在向太后面前也有所流露。时间长了，向太后也有所觉察，但见他们并没有淫乱的行为，也没有禁止。

徽宗即位之后，向太后便把郑、王二女赐给了徽宗，以偿他们夙愿。

徽宗先封郑女为贵人，很快又晋封为贵妃。皇后见郑女能书能文，书体娟秀，文辞藻丽，对她也是另眼相看。

据记载，郑氏“自入宫，好观书，章奏能自制，帝爱其才”。显而易见，郑氏不仅姿色出众，而且还能帮助徽宗处理奏章。因此，徽宗更偏爱郑贵妃，加之皇后秉性谦和，对于徽宗的爱好，从不干预，所以，郑贵妃便得擅宠专房。

蔡京这次确定走后宫郑贵妃这条线，实在是煞费苦心。

郑居中，现为中书舍人兼直学士院，他是郑贵妃的远族，自称是郑贵妃的从兄弟。郑贵妃因为母族人丁不旺，想倚重郑居中，故在徽宗面前美言，使郑居中得到徽宗的信任。

蔡京的私党们领了蔡京的妙计，立即行动起来，一面买通内侍疏通郑贵妃，让郑贵妃在皇上面前进言赞誉蔡京，一面重金贿赂郑居中，请他奏请皇上，让蔡京官复原职。

老谋深算的郑居中觉得，如果让他先向徽宗奏请，万一不答应，那就弄成了夹生饭，再要重来就难了。因此，他叫余深先上奏疏，奏请皇上起用蔡京，然后他再来敲边鼓，这样把握性更大。

余深果然上疏替蔡京申辩，说蔡京为政，秉承的是圣上的意旨，从来没有私自擅改什么法令。刘逵妄加指斥，罢免蔡京及一切绍述的政策，有失绍述的本意。

徽宗看了余深的奏疏，不住地点头，大有赞许之意。郑贵妃将这些看在眼里，乘机问道："陛下以为余深的奏疏怎么样？"

"颇有道理！"

郑贵妃乘机替蔡京求情说："蔡相公执政的时候，就臣妾看来，实在未尝私用己见，都是秉承圣旨行事。他对绍述之政，有功无过。"

"你说的也有道理。"

郑贵妃见徽宗心意已动，不再多言，密使人将这个情况转告给郑居中。

次日，郑居中入朝奏请说："陛下即位以来，一切建树，都是学校礼乐，居养安济等法，上足以利国，下足以裕民，怎么能说是逆天背人呢？"

徽宗点点头，表示赞同。郑居中见徽宗点头赞许，更直接地说："臣恳求陛下要顾全绍述的初志，不要中途而废，以致前功尽弃而累了陛下的圣明。"

徽宗听郑居中说得情真意切，也有感触，便怀疑赵挺之、刘逵两人极意攻讦蔡京，可能夹杂了个人恩怨，于是有了起用蔡京之意。

郑居中窥出徽宗的心思，于是去见蔡京。蔡京觉得时机成熟，立即吩咐余深等人弹劾赵挺之、刘逵两人。

余深等人哪肯怠慢，连夜写成奏疏，联名弹劾刘逵破坏绍述，导致国家大政反复无常，且还凌蔑同僚，引用邪党，为朝廷之大恶。这一道弹劾状，就是赵挺之、刘逵的催命符。

徽宗下诏，贬刘逵知亳州，罢赵挺之为观文殿大学士祐神观使。

蔡京再次出任尚书左仆射兼门下侍郎。

蔡京重新上任后，奏请改元，于是，崇宁六年改为大观元年（1107 年），继续推行崇宁新法。

吴居厚也因赵、刘二人受到牵连被免职。蔡京的同党何执中则为中书侍郎，邓洵武、梁子美任尚书左右丞。

郑居中于蔡京复相出了不少力，满指望得到回报，蔡京也有这个打算，保荐他任同知枢密院事。

有个叫黄经臣的内侍，平时与郑居中有矛盾，知道郑居中在蔡京复位的过程中得到不少好处，故意使坏，跑去密奏郑贵妃，说本朝外戚，从未预政，贵妃应以亲嫌谏阻外戚与政，借彰美德。

郑贵妃此时身份显贵，不一定要倚赖郑居中，她也想树立自己的美好形象，听了黄经臣之言，果然劝阻郑居中升职一事。徽宗对郑贵妃是百般宠爱，她的话当然要听，而且这还是一件替贵妃彰显美德之事，他就更应该如她所请了。于是，收回成命，改任郑居中为太乙宫使。

郑居中再托蔡京从中斡旋。

蔡京再次找徽宗，说枢密是掌管军事的，并不是三省执政，不必要避亲。

依蔡京的说法，政权不能交给外戚，兵权交给外戚并无不可。

蔡京的说辞，并没有打动徽宗。郑居中见蔡京没有给一个满意的答复，怀疑蔡京没有尽力，暗暗地就恨上了蔡京，背地里有了怨言。蔡京虽然有所耳闻，但也无可奈何，毕竟是自己失信于人，只好任由他说，装作没有听见。

第二篇

浮华背后的危机

第四章　儒家治国理念的破灭

儒家治国理想之殇

中国古代在汉武帝之前，汉、秦代都是以法家思想为政权的统治思想。

先秦儒家理论不为当时的统治者所接受，在秦代甚至还遭到“焚书坑儒”的毁灭性打击，之所以出现这种状况，是由于先秦儒家初创之时，自身的理论也存在缺陷。先秦儒学的内容体系充满着浓重的、温柔淳朴的伦理亲情色彩，显得“迂远而阔于事情”，与当时的社会现实相差太远，不为新兴地主势力所接受。

自汉武帝罢黜百家、独尊儒术之后，董仲舒的君权神授和天人感应学说被汉武帝采纳，从此，儒家思想和封建法律相结合，出现儒、法合流的趋势，这有利于封建统治者推崇的父权、君权、夫权的维护，此后儒法合流被延续下来，成为历代统治者制定政策的理论基础。

道教是中国土生土长的宗教，它形成于东汉时期，是中国传统道家思想和神仙方术结合而成的一种宗教。道家修命，就是要延年益寿，修炼成仙。道家说，人死不了，人可以修炼成仙。人到底能不能够成仙，自古以来的道家都说能，但那些说能的人，却没有一个能真正成仙。年限一到，生命自然终结，魂魄西归，躯体埋葬于地下。

佛教进入中国之后，提倡一种终极的人文关怀。佛家思想认为，人死之后，灵魂就会转胎投世，追问人的来世怎么样。

圣人以神道说教，中国历代帝王对各路宗教，一般都是秉承支持的态度。事实上，道家的思想跟皇帝的想法很合拍，原因在于，皇帝最关心的是两件事，一是金銮殿上的那把龙椅能否坐稳，二是自己的寿命能否更长，最好是长生不老。道家认为，人可以修炼成仙，成仙了当然就能长生不老，这样一来，做皇帝的自然就喜欢道教。

北宋建国之初，就曾有过宰相赵普半部《论语》治天下之说，这说明，宋初统治者仍然视儒家思想为本源。从太宗朝起，宋代便开始崇尚道教，至真宗时，崇道之风更盛。太宗之所以崇尚道教，源于“烛影斧声”的千古传说。

开宝九年（976年）十月二十日夜，宋朝的缔造者，太祖赵匡胤拖着病体来到太清阁观看天象，起初，星光灿烂，天空晴朗，心里很高兴。可是，没过多久，突然阴云四起，雪雹骤降，赵匡胤见势不妙，赶忙退回寝宫。

由于当时正是大雪天，赵光义进宫比往日稍微迟了一点，突然，内侍慌慌张张地赶来传召，说是皇上病情突然恶化，请晋王赶快进宫。

赵光义走出门，习惯地抬头看看天，天空阴云密布，雪还在纷纷地下，丝毫没有放晴的迹象，他暗暗地点点头，脸上露出一丝不易觉察的笑容。

寝宫内，赵匡胤躺在逍遥椅上，喘气急促，见赵光义进来，嘴巴动了动，却没有出声，赵光义等了半天，仍然没有听到皇上的口谕，只好靠近前，安慰他好好养病。

赵匡胤瞪着双眼看着门外，赵光义看看赵匡胤，又看看门外，点点头，叫内侍全部退出去，关好门后，重新回到赵匡胤的身边，静静地看着赵匡胤，等着听他说话。

内侍们退出寝宫，远远地站在门外，探头探脑地向内张望。大家听到赵匡胤似乎是在嘱咐赵光义什么。由于声音很低，断断续续，听不清楚说的是什么。过了一会儿，大家见到寝宫内烛影摇动，或明或暗，好像是赵光义急步后退躲避之状。猛然，听到有斧子戳地之声。突然听到赵匡胤大声叫道：“就让你好好地去干吧！”声音激动，颇为惨烈。

内侍们不知里面到底发生了什么事，由于事先有吩咐，又不敢进去。过了一段时间，里面的声音停止了。

夜深了，赵光义神色紧张地走出寝宫，吩咐近侍，说皇上睡着了，让他好好地休息一会儿，不要打扰他。说罢，匆匆而去。

次日，赵匡胤突然驾崩。

这就是赵匡胤之死、被称为“烛影斧声”的故事，正史不见此事，野史的记载却是有声有色。

历史的真相到底如何，留给后人的只是一个谜。之所以称之为谜，是因为典籍没有记载，历史没有标准答案，这也是谜的魅力。此后关于赵匡胤之死的种种说法，都是后世文人的推理、想象，并不是历史的真实。

赵匡胤死时没有立遗嘱，这也是一个谜：是因为死得太仓促，来不及立，还是因为已经有金匮之命，根本就不需要立？谁也说不清楚。

“烛影斧声”成为千古之谜，留给后世无限的猜想。

有一种解释对赵光义很不利。这种解释认为：所谓“烛影”，根本就是烛光之下，赵光义亲手杀死了自己患病的哥哥；“斧声”则是赵匡胤平时片刻不离手边的水晶玉柱斧，在激烈的打斗中发出的声音。

太宗赵光义继兄长之位，因“烛影斧声”之说，倍感舆论的压力。为了平息社会舆论，他便编造出了一个莫须有的道教神灵“翊圣”降临显圣的神话，证明自己入继大统是皇权神授，并非从兄长手中篡夺而来。尽管没有多少人相信，他自己却宣扬得沸沸扬扬。他封此神为“翊圣将军”，在终南山修建上清太平宫，命道士张守真主持其事，凡遇到军国大事，都要派人前往祭祷。其实，这只是掩人耳目，连他自己也未必相信。

第三代皇帝真宗之后，道教与皇室的关系拉得更近，这位亲手签订了“澶渊之盟”的皇帝，显得有些怪异，时不时能看到天神圣祖降临人间，而且是降临在宫廷里面。而且，神道降临时辉煌灿烂的景观，只有皇帝一人有此仙缘瞻仰，其他任何人都看不到，只能听皇帝绘声绘色的描述。

真宗想利用道教神灵来“镇服四海，夸示夷狄”，于是便有了天书、封禅之事。其实真宗未必就相信道教真有如此大的魅力，只是出于政治的需要，有意让辽国君臣知道，大宋朝有神灵庇护，不要再牧马南寇，侵扰宋室江山。

真宗还煞有介事地导演了一场政治秀。一次，他对辅臣们说："去年十月的一天，朕刚刚就寝，忽然室中出现一道亮光，一个神人头戴星冠，身穿绛衣，站在床前告诉朕说，来月三日，应在正殿建黄箓道场，届时将降《大中祥符》三篇。"

真宗于是命大臣们做好准备，到了那一天，果然见左承天门屋南角有两丈长的黄帛悬挂在鸱尾上，帛中有书卷之类的东西，外面缠了三道青丝绳线，封口处有字迹隐约可见，这就是神人所降之书。

真宗让人取下来，打开一看，只见帛书上有文字："赵受命，兴于宋，付于恒（真宗名赵恒）。居其器，守于正，世七百，九九定。"

上帝把天下交付给宋朝皇帝赵恒，要传七百年，九则是表示多数，意味着宋朝国长久，绵延不绝。从此，真宗修建道观，优待道士。

经过真宗的提倡，道教在宋朝获得了特殊的地位。传到徽宗时代，道教已非常盛行。徽宗自然也要受到一定的影响，尊奉道教也是一件很自然的事情，即位之后，出于政治形势的需要，崇奉道教。

徽宗崇奉道教，大体可分为两个时期。即位之初，徽宗对于道教并无特殊的好恶，后来却逐渐走上崇道的道路，到了政和、宣和年间，崇道则到了近于疯狂的程度。为何出现这种状况呢？究其原因，即位之初，政治还算清明，社会秩序基本稳定，刚登皇位的徽宗也算是一位守成之君，用不着拿宗教来麻醉百姓。后来，徽宗耽于逸乐，沉湎酒色，重用奸佞，朘削百姓，致使廊庙蠹朽，民不聊生，方腊、宋江揭竿而起。更要命的是，北方的金、辽、西夏等强敌环伺，虎视眈眈。面对内忧外患，徽宗君臣一筹莫展。为了安内攘外，徽宗自导自演了一出尊崇道教和神化自己的闹剧，举国上下掀起了一股"道教热"，作为治国理论基础的儒家文化，似乎就不那么重要了。

崇道政治秀

徽宗崇道的做派，较之他的先祖毫不逊色，甚或有过之。徽宗崇奉道教源于求子。徽宗继位之后，膝下无子，有个叫刘混康的茅山道士告诉他，说皇上无有子嗣，是皇宫的风水不好，皇宫西北方地势太低，如果把皇宫西北方的地势垫高，皇室一定会子孙繁荣。徽宗信以为真，命人运土将京城西北的地面填高。事在凑巧，京城西北的地面填高不久，王皇后便生下了太子赵桓，随后，其他嫔妃也像鸡生蛋一样，接二连三地生儿育女，大家一齐努力，一共生了三十多个皇子，三十多个公主。在中国古代帝王中，徽宗大概是儿女比较多的了。

徽宗身边美女如云，只要没得不孕症，生儿育女是迟早的事，可是他不相信自己的能力，却相信这是道士刘混康给他带来的，于是格外信任刘混康，多次把他召进京师，赐给印、剑、田产。

崇宁二年（1103 年），徽宗特地下诏，准许刘混康修建道观，可以直接奏报灾福。刘混康原号洞元通妙大师，徽宗改为葆真观妙先生，后再改为葆真观妙冲虚先生，先后给他敕书、赠诗七十余次，并向他索要灵丹、仙饵、伤风符、镇心压惊符等。

一天夜晚，刘混康拜罢给上帝的奏章，站在那里久久不语。徽宗觉得奇怪，问道："这次拜章为何用了这长时间？"

"天门正在放春榜，我多看了一会，故而时间长了。"刘混康所说的放春榜，即人世间的殿试，天帝发榜，然后在人间应验。

徽宗好奇地问："天帝发榜？前几名是谁？"

刘混康故弄玄虚地说："天机不可泄露，我写在纸上，密封保存，以备他日应验。"

第二年殿试完成后，徽宗拆开刘混康密封的纸条，上面写有"二草二木"四字。这一年殿试的前两名是蔡薿、柯棐，刚好应验"二草二木"四字，徽宗大为惊讶，对刘混康的法术更是深信不疑。

刘混康得宠，他的徒弟乘机狗仗人势，狐假虎威，为非作歹，夺民苇场、强买庐舍。百姓告到官府，官吏们知道刘混康手眼通天，明知道百姓冤枉，却不敢秉公而断。

道教与佛教地位平等，不分轩轾，大观元年（1107 年），徽宗御笔亲批道士的地位在僧人之上，道姑的地位高于尼姑，人为地把道教抬到佛教之上。次年二月，徽宗又下诏颁《金箓灵宝道场仪范》于天下，以便道士学习。

政和三年（1113年），徽宗前往圜丘祭天，大臣蔡攸随行，百余名道士执仪仗为前导，队伍刚出南薰门，徽宗忽然手指东方询问道，玉津园之东好像有楼台叠复，那是什么地方呀？蔡攸向徽宗所指方向看了一眼，尽管什么也没有看到，眉头一皱，便心领神会，立即附和道："臣看清楚了，在那云雾缥缈之间，楼台殿阁若隐若现，有数重之多，复阁回廊，粲然可观。仔细一看，这片建筑离地数十丈，没有根基，若非神宅仙窟，岂能傲立苍穹？"

徽宗问："看见人了吗？"

蔡攸连忙回答说："既然有殿台楼阁，当然有人在活动，臣看到好像有一批道童手持节盖，在云雾出入，连眉毛都看得很清楚。"

君臣二人的一唱一和，迅速传遍了京城。第二天，徽宗下诏，在天神显灵之地修建道观，命名为"迎真"，并作《天真降灵示现记》以记其事，同时命蔡京将此事宣付史馆，载入史册，昭示后人。

徽宗意犹未尽，又于次年御笔钦定每年的十一月五日为天佑节，以纪念天帝降临京师上空，庇佑天下苍生。

司马迁的《史记》一书中列传第一篇是伯夷传，第二篇是管晏列传，第三篇是老子与韩非合传。徽宗竟然下诏改变《史记》一书中的次序，先将老子的传记与韩非分开，单独成篇，并列在《史记》众列传之首。命人仿效唐朝制度，把老子的《道德经》分章句书写刻在石碑上，立于京师神霄玉清万寿内。以蔡京、郑居中、余深、童贯兼任神霄玉清万寿宫使，白时中、王黼、蔡攸等兼任副使。这样一来，朝廷大员都变成了宫观官员，每逢上朝，宫殿上一片羽服黄冠，如同道场一般。

道士惑君乱政

道教既然受徽宗的推崇，道士的身份自然就看涨。徽宗最早宠幸的道士是刘混康，其后便是郭天信和魏汉津。后来，郭天信因张商英的案子受牵连，被贬出京城，魏汉津也老死了。

徽宗时代权势煊赫的道士，最有名的王老志、王仔昔、林灵素三人。

王老志是濮州人，事奉双亲颇为孝顺，以孝闻于乡里，进入仕途后，做了一个小官，办事公平，不受贿赂。后来，他在市廛偶遇一个蓬头垢面的乞丐，自称锺离先生，此人便是八仙之一的锺离权，他传授王老志炼丹之术，王老志于是弃妻抛子，结草庐于田野之间，替人看风水、决疑难，颇为灵验，一时声名大振，人称活神仙。

王老志不但能呼风唤雨，还有未卜先知之能。一天，大臣韩粹彦偶然与王老志相遇，寒暄之后，王老志赠给韩粹彦“凭取一真语，天官自相寻”十个字，一个月之后，韩粹彦被提为礼部侍郎，礼部官员称天官。

翰林学士强渊明出差路过濮州，见到王老志，王老志写了“四皓明达”四个字给他，对他说：“渊明他日必贵，我与你当在京师相见。”强渊明茫然不解。

政和年间，刘贵妃薨逝，追谥为明达皇后，制书由强渊明起草，强渊明才悟出“四皓”的真意，即刘贵妃的赐号。

太仆王禀将王老志推荐给徽宗，王老志奉召进京后，蔡京将他请到自己的家里，盛宴款待，至于两人说了些什么，无人知道。

次日，王老志进宫面圣，交给徽宗一个锦囊。徽宗打开锦囊一看，里面竟是他早年写给乔、刘二妃的情诗。徽宗吃惊不小，因为这是他与妃子之间的隐私，外人不得而知，于是认为，这个道士确实神通广大，便赐号洞微先生。

王老志谢退之后回到蔡京的家里，朝中文武百官纷至沓来，询问吉凶祸福。王老志来者不拒，但不多言，只给求问之人书写几句谶语，众人不解谶语，也就似信非信。后来，很多谶语竟然都一一应验了。大家认为王老志有些道行，求问的人更多。王老志畏惧将来因此而罹祸，奏请禁止士大夫求字问卜。

王老志不慕富贵，生活俭朴，每天只吃一餐，且只有汤饼四两，冬夏衣服各一套，仅此而已。尽管如此，他的老师锺离权还责备他穿罗绮衣服，处富贵之中而不知满足。王老志共有六七套衣服，后来都还给蔡京。

王老志走红之后，蔡京的府上门庭若市。蔡京担心自己会步张商英的后尘，便与王老志商量，叫他不要与朝中人士来往，专心巴结皇上。

王老志似乎不受蔡京的束缚，制一面乾坤鉴送给徽宗，请徽宗坐在镜子前，静观内省，消灾避祸。同时又劝告蔡京，不要贪恋权位，要急流勇退。

蔡京当然是听不进这样的话。

王老志见蔡京媚君，朝政越来越混乱，萌生去意，在京城待了一年之后，便以恩师驰书来责怪，说他不该贪恋红尘富贵为由，上书求去。

徽宗身边不能没有术士，他当然不会放王老志走。王老志见求去不得，便装病，再三上书求去。徽宗见王老志去意已决，知道强扭的瓜不甜，也就批准了。王老志获得批准，当天就离开京城，回到家乡濮州，不久病死家中。徽宗赐金赙葬，追赠他为正议大夫。

蔡京的本意是想借王老志来蒙蔽徽宗，王老志不但没有照他的意思办，反而还向徽宗灌输清心寡欲的理念，且还劝他急流勇退，蔡京对王老志有所不满，王老志的离去，他并不遗憾，更没有挽留。

王老志离去后，蔡京又推荐了一个名叫王仔昔的道士。为了与王老志相区别，时人称王老志为大王，称王仔昔为小王。

王仔昔是豫章洪都（今江西南昌）人，自幼学儒，后来从道，隐居嵩山，自称曾遇见东晋道士、净明道派的祖师许逊，许真人传授他无穷的法术，能知过去未来之事。

蔡京打听到王仔昔之后，极力向徽宗举荐。徽宗召见王仔昔，面试过后，赐号冲隐处士。恰逢天旱，宫中设坛祷雨，徽宗派小黄门向王仔昔索要神符。

王仔昔悄悄对小黄门说：“皇上在宫中设坛祈祷，并不是祷雨，而是替爱妃祈祷。”

小黄门好奇地问：“祈祷什么？”

“皇上的爱妃是不是患有目疾？”

“对呀！”小黄门惊奇地问，“你怎么知道？”

王仔昔取过朱砂，画了一道符，当场焚符成灰，放入一个小砂罐里，兑上水交给小黄门，吩咐道：“你将这罐水带回去，请皇上的爱妃用此水洗眼睛，眼疾立刻就好。”

小黄门没有奉旨，不敢轻易将这些东西带进宫。王仔昔笑道：“放心吧！如果皇上怪罪下来，一切罪过都由我来顶，治好了皇上爱妃的眼疾，说不定你还有赏呢！”

小黄门不得已，只得将符水带进宫，呈给徽宗。

徽宗听了小黄门的介绍，也是暗暗心惊，因为他早晨赴坛，确实曾为爱妃的目疾默默祈祷，这件事只有宫里的近侍知道，宫外的王仔昔是不可能知道的。他觉得王仔昔真的很有神通，便命爱妃用王仔昔的符水洗眼睛，几天过后，爱妃的眼疾竟然奇迹般地好了。徽宗大喜，晋封王仔昔为通妙先生。

此后，徽宗更加信奉道教，命在福宁殿东侧造玉清和阳宫，将安道像贡奉在里面，日夜顶礼膜拜。

政和四年（1114 年）正月，徽宗创立道教官阶，共二十六品，接着又添设道官二十六等，各地道士蜂拥而来，京城的大街小巷，到处都是道士的身影。道士的势力仿佛要超过朝中大臣。王仔昔尤其受宠，徽宗下令在宫中修建一座圆象徽调阁，让他居住。许多官僚依附于王仔昔，让他为自己打通关节。

中丞王安中实在看不下去了，上疏谏诤，说朝廷聘请术士，要问清来历，不能让他们与大臣交往。并且还在奏疏中说蔡京引用匪人，欺君害民。

徽宗虽然颇为赞同他的说法，但并没有对蔡京怎么样。

蔡京知道这件事后，吩咐儿子蔡攸在徽宗面前哭诉，说王安中诬陷父亲。

徽宗对蔡家父子的话，似乎总是相信的，于是下诏改任王安中为翰林学士。不久，又改任为承旨郎。并因此而对王仔昔有所猜疑，渐渐疏远了王仔昔。

徽宗时代最为跋扈的道士是林灵素。林灵素是一个妖道，他蒙骗君主，祸国殃民，北宋灭亡同他有很大的关系。

林灵素本名灵噩，字通叟，温州人。林灵素家世寒微，少年时皈依佛门，因学习不认真，遭到老师的笞骂，于是弃佛学道。年轻的时候，苏东坡曾给他看过相，说他将来必大富大贵。可是，林灵素一直没有富贵的机会，发迹之前，落魄于江湖，去酒店喝酒，赖账不还，赌场赌博，输得一塌糊涂。还不起赊欠，欠下赌债，便要流氓，自行毁容。所以林灵素是一个阴阳脸，一半脸像骷髅，一半脸红润。债主们惊惧不已，害怕出人命，便免了他的酒债，赌债也没人敢讨了。政和年间，林灵素到了京师，寓寄在太乙宫。左阶道徐知常向徽宗举荐了林灵噩，说起这段经过，近乎荒唐。

一天夜里，徽宗做了一个梦，梦见东华帝君派仙童召他去游神霄宫，景致十分幽渺。醒来后，一切恍惚又记不清楚，于是命徐知常访求神霄宫事迹。

神霄宫只是一个传说的仙景，现实中根本就不存在。

徐知常对此一窍不通，无从下手，而此时王老志已死，王仔昔被杀，徐知常急得如同热锅上的蚂蚁，一筹莫展。有一道生见徐知常愁容满面，便问他为何闷闷不乐。徐知常便把皇上叫他访求神霄官事迹的难题告诉他。

道生安慰地说："先生不急，有个人知道神霄宫。"

"哪一个？"徐知常迫不及待地问。

道生说："寓居在太乙东宫的温州道士林灵噩，经常对我说神霄宫的事迹。"

徐知常大喜过望，立即呈报徽宗。

徽宗立即召林灵噩进宫，询问道："神霄宫是个什么所在？"

"神霄宫是东华帝君的治阙。天上的长生大帝君、青华大帝君，都是玉皇大帝的儿子。"林灵噩看了一眼徽宗，故弄玄虚地说："臣当年在天上侍奉玉皇大帝的时候，见过陛下。"

"真的吗？"徽宗惊喜地问。

林灵噩绘声绘色地说："陛下是玉皇大帝的长子玉清王降生人间。臣是仙府散卿，姓褚名慧，因陛下临凡御世，所以也跟着下凡，来辅佐陛下。"

"是啊！"徽宗也跟着装神弄鬼地说道，"朕今日见了你也很面熟，朕记得你当年骑着一头青牛，那头牛到哪里去了？"

道家的祖师爷是老子，传说老子骑青牛过函谷关，所以人们把道士称为牛鼻子道人。

"青牛寄放在外国一个很远的地方，不久就会回来。"林灵噩大言不惭，徽宗却深信不疑。

政和七年（1117 年），高丽国果然进贡一头青牛，徽宗将这头青牛赐给林灵噩为坐骑。

一次，徽宗问林灵噩懂何法术。林灵噩吹嘘道：“臣上知天宫，中知人间，下知地府。凡天上、人间、地府的事情，臣全都知晓。”

徽宗认为林灵噩是仙人，一时高兴，赐林灵噩名灵素，号通直达灵玄妙先生。

林灵素获得徽宗的信任之后，可以自由出入禁宫，宫中眷属，也不必回避。

这一天，徽宗正在偏殿围炉烤火，林灵素自外而入，徽宗赐他在身边就座，两人聊了起来，正聊得起劲的时候，林灵素突然离座，毕恭毕敬地站立一旁，徽宗问他这是何意。林灵素谦恭地说，“九华玉真安妃大驾将至，臣礼当恭迎！”

“九华玉真安妃？”徽宗惊问道，“九华玉真安妃在哪里？”

“陛下稍候，马上就要到了。”林灵素说罢，拱手站立一旁。

徽宗正在迟疑之际，只见三五个宫女，簇拥着一个丽姝进来，徽宗一见是自己宠爱的小刘贵妃，大笑不止。林灵素却恭恭敬敬的拜伏殿下，口中说道：“恭迎神霄侍案夫人！”

话音刚落，崔贵嫔轻移莲步，带着几名宫婢又冉冉而至，林灵素从地上爬起来，口中说道，“这位贵人，在仙班中与我同列，不必行大礼”，说罢只是一揖，便回座位坐下。

徽宗看了看两位贵人，再看看林灵素，似信非信。

次日早朝，徽宗问林灵素，朝廷大臣当中有没有仙人。林灵素见徽宗真的信了自己的鬼话，胆子更大了，信口开河地说，蔡太师是天上的左元仙伯，王黼是神霄文华吏，蔡攸是园苑宝华吏，当年都侍候过玉皇大帝，其他如郑居中、刘正夫、盛章、童贯等人，也都位列仙班，被玉帝派下凡，辅佐神霄宫玉清王。

昏君佞臣们一听，人人都喜笑颜开，怪不得君臣之间相处得如此融洽，原来都是上天的安排。

徽宗认为林灵素是仙人，有通天彻地之能，决定在玉清和阳宫供奉了神像，请林灵素在玉清和阳宫设醮祭祀。

林灵素却说玉清和阳宫太窄小，做法事很不方便，必须另建一座宫殿。

徽宗当即批准了林灵素的建议，并命林灵素主持这项工程，内侍梁师成、杨戬任监理，协助林灵素。

林灵素将道宫的地址选在延福宫东侧，规划自延福宫东门至景龙门，绵延数里，紧连皇宫。宫殿修成之后，取名上清宝箓宫。根据徽宗的意思，林灵素在景龙门城上修了一条复道与皇宫相连，便于徽宗前往上清宝箓宫。徽宗还诏告天下，将天宁万寿观改为神霄玉清万寿宫，殿上设长生大帝君、青华帝君神像。

上清宝箓宫，是一座史无前例、无与伦比的超大型道教宫观，耗资千万贯。不久，林灵素主持了祭祀大典。因为林灵素说小刘贵妃是徽宗在天上的原配九华玉真安妃下凡，所以徽宗携小刘贵妃参加大典，文武百官一律穿羽服、戴黄冠参祭。

徽宗知道，许多大臣对此相当冷淡，后宫郑皇后也有所不满，因为小刘贵妃被指认为徽宗在神宫中的原配，几乎动摇了深得人心的郑皇后的中宫之位，幸亏小刘贵妃并无夺宫之意，才使矛盾没有进一步扩大化。

一天，徽宗去上清宝箓宫祈祷，林灵素问他，是想求昊天上帝之诏，还是想求见青华帝君之面？徽宗回答说两样都想求，并叫林灵素指点迷津，让他如愿以偿。

“日有所思，夜有所梦。只要陛下日夜凝想，一定能够成功。”林灵素神秘地说，“但帝君只在夜间降临，且都是在梦中，他是不见凡夫俗子的。求见期间，陛下只能与玉真安妃同宿。只要陛下心诚，一定能见到帝君的。”

于是，徽宗天天宿在小刘贵妃宫里，以求做个好梦。

几天之后，林灵素问徽宗是否见到了帝君，徽宗一脸茫然。林灵素提示说：“陛下晚上做了梦吗？”

“好像做了个梦！”徽宗若有所思。

“这就对了。”林灵素高兴地说，“一定见到了青华帝君，是吧？”

“好像是的。”徽宗皱眉道，“好像还说了几句话，没听懂，也没记住。”

“陛下当然听不懂了。”林灵素接着问道，“陛下没看见帝君身边还有一个人吗？”

“好像是有个人。”徽宗有些迷糊了，思维随着林灵素的问话转。

“那个人就是我。帝君是来宣旨的，帝君将旨意交给我带来了。”林灵素随手从袖内抽出一卷天书，递给徽宗说，“这是天书云篆，陛下一定能看懂。”

徽宗接过天书云篆一看，见上面的字是李斯所创的小篆，落款盖有“昊天上帝”之印，看罢喜形于色，立即命林灵素筹备开一个千道大会，并诏命天下，所有道观都要派员参加千道大会，他要在这次千道大会上宣布青华帝君降临、颁下天书之事。

北宋在真宗时期曾有过天书的闹剧，百余年后，徽宗重演了先祖的闹剧，所不同的是，真宗天书的闹剧是由佞臣王钦若一手导演，徽宗的天书闹剧则是由妖道林灵素一手策划。事同人不同，北宋的皇帝和他的臣子们，疯狂得真是够可以的了。

政和七年（1117年）四月，千道大会如期召开，林灵素在上清宝箓宫讲经，道士不期而至者数千人，徽宗亲临现场观看。当时，在皇帝的倡导下，全国的道士都有官职级别，按资格享受工资俸禄和福利待遇，致使人们趋之若鹜。此次为了吸引人听经，朝廷花钱数万缗，设有大斋，凡与会听经者，除饱餐斋饭外，还可以领到三百文制钱。有饭吃，有钱领，这样的好事，当然就有人干了，于是乎，每逢召开千道会，一些无业游民、市井无赖，找一块布蒙着头，纷纷前来赶场，冒充道士的人，比正宗的道士、尼姑的人数还要多。

林灵素坐在一个显眼的地方，东拉西扯，信口开河。其实，林灵素对道经只是略知皮毛，并不能讲出大的道理，但他却具有演讲大师的素质，讲法的时候，他能天上、人间、地府，信口开河，编得煞有介事；三教、九流、十家，牵强附会，说得天花乱坠；滑稽、野语、村言，夹杂其中，贩夫走卒都听得懂。因此，林灵素讲道，常常会引得哄堂大笑。不仅普通听众喜笑颜开，就连徽宗本人也是忘形大笑，完全没有了君臣之礼，师道之尊。

皇帝成了道教掌门

林灵素又号召吏民到宫中领受神仙秘箓，朝中官员争先恐后。徽宗派人告诉录院，说自己是天帝元子，为神霄殿帝君，只因怜悯中华到外盛行金狄之教（佛教），苍生无依无靠，于是恳请天帝，愿降生尘世，为天下百姓之主，引领天下人归于正道。此时的徽宗已被道教迷惑得如醉如痴，竟授意道录院上表章，册封自己为道教君皇帝。道录院不敢怠慢，连忙起草了一道昊天上帝的奇特的诏书，并由林灵素宣读：

朕察中华众生遭金狄之教（佛教）所愚弄，命长子长生帝君下界，兴中华之正教。怎奈众生愚昧，仍为金狄之教所迷。因此，朕命青华帝君传谕，敕封长生帝君为中华教主道君皇帝。钦此。

道院主事紧接着宣布，上徽宗为“教主道君皇帝”的封号。

徽宗堂而皇之地登上法坛，一身二职，以皇帝的身份兼任道教教主，台下出现了一道史无前例的独特风景：徽宗以道教教主的身份接见教众，教徒们欢声雷动，向皇帝教主行教礼，拜呼谨遵教令。徽宗以皇帝的身份接见文武百官，文武百官则向教主皇帝行君臣之礼，朝贺呼万岁。皇帝当了道教掌门，这在中国历史上绝无仅有。

中国历史上，有不少帝王崇佛崇道，最典型的是南北朝时期的梁武帝萧衍，他曾三次舍身同泰寺。梁朝的大臣上朝时，惊奇地发现皇上不见了，一打听才知道，皇上出家了，大臣们只好捐钱给寺庙，把皇帝赎回来。同泰寺修得金碧辉煌，百姓却被搜刮得饥不得食，寒不得衣，最后只能造反。徽宗是文化人，一定读史，也一定会知道这段历史，为何不引以为鉴呢？只能解释为，徽宗崇道，已到了近乎疯狂、不计后果的地步。

皇太子笃信佛教，曾策动佛教徒与林灵素斗法，只因林灵素有徽宗支持，结果佛教徒败北。皇太子请求赦免僧人之罪，徽宗不听，下诏将僧人送入开封府刺面决配。

林灵素的威望越来越高。据说其麾下有弟子二万，出行时与宰相、太子争道，人称“道家两府”。

在宋朝，两府指东府、西府，东府是宰相，西府是枢密院，宰相管政务，枢密院管军事。林灵素的地位能与宰相、枢密院分庭抗礼，可见他的气势之大。所以，很多奸邪小人都来贿赂林灵素，以求官职。时人写诗讽刺说：

当日先生在市廛，世人哪识是真仙？
只因学得飞升后，鸡犬相随也上天。

大臣们见皇帝崇奉道教，上行下效，纷纷投其所好，上朝不穿朝服而穿道袍，每当朝会之时，金銮殿内，但见黄冠羽扇，满廷乌烟瘴气，形成一道史无前例的奇观。道教作为宗教的一个分支，提倡并无可非议，而作为一国之君，废国事而痴迷于道，耗巨资大修寺院，广开道场，对于江山社稷和黎民百姓，则是一场灾难。

林灵素目中无人，气焰嚣张，四面树敌，遭到很多人忌恨。政和末年的一天，林灵素在上清宝箓讲道，道人俗人赴会者达数千人，大家都毕恭毕敬，虔诚地听讲，唯独有一道人昂然而立，怒目而视。林灵素呵斥道：“你有何能，竟敢如此倨傲无礼？”

道人回答：“贫道无所能。”

林灵素又问：“既然无所能，为何如此？”

道人反问道：“先生既然无所不能，为何也在此？”

林灵素虽然能说会道，竟然一时语塞，不知如何回答才好。

徽宗在幕后将两人的对话听得一清二楚，随之召见道人，询问道人有何本事。道人拱手回答：“臣有雕虫小技，能生养万物。”

徽宗随即命人于道院寻找可以播种的种子。结果只找到一包茴香籽交给道人。道人在两名卫卒的监视下，将茴香籽种在艮岳之下，然后被安排在院中住宿，并有人监护。三更时分，道人忽然不见，各处寻找，踪影全无。次日查看道人播种的茴香，竟然生长得已是郁郁葱葱，蔚然成林。徽宗这才知人外有人，天外有天，林灵素并非万能的神仙。

墙倒众人推，种茴香的道人小试身手之后，林灵素又碰到一件难堪的事情。一天，有一客人来访，自称是林灵素温州的同乡，有一小术愿一试身手。来客也不等林灵素应允，便撮一把土放进炉子里，取一杯水喷在案子上，将茶杯盖在喷过水的案子上。试验还没有得出结果，徽宗突然驾到。林灵素慌忙出迎，客人也不辞而别。

徽宗进屋后，闻到香气浓烈，非比寻常，便问林灵素这是什么香，林灵素说是他所焚之香，徽宗便让林灵素取香再焚，却无一点香味，一连换了几次，还是没有香味。徽宗非常诧异，再三诘问，林灵素只得承认刚才有一客人来访，并说还有喷水覆杯之事。

徽宗命人取杯子，不料杯子像生了根一样粘在案板上，怎么也拔不起来，林灵素亲自去取，杯子却粘得更紧。徽宗出于好奇，亲自去取，居然很轻松地就拿起来了，只见杯下下压有一张小纸条，上面有诗一首：

捻土为香事有因，如今宜假不宜真。
三朝宰相张天觉，四海闲人吕洞宾。

张天觉即张商英，历仕神宗、哲宗、徽宗三朝。张商英当宰相时，更改蔡京弊政，获得忠直之名。后来因与方士郭天信往来，被贬谪亳州，他还攻击过哲宗时的大臣司马光，被排入元祐党籍中，是是非非，真真假假，一时难以分辨，此诗中有“如今宜假不宜真”之说。徽宗细细品味，觉得这是含沙射影，而这个影显然是指林灵素了。于是对林灵素平时所为之事产生了怀疑。

徽宗平日宠幸林灵素，常亲临他的住处，这一天又去了，偶尔抬头仰望，隐隐约约看见三清阁牌匾上有两行金书小字，但看不清楚。因阁太高，而牌匾又在飞檐之外，非人力所能为，感到非常惊讶，命人架上梯子上去看，只见上面写的是："郑子卿居此两月，不得见上而去。"

徽宗寻思，郑子卿何许人也？有何事要见朕？为何在此等了两个月而难得一见？于是问林灵素，郑子卿是怎么回事？林灵素支支吾吾地说："此人是一位道士，其他详情一概不知。"徽宗见林灵素神情慌乱，知道他有所隐瞒，于是命人将牌匾取下来，置于宫禁。自此，林灵素渐渐失宠。

还有一件事对徽宗的触动非常大。宣和初年，京师发大水，林灵素奉命与众道士在城上作法止水，城上役夫数千人，见到林灵素，拿起棍棒一拥而上，要打死他，林灵素吓得比兔子还跑得快，一下子逃得没有踪影。徽宗这才知道林灵素怙恶不悛，积怨甚多。又听说林灵素与宦官近幸树党纷争，心中甚为厌恶。后来，又发生了林灵素与太子争道的事情。太子向徽宗告状。徽宗一怒之下，下诏将林灵素驱逐回乡，后来徽宗又下诏将林灵素贬往楚州，林灵素尚未到达楚州，在途中便一命呜呼了。

在道士队伍中，并不都是骗吃骗喝的假道士，也有人品甚佳者。女道士虞仙姑，居颜有术，年过八旬，容颜姣好如少女，善行大洞法。一次，蔡京设宴招待虞仙姑，酒酣耳热之际，突然一只猫溜进来，虞仙姑指着猫问蔡京："太师认识此猫吗？它是章惇。"

虞仙姑其实是在含沙射影，指桑骂槐，意在讽刺蔡京与章惇是一路货色。因为章惇在哲宗朝任尚书左仆射，蔡京由他引荐入朝，有恩于蔡京。蔡京何等聪明，自然听出了弦外之音，甚为恼火。

还有一次，徽宗召见虞仙姑，问她说："天下纷争，干戈四起，天下何时才能够太平？"

虞仙姑回答说："要想让天下太平，皇上当用贤人啊！"

徽宗问："仙姑所说的贤人，指的是谁？"

"范纯粹！"虞仙姑不假思索地说。

徽宗把虞仙姑的话告诉蔡京，蔡京上奏说："范纯粹是范仲淹之子，范纯仁之弟，虞仙姑说此话，显然是受了元祐大臣指使。"徽宗大怒，将虞仙姑逐出朝廷。

有一个叫张虚白的道士，小名张胡，邓州南阳人。徽宗对他很尊重，每次召见他，必赐酒数杯，张虚白虽醉，但仍不失君臣之礼，对皇上更是谦恭。徽宗让他掌管龙德太一宫，又为他创建诸庵，如超然、致道、运机等，还有十几处小轩，室名牌匾都是徽宗御笔亲书。这些建筑幽邃华丽，远在其他道观之上。张虚白博学多才，精通术数，经常在酒后发出预言，神奇的是，每每被他言中。他曾醉后枕在徽宗的膝盖上睡觉，每当这个时候，总是要直言无忌地发表一些评论，甚至是针对徽宗本人。徽宗从不计较，只是说："张胡，你又醉了！"宣和年间，金国人俘虏了辽国的天祚皇帝，派人来通告宋室。徽宗将这件事告诉了张虚白。张虚白缓缓地说："天祚帝在海上筑宫室等候陛下，已经很久了。"天祚帝是公认的荒淫无度之君，而且亡国后成了俘虏。张虚白此言一出，众人大惊，无不为他捏一把汗。徽宗却面无愠色，拍拍张虚白的背说："张胡，你又醉酒说胡话了。"

张虚白官至太虚大夫，从不自我炫耀。一天，六名健卒抬着三个红漆木盒送给张虚白，说是皇上所赐。开箱一看，尽是纯金。张虚白说："此乃朝廷之物，不是道士所能用的。"于是辞而不受。

张虚白多次出入宫禁，终日论道，但却从不干政。靖康年间，京城失守，徽宗被迫至金营议和，与虚白不期而遇，叹息地说："你平日所言都应验了，朕没有听你的意见，如今追悔莫及。"

张虚白回答说："事已至此，无可奈何，愿陛下保重身体，以往之事已不可挽回了。"道士中像张虚白这样品质正直的人，算得上是凤毛麟角。

几家欢喜几家愁，徽宗崇尚道教，佛教自然要受到冷落，甚至是打击。政和年间，徽宗下诏各州都要设神霄宫，以道观改建，如果道观规模太小，就将当地的佛教寺院改为道观，揭立匾榜。把佛寺改为供奉道教神像的神霄宫，是对佛教徒的亵渎和侮辱，但皇帝下了圣旨，佛教徒敢怒不敢言。由于朝廷扬道抑佛，致使道观香火鼎盛，门庭若市，而寺院却门可罗雀，无人问津。地方官员为了讨好皇上，不惜横征暴敛，资助道观，许多平民百姓因此而破产。

在中国历史上，自佛教传入中国后，其地位便越来越高，大有取代本土的道教之势，徽宗抑佛扬道的做法，引起了佛教徒的不满和抗争。襄州一个叫杜德宝的僧人毁体燃香，以死表示抗议，有司仰承林灵素的鼻息，拘捕了杜德宝，并上奏朝廷。当时担任大理寺正卿的王衣认为，依照有关法律，毁坏自己的身体只能处以杖责，不可以拘捕，应该立即放人。林灵素大为恼火，找到徽宗，随便找了个理由，就把杜德宝流放了。王衣就因为说了几句公道话，便被撤职，给了个有名无实的宫观官。

有的佛教徒则用曲折的方式表达自己的不满。有一位德高望重的长老，上表请求加入道教，他说："习蛮夷之风教，忘父母之发肤，倘得回心而向道，便更合掌以擎权。"

还有一个叫饶德操的僧人，写了一首《改德士颂》的诗：

自知祝发非华我，故欲毁形从道人。
圣主如天苦怜悯，复令加我旧冠巾。
旧说螟蛉逢蜾蠃，异时蝴蝶梦庄周。
世间物化浑如梦，梦里惺惺却自由。
德士旧尝称进士，黄冠初不异儒冠。
种种是名名是假，世人谁不被名谩。
衲子纷纷恼不禁，倚松传与法安心。
瓶盘钗钏形虽异，还我从来一色金。
小年曾著书生帽，老大当簪德士冠。
此生无我亦无物，三教从来处处安。

反抗最激烈的佛教徒，竟甘冒杀头的危险，寻找机会斥责徽宗。宣和六年（1124年）上元节，京城车水马龙，观灯的民众蜂拥而来。按照惯例，天子要登御楼观灯。开封府尹为防不测，提前在西观做了部署。徽宗率六宫坐在楼上观灯，重幕密帘，百姓无人知晓。但这一年却是徽宗只身一人坐在西观上，宦官及左右无一人跟随，楼下万头攒动。正观看之际，忽然，有一个身穿黑色布衣的僧人从人群中跳出来，手指帘幕，冲着徽宗大声说："你是天子吗？你有何神力，竟敢破坏我教？我今天告诉你，报应马上就到了。我并不害怕你，你能破坏诸佛菩萨吗？"僧人义正词严，声震屋瓦，帘幕内的徽宗和台下的观众都听得一清二楚。

开封府尹不敢怠慢，立即派人把僧人抓起来，徽宗十分震怒，命有关部门严加惩处，并亲临观看。

僧人毫无惧色，大声说："现在落在你手里，如何惩处，悉听尊便，难道我会害怕吗？今天骂你，是要让你知道，尽管你是皇帝，你也毁灭不了佛教。"

徽宗大怒，命人将僧人零刀碎割而死。

宣和七年（1125年）二十月，金人南侵，北宋江山大堤已塌，宋王朝已处于风雨飘摇之中，徽宗为争取民心，宣布罢道官，恢复道教的地位。种种迹象表明，徽宗大肆崇道，纯是一场闹剧。至于后来金人入侵时，有人借道教之名骗取荣华富贵，又在实际对阵中贻误战机，更是加速了北宋的灭亡。

徽宗崇道的闹剧，虽然不是北宋灭亡的主要原因，但无疑是一剂非常猛烈的毒药，加速了北宋的灭亡。

第五章　花石纲大劫难

花石纲之祸

徽宗是一位天才的艺术家，当藩王时便喜欢读书绘画、古器山石，登基做了皇帝后，仍然乐此不疲，摩挲周鼎商彝、秦砖汉瓦，以显示自己是一位儒雅天子。同为艺术家的蔡京，当然知道投其所好。

徽宗的生日快到了，蔡京为了讨好徽宗，下令府、州、县、道，普建寺观，天下凡有寺观，都改名万寿宫，以向徽宗祝寿。

徽宗口里虽然说太奢侈了，心里却是甜滋滋的。蔡京摸透了徽宗的心思，奏请徽宗在苏州专设应奉局，专门负责采办奇花异石，因运送花石的船只十艘为一队，一队叫作一钢，故称为“花石纲”。蔡京推荐心腹朱勔具体负责这件事。如此一来，引发了一场震动全国、祸国殃民的大规模的采办、运送花石纲的运动。

蔡京为何要推荐朱勔呢？这中间还有一段故事。

蔡京曾到过苏州，准备在苏州修建一座寺院，要求建得宏伟壮观。蔡京不缺钱，就担心没有人督造。寺院的僧人向蔡京保荐了一个人，此人姓朱、名冲，是当地人。蔡京吩咐僧人把朱冲找来，当面商谈建造寺院的事。虽然是萍水相逢，朱冲却满口答应了，并表示无需他人帮忙，自己就能办成此事。

数日后，朱冲便说建造寺院的材料已经备齐，请蔡京去工地参观。蔡京到现场，见砖石和木料堆积如山，非常满意。朱冲算准了蔡京必能东山再起，建寺如此卖力，实际是必要的政治投资。

朱冲有个儿子叫朱勔，干练不亚于乃父，父子二人一同督造蔡京交办的工程，只用了一个月的时间便告完成。

蔡京前往新寺院游览，果然规模闳丽，金碧辉煌，觉得朱冲父子是人才，便将他们带回京城，设法将父子俩的名字列入童贯军的军籍，然后谎报军功。经过一番运作，朱冲父子居然紫袍金带，在京城做了官，父子二人自然就成了蔡京的心腹。

短暂的贬谪生涯，使蔡京悟出了为官之道，要想承欢固宠，就必须博得皇上的欢心。

有一次，徽宗在皇宫宴请辅臣，让内侍拿出玉制的盘碗杯盏，小心翼翼地问大家：“我打算在国宴上使用这些东西，又担心御史们议论太奢侈，说三道四，因此很犹豫。”此时的徽宗，对御史们的谏言，似乎还有所忌惮。

蔡京当然不会放过逢迎巴结徽宗的机会，巧舌如簧地说：“臣昔年出使辽国，辽国皇帝端着玉杯玉碗，在臣的面前夸耀，说是后晋时的物品，南朝恐怕没有这样贵重之物。辽国皇帝尚且如此奢华，难道我堂堂中国，反不如小小的辽国吗？谁敢说陛下不能用这些玉器？”

徽宗仍然有顾忌，摇摇头说：“勤俭乃祖宗家法，先帝做一小台，耗资有限，言官尚且接二连三地上本谏阻。这些物件历史久远，如果使用，朕怕言官们又来饶舌，所以不敢拿出来使用。”

蔡京狡辩地说：“只要事情做得合乎情理，管别人说什么呢！陛下贵为天子，当享太平之养，区区几个玉器，只是小事而已，何畏人言呢？”接着，蔡京还引经据典，胡诌《易经》中有“丰亨豫大”之说，意思是国富民强的太平盛世，帝王要敢于大肆挥霍钱财，不必拘泥于世俗之礼，这是在怂恿徽宗要尽情享受荣华富贵。

蔡京随心所欲地解释《易经》和《周礼》，实在是太善解人意了，已经不能用一般的“卑鄙”“无耻”来形容了。

按照儒家传统理论，逢君之恶，是标准的奸佞之徒。

不幸的是，蔡京的这套理论，居然被徽宗全盘接受，成为皇帝本人、他的宰相和整个徽宗时代的基本施政纲领。

善于揣摩天子心意的蔡京，时刻留意徽宗的癖好。他知道徽宗喜好珍玩，尤为喜欢奇花异石，便暗中嘱咐朱冲父子，采集苏州珍玩，随时进献。朱冲也不辱使命，第一次就寻觅到三株高达八九尺的黄杨树。

黄杨树生长缓慢，据说每年只长一寸，闰年不长。宋代的木雕又常常用到黄杨树，使这种珍贵的木材更加稀少。徽宗看到造型奇异的三株黄杨树，非常高兴，随后，朱冲又选送了几件奇珍异宝。时间一长，徽宗沉溺其间，欲壑难填。

负责采办花石的朱勔也是一个善于揣测承迎的小人，见皇上欢喜，知道这件事可为，而且，自己的功名富贵，也都寄托在这件事上。于是，他每年都要从户部领取数百万贯钱币，在江南采求花石。他手下养了一大批人，专门在民间寻找奇珍异石，凡是民间的一棵奇树、一块怪石，只要是值得一玩的，他就让人贴上封条，指为贡品，让那家人小心保护，等着搬运，稍有不慎，便以大不敬之罪论处。到了搬运的时候。必定拆屋毁墙，开出一条大路，恭敬地搬出去。百姓只要有一句怨言，就要遭鞭笞之罚，苏州、杭州的百姓苦不堪言。

刚开始时，运送花石纲的动作并不大，只是从东南地区采运。徽宗非常欣赏这些珍奇石木，只要看中了哪块石头，就会赏赐给运送石头的人高官厚禄。徽宗的这一举动，化成了一道无形的命令。于是，一场祸国殃民的大规模运送花石纲的运动，在全国大范围兴起。

朱勔在太湖发现了一块巨石，长、宽、高均两丈有余，需百余人方可环抱。为了运送这块巨石，朱勔专门打造了一艘巨船，一路上，凿去城墙，毁掉桥梁、堤岸不计其数。历经几个月，才从太湖流域将石头运抵东京汴梁。

朱勔却说运这块石头，既不劳民，也不伤财。宫中称这块石头为“神运石”。巨石抵京后，由于城门高度不够，巨石进不了城，竟拆掉城门，才将石头运进城中，引来数千人围观。

徽宗见到这块巨石大悦，赏赐役夫每人金碗一个，朱勔的四个仆人被封官，朱勔木人被封为节度使的官衔。更为可笑的是，徽宗竟将这块石头封为盘固侯。

古代官阶次序为：王之下是公、侯、伯、子、男。当初周武王分封子弟功臣，功劳最大的姜子牙的后代才被封为齐国侯爵，而徽宗一高兴，竟把一块石头封为侯爵，在他的眼里，在战场上浴血奋战、保家卫国的将士，竟然不如一块石头。

后来，修成万岁山，将这块石头运去竖在山上，作为奇峰。

苏州一带的奇花异木，被朱勔一伙搜罗殆尽，但他们仍不罢休，派人到墟墓间、深山老林中去寻找，只要发现中意的树木，即使是合抱的参天大树，也要移往京师。由于路途遥远，有的树木尚未运到京师，中途便枯萎而死，有的即使运到了京师，因沿途风吹日晒，移栽不久，也枯槁而死。时人有诗讥讽说：

森森月里栽丹桂，
历历天边种白榆。
虽未乘槎上霄汉，
会须沈网取珊瑚。

意思是说，如果有可能，徽宗、朱勔等人就要栽桂月宫，种榆天边了。可谓是入木三分。宣和年间，一个名叫焦德的优伶因出言诙谐，颇受徽宗宠遇。焦德对花石纲也极为不满，常常以比喻的方法予以讽谏。一天，宫廷设宴娱乐，徽宗指着梅花、松树、桧树等询问，这些是什么花竹草木。焦德回答说，都是芭蕉。徽宗责怪地说：“分明是梅花、松树、桧树，为何说都是芭蕉？”

焦德分辩说：“禁苑花竹，皆取之于天下四方，路途遥远，陛下眼巴巴地盼到了上林苑，都已变得枯焦了，这不是‘芭蕉’吗？”

徽宗听了，明白焦德意在讽谏，纵情大笑，并没有责怪他的意思。

花石纲的征发，前后持续了二十多年，一大批贪官假手其间，中饱私囊，东南地区和运河两岸的许多百姓家破人亡，怨声载道，官逼民反，终于爆发了方腊造反，宋江举义。

朱勔既得蔡京扶植，又获得徽宗的宠眷，在寻找、运送花石纲的过程中，国库成了他的私人钱庄，民间的财宝也任由他取。他在所住的地方创建一个花园，搜集珍奇花石，堆砌在里面，做成假山假水，有林泉之胜，在江南一带，没有哪座园林能出其右。后来，又请旨在里面建造一座神宵殿，在殿中供奉青华帝君神像，各地官员初到苏州，必须先去神霄殿拜谒青华帝君神像。

蔡京、朱勔之流不但借花石纲大发横财，而且还乘机陷害无辜。越州有一殷实人家，家中藏有数块奇石，朱勔得知后，派人上门索要，遭拒绝后恼羞成怒，派兵捣毁了这户人家的房屋，强行搬走了奇石。

惠山山上有数株高大挺拔的柏树，栽种在一家大姓祖坟旁边。朱勔连招呼也不打，派人前去挖树，因树大根深，盘根错节，延展到坟地去了。士兵们肆意刨土，竟然连人家的祖坟也刨了，棺椁丢了一地。

此类事件举不胜举，东南百姓只要一提起朱勔，莫不咬牙切齿，恨之入骨。哪里有压迫，哪里就有反抗。政和六年（1116 年）卢阳县（今湖南芷江）发现一株巨木，地方官员视若珍宝，调集丁夫，由水路运往京师，献给朝廷。由于树大沉重，民夫在装船时碰破了树皮。监运的官员大施淫威，痛打民夫。民夫们胆小怕事，凑钱贿赂监运官，希望能破财免灾。遭到监运官拒绝。民夫们忍无可忍，奋起反抗，打死了知州张建侯、知县王宪。

蔡京得知消息，害怕大规模镇压会激起民变，于是对徽宗说，陛下不喜欢声色犬马，只爱山林竹石，这些都是常人丢弃之物，取之无妨。只是办事的人处置失当，才发生了骚扰百姓的事情，请陛下下诏抑制，免得激起更大的祸患。

徽宗也不想把事情闹大，诏令各地官员不得妄进花石，不得夺粮船运输花石，更不得因花石而掘人坟墓，毁人室庐。并规定以后除了朱勔、蔡攸等六人外，其他的人不得插手运送花石的事情，违者治罪。如此一来，运送花石之风才有所收敛。

但是好景不长，过了两年光景，运送花石纲的纲船便又恢复如初。朝廷又增设了几处提举人船所，专门进贡花石。纲运所过之处，往往劫掠百姓，州县官员噤若寒蝉，不敢过问。淮南转运使张根是一个很有正义感的人，上疏痛陈花石纲之弊，竟然受到处分。由于徽宗君臣奢靡无度，大肆挥霍，导致国库空虚，财用匮乏，徽宗下诏让群臣献计献策，加以补救。张根再次上疏，请求撙节费用，罢停不急之务。权奸们群起攻击之。总算徽宗大度，没有加罪于他。恰逢御前船人派纲船去江南运花石，张根请求将船只追回。

蔡京、朱勔故意使坏，提议让张根去督运花石。生性耿直的张根怀着满腔怒火，第三次上疏说："东南花石纲已二十年于兹，本路运送一棵竹子，就得花费五十缗，他路犹不止此。现在所运花石没有安置在国家苑囿之中，而是进入了大臣之家，这一切花费都由百姓负担，何时是个尽头？请陛下诏示停运花石日期，天下苍生不胜期盼之至！"

蔡京、朱勔等人交相上疏弹劾张根多事，说他"轻躁妄言"，命他去监信州（今江西上饶）酒税去了。从此，大臣们三缄其口，谁也不敢再逆龙鳞，谏止花石纲了。

修建延福宫、艮岳

徽宗在蔡京等人的诱导下，又营造了延福宫和艮岳两大建筑。九成宫美轮美奂，华丽异常，但要与延福宫相比，那可是小巫见大巫，逊色多了。

政和四年（1114 年），徽宗下令改建延福宫。

新延福宫建在皇城北景龙门外与内城城墙之间，分延福殿建筑群、左七殿、右两阁（东十五阁、西十五阁）及动物园与湖沼五大部分，其间还建有球场、跑马场等。五部分称"延福五位"，分别由童贯、杨戬、贾详、何䜣、蓝从熙五人负责修建。

五个人各自设计，争奇斗艳，只求建得富丽堂皇，新颖别致，不计造价，因此，建造出来的亭台楼阁，风格无一雷同，池沼假山，形式绝不相似。建成之后，又把历年从苏抗等地采办回来的花石纲珍品巧妙地分布其中。

富丽堂皇的宫殿、巧夺天工的假山再配以佳花名木、奇葩异卉、飞禽奇兽、山石珠宝，新建的延福宫，胜似仙境。徽宗亲自写了《延福宫记》，刻碑留迹。

新延福宫建成之后，徽宗携郑皇后及众嫔妃前去游览，徽宗手指一处景点，笑着说："这里再修一座凉亭，旁边住上三两户村农，开家小客店、两家酒肆，那就更有意思了。"

“妙啊！”蔡京赞道，“鸡声茅店月，人迹板桥霜，真是人在画中了！”

蔡攸在一旁插嘴说：“依我看，不如再开几家歌楼妓馆，瓦子勾栏，岂不是更有趣？”

“胡说八道。”蔡京呵斥道，“禁宫之地，岂能如此？”

“有趣！有趣！”徽宗哈哈大笑。

“白日里杏帘招客饮，红烛下拥妓乐春宵。”蔡攸见徽宗高兴，邪笑着说，“那真是妙趣无穷啊！”

“好你个蔡鸟儿，三句话不离本行，不过，说得文绉绉的，还是大有长进。”徽宗话锋一转说，“只是，妓馆设在这里，恐怕不大协调吧！”

蔡攸偷偷地看了蔡京一眼，脸露得意之色。

一行人登上貌春阁，新延福宫尽收眼底。

“你们看。”徽宗指着前方对大家说，“东起景龙门，西至天波门那条主干道两旁，如果再修建一批整齐漂亮的小店铺，以后，每年从长至节起，由开封府主持，迁入一批商家，当然有酒家、歌楼、妓馆，夹道而居，所有各色人等，都可以到这里来饮酒作乐。这就叫预赏元宵。等上元节过了，又一律迁回原处，这是不是与民同乐呀？”

蔡京父子一齐叫好，后宫嫔妃也表示赞同。

时隔不久，宫内果然出现了一批村居野店，酒肆歌楼，此后，每年长至节后，百姓都可以自由进宫参观，自东华游门以北，白天挂彩，夜晚悬灯，不禁夜，市民可以日夜在里面花天酒地，寻欢作乐，不受任何限制，直到上元节后才结束。徽宗称这一举动为先赏元宵。

随后，又修旧城，在城外壕沟上修两座桥，东边一桥名景龙门桥，西边一桥名天波门桥。两桥下面，叠石加固，舟船相通，桥上行走的人，看不见桥下的人，取名叫景龙江。江边殿宇对峙，金碧辉煌，奇花异木，点缀其间，还建有动物园，里面有白鹤、长颈鹿、孔雀、老虎、狼等珍稀飞禽走兽。

徽宗闲暇之余，常往宫中游玩，有飘飘若仙的感觉。他对左右说，此宫是蔡太师提议兴建的，功劳最大，童太尉等精心设计，功劳也不小。秦始皇和隋炀帝，未必享有此等仙景。

左右奉承地说：“秦、隋都是亡国之君，平时爱好的都是声色犬马，而陛下鉴赏的，都是山林间弃物，无伤盛德，有益圣躬，秦、隋怎么能与陛下相比呢？”

“朕问过蔡太师，他说国库里还有五六千万的盈余，所以朕命筑此宫，与民同乐。”

其实，蔡京说的都是假话，朝廷实际上已是寅吃卯粮。

徽宗完全沉浸于寻欢作乐之中，基本不理朝政。政和七年（1117年）十二月，在几个佞臣的怂恿下，又一项规模庞大的工程在京城东北动工了，按照八卦的方位，东北方是八卦的艮位，因此，这项工程称之为“艮岳”，又称万岁山。

当初，由于徽宗子嗣不旺，道士刘混康说增高艮位的地势，就会使皇家的子嗣兴旺，徽宗于是下令在京城东北建造假山，抬高那里的地形，恰巧开工不久，包括王皇后在内的后宫女人，接二连三地生儿子。徽宗便以为这是块风水宝地，于是便开始大力营造这处园林。道士们还说，在这个方位修建成假山园林，国家必将繁荣昌盛。有了生儿子的先例，徽宗对道士的鬼话是深信不疑，于是下令营建万岁山。

万岁山建成之后，更名艮岳。艮岳是一座史无前例的人造假山，方圆十余里，最高峰达八九十步，其中规划有芙蓉城、寻璧城、慈溪、景龙江等景点。里面有看不完的台榭宫室，说不尽的靡丽纷华。徽宗写了一篇《艮岳记》，对园中的景点作了详细描述。

修建艮岳所耗费的人力、物力、财力无法计算。仅朱勔从江南运来竖立在山顶上的那块太湖巨石，从太湖中捞起来到安放到山顶上，用时五个多月，由太湖经运河、汴河运抵汴京途中，死了一百零六人；沿途纤夫每批二千人，换了二十批，累计达四十余万人；为了能使运石的大船通过窄小的运河与汴河，沿途拆毁大小桥梁千余座，毁坏闸门数百个，拆毁民居五千余间；扩宽、加深河道，累计征调民夫百余万；沿途还有说不尽的艰难险阻、意外事件。大石运抵汴京后，却又因外城东水门太小进不了城，最后只得拆毁古城墙。

徽宗除封这块太湖石为“盘固侯”外，还赐名并御笔亲书“昭功敷庆神运石”，刻在巨石之上，这样荒唐的事情，恐怕也只有徽宗这个昏君干得出来。

神运石旁边，栽了两棵桧树，东边的一棵因枝条夭矫，名为“朝天升龙之桧”；西边的因枝干偃蹇，名为“卧云伏虎之桧”，都用金字金牌题名，挂在树上。徽宗又题了一首律诗，赞扬这两棵树：

拔翠琪树林，
双桧植灵囿。
上稍蟠木枝，
下拂龙髯茂。
撑拿天半分，
连卷虹两负。
为栋复为梁，
夹辅我皇构。

后人说此诗已暗含隐谶，说桧即后来的秦桧；天半分，虹两负，便是江山分裂，南渡立朝的预兆。构字，是康王的名讳。这当然是牵强附会之说。但后来秦桧南归，满朝猜忌。秦桧曾引此诗，说“上皇（徽宗）早已预见臣将为国之栋梁，辅佐陛下，临行时，上皇复引此诗嘱臣尽心为国”，解除了高宗赵构对他的怀疑。这是后话。

尽管万岁山的修建已耗尽了民脂民膏，导致国库空虚，但宦官们犹认为禁苑中的珍禽异兽不能驯服以迎接圣驾是一大憾事。有一个名叫薛翁的人，平时以驯养飞禽为业，自荐能担当此任。宦官们大喜，立即上奏徽宗。徽宗立即批准，命薛翁训练飞禽。

薛翁用大盆装满肉糜饭食，模仿飞禽的叫声招引飞禽，飞禽饱食而去。经过一个多月的招引，禽鸟不待呼叫，到吃饭的时间自动从四面八方飞来，久而久之，便不畏人，站在薛翁鞭扇之间，挥之不去，引来许多人参观，成为一道风景，薛翁便将此处取名为来仪所。

偶然有一天，徽宗来艮岳游玩，很远便听到清道声，走近看时，只见珍禽聚集，有数万只，清一色的灰白羽毛，非常好看。薛翁早就跪在道边，手持牙牌奏道："万岁山珍禽迎驾！"

徽宗龙颜大悦，当即便封薛翁官，赏赐金银无数。

有人献策，让有关部门多造油绢囊，用水洒湿，每天早晨挂在危峦绝巘之上，云气便尽入其中，黏附在绢囊上。每逢徽宗来时，便打开油囊，须臾之间，云雾便充塞于危峦绝巘之间，有司将这一景观命名为贡云。意思是说，这些云雾是专门向天子进贡的。

极具讽刺意味的是，万岁山从修建时开始，天下似乎就不那么太平，方腊、宋江领导的起义相继爆发，金人的铁骑呼啸而至，踏碎了中原大地，北宋的大好河山，成了外族的口中之食。

方腊造反

徽宗及蔡京之流轻歌曼舞、宴安逸豫之时，老百姓却食不果腹，家徒四壁，两者形成鲜明的对比。尤其是受花石纲之扰最严重的东南地区，百姓更是倾家荡产，十室九空，饿殍遍地。为了生存，他们只得铤而走险，揭竿而起。最先发生民变之地，便是睦州人方腊领导的农民起义军。

睦州有个青溪县，南宋诗人方逢辰的《田父吟》对青溪作了形象的描述：

青溪渺如斗大邑，
万山壁立土硗瘠。
百分地无一分田，
九十九分如剑脊。
一亩之地高复低，
节节级级如横梯。

畈心一畦可一亩，
旁边一亩分数畦。
小民有田不满十，
镰方放兮有菜色。
曹胥乡首冬夏临，
催科差役星火急。
年年上熟犹皱眉，
一年不熟家家饥。

这首诗，说的是青溪山多田少，地瘠民贫。其实，青溪虽然不是什么富饶之乡，由于其山深林密，盛产楮漆竹木，当地的百姓多以卖柴、烧炭、蒸茶、割漆为生，生活还是过得去。

漆是青溪最主要的出产，也是两浙的主要贡品。从北宋初年到中叶，每年贡漆不过几十万斤，最高也不过百万斤。到了崇宁年间，上贡数量逐渐增加，自从朱勔主持苏州应奉局后，数量剧增，到了宣和年间，每年贡漆达到千万斤。帮源漆是漆中上品，更是被搜刮得点滴不剩。

宣和二年（1120 年）夏，青溪知县陈光来到帮源峒，住在里正方有常的家里，催收帮源漆。

帮源峒是一个方圆几十里的大山谷，遍谷都是漆树，家家都有漆园，漆民以割漆谋生。在帮源峒，有两家的漆园最大，产漆最多，其中，一个叫方有常，一个叫方腊。

方有常是帮源峒的里正，方腊则是一个有数十亩漆林的园主。

方腊是歙州 (今安徽歙县) 人，后移居睦州青溪（浙江淳安）县帮源峒。相传他性情豪爽，有很强的组织能力，是摩尼教中人。

方有常是帮源峒的里正，一方土皇帝。往年，别家的漆都如数上缴，他家的漆却缴得很少，等到县里上交漆的任务完成之后，方有常家的漆就是奇货，年年都能卖出好价钱。漆民明知道方有常捣鬼，却也无可奈何。

知县陈光之所以要住进帮源峒，是因为今年官府收的漆比历年都多，上面催得急，任务完不成，他只好到帮源峒现场办公了。

历年，漆民交足了官府的任务后，多余部分可以卖给进山来收购的外地商贾，即使官府强行收购，并且价钱压得很低，漆民多少也有些收入，今年却不同，漆民产出的漆，必须全额上缴，这样，就断了漆民的生计。

据知县陈光说，今年交漆的数量之所以如此之多，是因为朱勔奉旨在苏州建造宅第，东南各路，有钱出钱，有物出物，漆民的物当然就是漆了，没有漆的，也要孝敬竹木花石。

官府催得急，百姓就遭殃。方腊愤怒了，帮源峒的百姓也愤怒了，两浙一带，成了一座随时都可能爆发的火山。

方腊派他的兄弟方肥出山去打探消息，看外面的世界到底怎么样。

方有常是里正，对帮源峒的情况熟悉，在他的帮助下，帮源峒漆民产出的生漆，都被搜刮得一干二净，最后，仍然还有近万斤的差额不能凑足。

知县陈光急了，将帮源峒的漆民召集在一起，限三日之内凑足万斤之数。其实，除了一个人之外，所有漆民家里都没有存漆。这个唯一有漆的人，就是里正方有常。

在知县的催逼下，帮源峒的漆民忍无可忍了。方腊第一个站出来，向知县陈光指证，帮源峒除了里正方有常，谁家也没有漆。方有常一口否认。方腊将知县带到方有常藏漆的山洞旁，撬开封洞的石头，里面果然藏有两万斤生漆。

方有常傻眼了，知县再也不能包庇了。

从此，方腊和方有常算是结上了梁子。

方肥出山打探消息回来了，他告诉山民们看似是奇闻，却又是实实在在发生的一些事情。

在睦州，他看到江中尽是发运花石纲和转运漆的船只，苏、杭一带的民船，都被官府征用。

据说睦州城中有一个姓文的儒生，家里有枚祖传的秦代玉佩，被应奉局的人知道了就到文家用一块黄封帕蒙住玉佩。儒生求他们带走玉佩，来人只是登记造册，临走时，命文家好好保护，若有闪失，罪责难逃。可怜文家一家老小，整天战战兢兢守着这块玉佩，生怕出什么差错。在官府通知送玉佩的那天，儒生颤抖着双手去取玉佩，终因心情过度紧张，失手摔断了玉佩。官府知道后，将他抓去打个半死，最后还要文家拿钱去赎人。

很多人都因为花石纲，搞得家破人亡。

在余杭县，他看到的情况更惨。余杭县有座凤凰山，如果放在青溪，简直就算不上山。凤凰山虽不高，可是风景却实在是美。听说皇上即位之时，曾说过，可惜不能遍游江南美景。当时，皇上身边有个佞臣，奉承地说了一句：那就把江南美景搬到京城来。皇上当时将这句话当成玩笑话，并没有在意。不料，奸相蔡京倡“丰亨豫大”之说，说现在国家富强，皇上道德隆盛，该亨太平之福，极乐之娱，建议皇上仿照余杭县凤凰山，修筑万岁山，将凤凰山上所有的古树竹木、奇花异卉，尽行移去京师，按原方位栽植、摆放。并从江南搜集大量的奇花异草、珍禽异兽，充实其中。据说，万岁山四周还修建了园林池沼，开掘小溪清流，使江南奇景毕集于万岁山中。

在苏州，他发现很多摩尼教中人相互串联，倾倾欲动，商量着要杀了朱勔这个奸贼。

同时，方肥还向大家介绍了朱勔的一些情况。

朱勔的家在苏州市中心的孙老桥，是搜集发运花石纲的指挥中心和转运中心。他可以从皇上的内库里几十万、上百万地支取银钱，就像从自己口袋里取钱那么容易。名义上是采办花石纲，很多却进了他个人的腰包。

听说皇上还将孙老桥桥东、桥西四周的宅第庐舍都赏给了朱勔，命令这一带的居民在限期内全部搬迁，过期不搬者，苏州府将会派人去强行拆房子。原来居住在这一带的数百家居民，因之而流离失所，无家可归。

苏州城的百姓，恨不得要吃朱勔之肉、寝朱勔之皮而后快。

方腊见民心已动，埋藏在心底的怒火也迅速地燃烧起来。他认为，要过上好日子，唯造反一条路可走。于是，他利用摩尼教的身份，在百姓中间广泛地进行串联，准备发动一次起义。

摩尼教是波斯人摩尼创立的一个教派，由于其教旨是崇拜光明，所以又称明教。

摩尼教的主张是“二宗三际”。

二宗，就是指光明和黑暗；三际，则是指过去、现在和未来。教义认为，过去，是黑暗侵蚀了光明，现在，光明正在与黑暗进行搏斗，将来，光明必将战胜黑暗，到达“明界”，即未来世界，求得光明与幸福。用教义上的话说，未来的世界是“明即归于大明，暗即归于积暗”。这种教义是含蓄的，也是模棱两可的，各阶级都可以作出符合本阶级利益的解释。

摩尼教在唐代就已传入中国，宋代也只是在民间流传，由福建传入两浙，但教徒不再信奉摩尼，而是尊奉张角为教祖。

明教的信奉者，互相亲切地称呼“一家”，不喝酒，不吃肉，所以，官方称他们叫“吃菜事魔教”。首领称魔王，主要助手称魔翁、魔母。他们提倡俭朴的生活，平等互助，因而，得到了广大农民的支持和拥护。

方腊是一个具有反抗精神的英雄，他欲利用摩尼教的教义，作为自己举起义旗、发动群众的思想武器。为了稳定民心，方腊假托唐朝袁天罡、李淳风的推背图，编成四句谶语：

十千加一点，
冬尽始称尊。
纵横过浙水，
显迹在吴兴。

十千是隐喻“万”字，加一点便是一个“方”字，冬尽之后为腊月，称尊二字，无非是说方腊南面为君的意思。

自从秦末陈胜发明了“篝火狐鸣”之后，这类招式就屡试不爽。凡是要起事的人，都要变法子弄出一点神神怪怪的东西来获取人心。汉末的“苍天已死，黄天当立”，宋初太祖赵匡胤的“点检作天子”等一类的谶句，都是人为捏造出来的蛊惑人心、骗人的把戏。方腊的四句谶语，玩的也是这种把戏。

帮源峒是唐高宗永徽年间女杰陈硕真举义的地方，她自称文佳皇帝，起兵造反，不幸战败而亡，至今留下天子基、万年楼遗迹。

方腊便使人在外面放出风声，说当年的陈硕真称帝没有成功，这道王气还在，要应验在方腊的身上。

又是谶语，又是谣传，百姓更加相信方腊，起义的筹备工作也在按部就班地进行。

一个意外的事件，加快了方腊起义的步伐。

原来，方有常的嗅觉也很灵敏，他已经发现了方腊的活动，准备派儿子方庚去向官府告密。

方腊在方有常家也有眼线，他得知方有常要向官府告密的消息。立即带领一帮人包围了方有常的家，将方有常一家四十余口全都杀了，唯独方有常的儿子方庚乘乱逃脱。

方庚的逃走，迫使方腊加速了起义的行动步伐。

宣和二年（1120 年）秋，方腊提前举事，他在漆园召开誓师大会，慷慨陈词地对大家说：天下赋役繁重，官吏鱼肉百姓，睦州百姓赖以为生的漆、楮、竹、木，都被官府抢夺一空。终岁劳作，到头来，仍然是妻儿挨冻受饿，求一日饱食而不可得。他振臂一呼，号召大家拿起刀枪棍棒，一起造反，杀出一片新天地。至于新天地到底是个什么样子，谁也说不清楚，在大家的心目中，新天地一定会比现在好。

方腊据帮源洞神母谷，自称“圣公”，建元年号“永乐”，自设官吏，居然做起了土皇帝。

方腊的队伍，以巾布裹头，以头巾的颜色区别官吏的等级，共分六等。队伍以棍棒为武器。他还给每个人发一道符箓，说带上符箓，可以得到神的帮助。不到半月的时间，方腊的队伍就发展到几万人。

方腊得知北方有个宋江在梁山泊聚义，打出“替天行道”的旗号，喊出“贪官污吏都杀尽，忠厚老实心报答赵官家”的口号。方腊认为，花石纲的罪魁祸首就是皇帝，这样的皇帝保不得，只有推翻了昏君，百姓才有好日子过。于是，他打出了“申天讨，杀朱勔”的口号。

“申天讨”，就是不但要杀贪官污吏，还要申讨皇帝，不过，重点还是“杀朱勔”，杀朱勔这个口号很有号召力，因为花石纲给江南人民带来了无穷的灾难，而朱勔就是花石纲的罪魁祸首。

誓师大会之后，方腊整编队伍，准备攻打青溪。

官府得到方庚的报告，两浙都监蔡遵、颜坦率兵五千前往帮源峒，按他们的话说，就是讨伐乱贼。方腊得知官兵大队人马来侵，立即同方肥等人商量应对之策。

蔡遵、颜坦率兵到达息坑，刚靠近一道谷口，突然从山谷内冲出一队农民军。官兵看到眼前的队伍，脸上露出惊讶之色。

原来，方腊的队伍，都是一些老弱妇孺，更可笑的是，这些女人涂脂抹粉，身穿道袍，手执拂尘，仿佛是戏台上的师姑；儿童的脸上涂着红黄蓝白各种颜色，有的将头发梳成两个丫髻，有的将头发剪成沙弥圈，真是无奇不有。更令人可笑的是，这些人嘻嘻哈哈，对迎面而来的官军，没有丝毫畏惧之色。

官军们面面相觑，不知道这些人要搞什么名堂。

蔡遵生性多疑，看到眼前这支乱七八糟的队伍，有些犹豫不决，颜坦是个粗人，看了一眼对面的队伍，不屑地说，这是迷惑人的鬼把戏，看我去杀了他们。说罢，一马当先，杀向敌阵。

那些妇孺见官兵冲杀过来，顿时作鸟兽散，一窝蜂地转身就跑。颜坦更以为这些人是乌合之众，指挥官兵尾随其后，杀入谷中。

前面的妇女、儿童妇穿林越涧，四散逃窜，后面的官兵也像赶鸭子一样，一窝蜂地往前赶，赶了几里路，前面的妇孺纷纷钻进树林，忽然不见了，唯剩空山寂寂，古木森森。

颜坦正在犹豫，那些妇女、儿童又从数百步外的树林里钻出来，站在山坡上，树林边，指手画脚，嬉笑不止，似乎不是面对官兵，而是在看一台大戏。颜坦见状大怒，立即驱兵追赶。

突听一声炮响，震得树枝乱晃，官兵们四顾张望，什么也没有看见，大家毛骨悚然，顿时紧张起来。而那些妇孺们，又在树林里忽隐忽现，似乎是在捉迷藏。官兵冲着树林里的人影追了过去，只顾追赶，却不防脚下，只听传出一连串“扑通、扑通”之声，很多人都掉进了陷阱，接着传来阵阵惨叫声。因为陷阱内插满了尖尖的竹片，官兵掉进去后，竹片深深地插进身体，颜坦也没有逃脱厄运，落进了陷阱。两边山谷里，突然跳出许多手握竹竿和大棒的大汉，拿竹竿的，直往陷阱里乱捣，拿大棒的，追打那些没有落阱的官兵。顷刻间，颜坦和他带领的千余名官兵，全部葬身于山谷。

蔡遵先听说前军获胜，率军赶了上来，进入谷口后，猛听到一阵大喊，知道不好，急忙下令撤退，回到谷口，谷口已被树木、石块堵死。只听山崖上喊杀连天，两边山崖上巨大的石头轰隆隆地直往下滚，官兵死的死，伤的伤，叫苦连天。蔡遵正欲指挥士兵搬开树木石头，无数手执长竿大棒的大汉，从四周树林里冲出来，可怜那些士兵，一个个都被乱棒打死，蔡遵也死于乱军中。

方腊大获全胜，还得到很多武器装备。起义军乘胜直扑青溪县城。陈光得知颜坦、蔡遵全军覆没，带着细软，连夜逃走了。

方腊占领青溪之后，发布文告，说起义军有天兵相助，叫官兵缴械投降，否则，蔡遵、颜坦就是他们的榜样。

江浙一带很久没有战争，防备松弛，那些官吏听到方腊到来，个个吓得胆战心惊。

十二月，方腊攻打睦州，知州张徽言弃城而逃，通判叶居被义军砍成了肉泥，千余名官兵，也都做了刀下之鬼；攻打歙州，歙州守将郭师中负隅顽抗，死于乱军之中。

起义军继续东进，扫荡桐庐、富阳等县，直抵杭州城下。

杭州知州赵霆登城瞭望，看到城下到处都是手拿棍棒的起义军，还有几个头戴神盔、身披氅衣、左手持矛、右手执旗、面目狰狞可怕的长人，吓得魂不附体。

其实，这几个长人都是木雕，里面设有机关，由人操纵，远远望去，犹如真人一般。方腊用几个假人，吓倒了赵霆。

赵霆胆小如鼠，当即下城赶回知州衙门，收拾细软，乔装改扮之后，带上一妻一妾，一溜烟逃出城外。

杭州置制使陈建，廉访使赵约，赶往知州衙门却不见知州的人影，慌忙退出知州衙门，不想城门已被起义军攻破，农民军一拥而入，两人逃避不及，一同做了俘虏。

陈建在两浙作恶多端，方腊先杀了赵纳，再将陈建和逃到杭州来的陈光一同带出来，零刀细剐了。接着，下令屠城六日，除了有姿色的女人幸免于难外，无论大小官吏还是百姓，都做了起义军的棒下冤魂。

方腊攻占杭州以后，命大将方七佛为东路都元帅，率兵攻打秀州，沿运河杀向苏州，要与苏州起兵响应的明教会合。又命八大王为西路都元帅，由歙州向江南重镇江宁进军。

八大王部将俞道安攻破休宁县，知县事麹嗣复被俘，大骂“反贼”，俞道安劝他投降，麹嗣复说：“麹某食朝廷俸禄，落入反贼之手，一死而已。老夫倒要劝你们一句：自古谋反岂能长久？你等当去逆从顺，归附朝廷，怎么反逼我从贼呢？”

俞道安笑着说：“官府逼得我们活不下去了，自古以来，官逼民反。你难道不知这句话吗？”

“废话少说，要杀要剐，随便吧！”麹嗣复说罢，闭上了眼睛。

俞道安说：“我也是休宁人，素知你为官廉洁，不阿附朱勔，有善政，前后县令，无人能与你相比。方圣公早就有令，贪官污吏皆可杀，唯独不准杀麹公。麹公忠于朝廷，不肯投降，我等也不怪你，你请自便吧！”

方腊的起义军，只杀贪官，不杀好人。

此时，兰溪县的朱言、吴邦，郯县仇道人，仙居吕师襄，苏州石生等纷纷举着“申天讨，诛朱勔”的大旗，起兵呼应，归附方腊，向宋王朝发起猛烈攻击。起义队伍发展到数十万人，数月之间，攻破六州五十二县。

方腊造反，东南大震，告急文书如雪片般飞向东京汴梁。

方腊起事之初，地方官吏也曾上报过，太宰王黼正在筹备出师北伐，同时他认为，东南百姓闹事，不过疥癣之疾，不足为患，责令地方官府自行弹压，竟没有将两浙发生的暴乱向徽宗报告。徽宗还认为是天下太平，躺在温柔乡里，过着花天酒地的生活。直到淮南发运使陈遘直接奏陈徽宗，他才知道东南“贼势猖獗”。

东南是朝廷的财源之地，“国家财赋，东南十居其九”，当徽宗得知他的财富之源出了问题，惊出一身冷汗，立即召集辅臣开会，商量应对之策。

童贯认为，联金攻辽是国策，两国都在协议书上签字画押，如果违约，今后收复燕云十六州恐怕就有麻烦。蔡攸认为方腊等不过是乱民，成不了大气候，还是联金攻辽要紧。

蔡京虽然已经是老态龙钟，两眼昏花，心里却很明白，接着蔡攸的话说：“乱民造反成不了大气候？秦朝覆灭，不就是始于陈胜、吴广谋反吗？汉末天下大乱，分崩离析，还不是黄巾军谋逆引发的？千里之堤，溃于蚁穴，何况方腊聚众已经数十余万，号称百万，江南半壁江山震动，朝廷还能安枕无忧吗？攘外事小，安内事大。南院已经是大火熊熊，却要去帮北邻争地，世上哪有这样的道理？”

徽宗本来就缺少主见，既不想对金人失约，又害怕方腊坐大，成为心腹之患。听了蔡京之言，认为有理，于是决定暂罢北伐之议，命童贯为江、淮、荆、浙宣抚使，谭稹为两湖制置使，王禀为统制，移征辽之兵南下，先征剿方腊。

因浙江无军队可用，便从陕西调集六路精兵，由辛兴忠、杨惟忠率熙河兵，杨可世、赵明率环庆兵，黄迪率鄜延兵，马公直率秦凤兵，冀景率河东兵，归都统制刘延庆总领，十五万大军，奔东南平叛。

临出征时，徽宗对童贯说：“东南之事，朕就托付给太傅了。如果遇到什么紧急情况，可以代作诏书，听便宜从事。”

纵观徽宗一生，唯有这次处事最为果断。

童贯率军到达金陵的时候，已经是宣和三年（1121年）正月，此时，方腊的东路军已攻陷婺州、衢州、处州、崇德县，转攻秀州，遭到秀州统军王子武的顽强抵抗，进攻受阻。

方腊原以为北宋政府短期内难以出兵，谁知朝廷为了联金灭辽，西北军已经移至河北集中，粮草军需也已齐备，而徽宗又果断地罢了北伐之议，命童贯率兵南下，致使起义军根本来不及占领镇江、江宁而控制长江天险。

童贯留偏将刘镇守金陵，自己进驻镇江，得知秀州被围，命王禀率兵驰援，正好熙河将辛兴宗、杨惟忠也领兵赶到，两路军夹攻方腊的起义军。

辛兴宗等人的部队，是在西北前线久经战阵的精锐部队，对付外敌虽然是屡战屡败，对付国内这些拿棍弄棒的农民军，却是绰绰有余，再加上方腊等人毕竟才略有限，根本就抵挡不住官军的冲击。方七佛率领的东路军，难与官兵抗衡，只好退走，秀州之围自解。

童贯再移军苏州。在苏州，他亲眼看到了花石纲对老百姓的危害，幕僚们也都认为“贼不亟平，坐此尔”。于是，童贯命幕僚董耘代徽宗写了一份罪己诏，大意是说：朕收购竹木花石、禽兽珍奇，都是在皇家内库支取钱财，让他们按市价购买，并且多次下诏，严立法禁，不准压价和摊派。朕以为，奉行之人，定能遵承约束，都会懂得朕体恤百姓的大义。岂料具体办事的官吏，借花石纲之名贪赃枉法，为奸作恶，侵扰百姓。今朕已知闻，从今后一切废罢。今后，若以贡奉为名，行敲诈勒索之事，以违御笔论处。

童贯授意起草的这份诏书，替徽宗撒了一个弥天大谎，将花石纲之祸的责任，完全推到下面办事人的身上，他对花石纲之乱，一无所知。为了平息民愤，童贯又下令撤销苏、杭应奉局，停运花石纲。徽宗也下诏罢免了朱勔父子的官职。

如果徽宗能做到令行禁止，从此不再运送花石纲，并整顿吏治，民力不至大困，宋朝的江山也不至很快倾覆。但是，徽宗君臣见识短浅，并非真的要洗心革面，改弦易辙，童贯这一番表演，不过是麻痹起义军，收买人心的缓兵之计。

一波未平，一波又起，方腊起义正如火如荼，宋朝统治者焦头烂额之际，淮南又出现了另外一支农民起义军，就是宋江领导的梁山泊英雄好汉。

宋江举义

北宋朝廷也算是祸不单行，两浙一带的方腊之乱还没有平息，淮南的战火又在燃烧。以宋江为首的三十六员好汉，在梁山泊举起了替天行道的旗帜，宣言要替人民杀尽天下的贪官污吏。

提起宋江，自然想起了《水浒传》，因为宋江是凭《水浒传》这本书扬名的，梁山泊一百零八将的名头，也是凭《水浒传》这本书传播开的。宋江这个人物，在中国已经是家喻户晓，妇孺皆知，因此，有必要对有些事情予以澄清。

《水浒传》是一部文学作品，书中所说宋江与一百零八将的故事，很多是烘托之说，并不是历史的真实。从正史考证：

《东都事略·侯蒙传》记载：

江以三十六人横行河朔，京东官军数万无敢抗者。

《宋史·徽宗本纪》记载：

淮南盗宋江等犯淮阳军，遣将讨捕，又犯京东、河北，入楚、海州界，命知州张叔夜招降之。

《宋史·张叔夜传》记载：

宋江起河朔，转略十郡，官军莫敢婴其锋。声言将至，叔夜使间者觇所向，贼径趋海濒，劫钜舟十余，载掳获。于是募死士得千人，设伏近城，而出轻兵距海诱之战，先匿壮卒海旁，伺兵合，举火焚其舟，贼闻之皆无斗志，伏兵乘之，擒其副贼，江乃降。

此外，李埴的《十朝纲要》，宋代陈均的《九朝编年备要》和徐梦莘的《三朝北盟会编》，也都有类似的记载。

从这些史料中可以看出，梁山泊这支起义军，人数并不多，但也绝非三十六人，至于七十二员地煞星，那是《水浒传》的作者施耐庵演绎出来的人物。不过，这支起义军的战斗力很强，在群众中产生了很大影响，对赵宋王朝的统治带来一定的冲击。宋江领导的这次起义，年代大约自宣和元年（1119 年）始，前后不过三年左右的时间。

《宋史》为方腊立传，但没有替宋江立传，只是在《徽宗本纪》《张叔夜传》中提到了宋江，可见，宋江在梁山泊领导的农民起义，转瞬即平，声势远不及方腊领导的农民起义，更不是《水浒传》中描述的那样气壮山河、波澜壮阔。

宋江是郓城县人，表字公明，落第秀才，曾在郓城县任押司。

宋江性情豪爽，为人慷慨，喜欢结交江湖上的朋友，家庭虽然不怎么富裕，却仗义疏财，常拿一些散碎银两接济那些孤弱贫寡之人和落难的江湖人士。渐渐地宋江的大名不胫而走，被人称为义薄云天的“孝义黑三郎”，大家送他一个绰号：及时雨。

宋江因私放关在县衙大牢的犯人，进而又出了人命官司，被逮捕下狱，一班江湖好友劫了法场，从刀口下救了他的性命。为了逃避官府追杀，大家一起上水泊梁山落草为寇，做了公道大王。

梁山古时称良山，因汉梁孝王到此狩猎，于是改名为梁山。

北宋朝政腐败，吏治废弛，皇帝在京城寻花问柳，嫖娼宿妓，不理朝政，各级官吏贪污腐化，搜刮民财，天下民不聊生，致使盗贼四起。淮南、京东一带，无数亡命之徒占山为王，落草为寇。水泊梁山因其得天独厚的地理位置，成为亡命天涯之人的避难所。

宋江上了梁山之后，被众人推举做了山寨之主，他命人竖起了“替天行道”的大旗，招兵买马，购置战船，打造兵器，拉开了与官府誓不两立的架势。

宋江起义的消息，如迅雷闪电般传遍四方，梁山泊的声威大震，山东、河北、河南、安徽等地的穷苦民众闻风响应，纷纷来投宋江。

由于方腊屡战屡胜，声势浩大，朝廷把注意力全都放在方腊身上，宋江得以在很短的时间内，在梁山泊集聚了数万人马，其中有三十六条武功高强、顶天立地的好汉。这三十六人，在《水浒传》中被称为天罡星，还有号称地煞星的七十二人，则是施耐庵先生以其生花妙笔演绎出来的。在历史上，虽然这些人不一定是真有其人。这些人本来都是散居在各地、各安其业的豪俊人物，他们有的被贪官污吏所逼，有的被奸佞之徒所害，走投无路而上梁山，在忠义堂歃血为盟，义结金兰，发誓要杀尽天下的贪官污吏，为民除害。

梁山泊的好汉打出替天行道的大旗，攻城掠县，杀贪官，惩恶霸，得到了百姓的积极响应，数月之间，先后攻克了郓城县、兖州府、青城府。所到之处，起义军打开官仓、银库，将里面的钱粮搬出来，除一部分带回梁山外，其余全都分给劳苦大众。

梁山泊宋江起义的消息传到京城，朝廷一片恐慌。

徽宗询问群臣有何应对之策，一时间，群臣议论纷纷。大臣郑居中出班启奏道：“臣有话要说。”

“有什么话，只管说。”徽宗有些迫不及待了。

“臣收到亳州知州侯蒙的书信，他要臣转奏陛下。”

“什么事？”徽宗紧张地站了起来。

“他说，宋江等人举事，只反贪官，不反皇帝。”郑居中看了大家一眼，继续说，“宋江横行齐、魏，必有过人之处，现在青溪盗贼四起，如果朝廷同时攻打方腊、宋江，必定会分散兵力，不易成功。因此，他建议朝廷赦免宋江，命他率众南讨方腊，将功赎罪。”

徽宗听罢大喜，如果不动一兵一卒，便能收服宋江，保得天下太平，这当然是求之不得的了。重新坐下之后，立即降旨，命亳州知州侯蒙，出任青州府知府，并以钦差大臣的身份，前往梁山泊招降宋江。

侯蒙接到诏书，正欲打点行装，准备前往青州上任，不想突然得了一种怪病，猝死家中。招抚宋江的事就搁置下来。

招安的钦差没有派出去，宋江领导的起义军对北宋王朝的冲击并没有停止，京东各路兵马，虽然屡次进剿梁山泊，都被梁山泊的英雄好汉杀得大败而归。

方腊在两浙的声势越来越大，宋江又在淮南闹事，前院起火，后院冒烟，北宋朝廷实在是有些顾此失彼，难以招架，无奈之下，徽宗只得再命海州知州张叔夜招安宋江。

张叔夜，表字嵇仲，北宋广丰（今江西省上饶市广丰县）人，颇有军事才能。刚步入官场，出任兰州录事参军。因在边关屡建战功，大观年间，赐进士出身，升任右司员外郎。他曾出使辽国，留意沿途的地形地貌，暗中绘了一幅辽国的山川图献给朝廷。由于得罪了奸相蔡京，张叔夜被贬为海州知州。

张叔夜接到密诏之后，不敢怠慢，立即同幕僚们研究对策。他长期在地方上为官，深谙民俗，对梁山起义的前前后后和起义军内部的情况也了如指掌，加之他曾久居边关，深通战法。据他分析，方腊造反已经是风起云涌，江南各州自顾不暇，无力北援，宋江极有可能乘机出兵袭取海州，如果再投之以诱饵，则宋江率兵来袭的可能性就更大，如果能先给宋江一个下马威，招降这伙人将会容易得多。经过精心策划，张叔夜布下了一个陷阱，等待宋江等人自投罗网。

这一天，宋将正在山寨同军师吴用等人议事，忽有探子来报，说海州城外海面上，停泊有十几艘大船，船上装的都是金银珠宝及绸缎绢布等贵重物品。宋江与众头领听罢大喜，认为这是一笔天大的横财，只要能将其夺下来，可保山寨数年的开销。于是，立即分派人马，前往海州，准备夺下这批物品。

宣和三年（1121年）二月，宋江带领众数千名起义军赶到海边，看见海边果然停泊着几十艘大船，起义军一声吆喝，纷纷跳上船，若有人反抗，格杀勿论，但宋江事先下了命令，水手不杀。

宋江夺得大船后，命船上的水手驾船向海州进发。将到海州，见海面上有数艘小船，像是官府巡逻的船只，宋江见它不来检查，也就不以为意，继续前进。将要靠岸的时候，突听智多星吴用大叫一声道："慢！"

"什么事？"宋江紧张地问。

吴用手指四周的芦苇，侧耳细听，口中说道："恐防有埋伏！"

宋江侧耳细听，隐隐约约听到芦苇丛中有响动，大手一挥道："撤！"

话音未落，突听一声炮响，众人回头一望，见从芦苇丛中驶出无数战船，截住后路，正在惊慌之时，前面又是一声炮响，从港湾里驶出许多战船，一字摆开，挡住前进之路。

吴用叹道："梁山泊经历大小数十余战，不想今天却中了他人之计！"

"现在如何是好？"宋江问道。

吴用说："为今之计，只有分兵前后抵敌，冲杀一阵后，再看情况以定进退。"

宋江传令各船，后面一半船只调转船头迎战身后的敌船，前面的船只继续向前冲杀。

张叔夜正站在高处指挥战斗，看到宋江船队的动向，笑着对左右说："听说梁山泊的吴用号称智多星，用兵如神，今日一见，不过尔尔。从前官军屡败在吴用之手，并不是他善于用兵，而是官军无用啊！"

左右不解其意。

张叔夜指着海面解释说："宋江的船队要想脱身，就得集中兵力，要么是进，要么是退，而他现在却分头迎战，宋江今天是必败无疑了。"

张叔夜一声令下，身边的大旗挥动。

突然间，官船中纷纷抛出无数引火之物，落在起义军的船上。吴用大叫道："不好，敌人要用火攻。"

话音未落，又从官船上飞来无数的火把，点燃了抛过来的引火之物。霎时，宋江的战船纷纷起火，烈焰冲天，将四周的海面照得通红。起义军的船只左右不能相顾。宋江和吴用只得指挥大家一边扑火，一边射箭，杀开一条血路，向深海逃去。

其余各船，也纷纷起火，仓促间来不及施救，船上众头目，有的跳水逃命，有的冒死突围。然而，突出重围的只是少数，大多数人做了官军的俘虏。

宋江的坐船突出重围，航行数十里后，见后面没有追兵，便在一个小海岛边暂行停泊。过了半天，阮小二、阮小五、阮小七、童威、童猛、张横、张顺等几个颇识水性的头领陆续跟了上来，再过一会，武松、柴进等一班人，驾着几只残缺不全的破船也靠了过来，人人都是一脸烟灰，衣服烧得大洞连小洞，狼狈不堪，大家垂头丧气，不发一言。

宋江计点人数，竟只剩下十几个头领，包括副将卢俊义在内的众弟兄生死不明，不禁号啕大哭起来。

吴用在旁劝导，说哭也无益，很多兄弟被官兵捉去了，还是要想办法保住他们的性命才是。宋江止住了哭，含着泪说："海州城乃弹丸之地，有多少精兵猛将，能凶到哪里去？不如派人回梁山，出动全寨兵马，与他决一死战。"

"不可！不可！"吴用制止道，"大哥曾见过官军旗帜，有一斗大的'张'字吗？"

"看是看到了，这个姓张的究竟是何许人也，怎么如此厉害？"

吴用猜测道："会不会是张叔夜？"

"张叔夜？"宋江问道，"何许人？"

"张叔夜字嵇仲，善于用兵，曾为兰州参军，屡立战功，羌人听到张叔夜的名字，闻风丧胆，西北边陲才得以安宁。"吴用说道，"听说此人调任东南，难道海州的长官，便是此人不成？"

阮小二接口说道："海州知州确实是张叔夜。"

"真的是他？"吴用叹道，"有此人在此，看来没戏了！"

"难道就弃众弟兄的生死于不顾吗？"宋江反问道。

"识时务者为俊杰。"吴用道，"要保全众弟兄的性命，只有一条路可走！"

“哪条路？”

吴用看了在场的人一眼后说：“投降！”

吴用的话，像一滴冷水掉进了油锅里，立即炸开了。反对者有之，赞成者也有之。宋江叹了口气说：“这也是权宜之计，先将弟兄们救出来再说吧！”

吴用自告奋勇请命走一趟。事情就这么定下来。

梁山泊的各位英雄，散落在海滩上，大家唉声叹气，情绪低落，宋江待在海边，时而抬头远望，时而来回走动，显得非常不安。转眼间，已经是日薄西山，天色渐渐黑下来，宋江的心，渐渐地凉了。正在绝望之际，不知谁喊了一声：“你们看，军师的船回来了。”

众人抬头望去，果见大海之中，一艘孤帆向小海岛使来。来船渐渐驶近，吴用站在船头向大家招手。

船靠近海岛后，吴用从船上跳下来，宋江迎上前去，迫不及待地问：“被俘的兄弟们怎么样？归顺之事如何？”

“别急！别急！”吴用见大家企盼的眼神，大声说，“被俘的弟兄包括卢二哥在内，都关押在海州城，暂无性命之忧。”

“请降之事呢？”宋江紧张地问。

“张知州也答应了。并教我们去助征方腊，大家也好图个进身，我已自作主张，与张叔夜约定，明天同大哥一同前去与他面谈。”

“事已至此，也只好如此了。”

在场的人，虽然有的人对宋江的决定不怎么满意，但也没有提出异议。

次日，宋江率领手下众头目乘船到达海州，下船上岸，直奔州署，沿途并无人阻拦，海州虽然濒临大海，但海州城却距海数里。宋江舍舟登陆，徒步入城。到了州署，吴用上前向守卫的衙役通报，说是梁山泊众头领求见。衙役早就得到吩咐，在前带路，引众人入内。

宋江及吴用等人刚进入州衙大堂，便见一位将军从屏风后出来，徐步登堂落座。宋江见他面带微笑，和蔼可亲，两眼射出一束神光，不怒而威，料定此人就是张叔夜，趋步上前跪拜道："草民宋江，向知州大人磕头。"

紧随其后的众人，也一齐跪下磕头。

"你就是宋江吗？"张叔夜面无表情地问。

"草民正是宋江。"

"今日来降，可是心甘情愿？"

"草民都是诚心归顺朝廷。"

"嗯！"张叔夜点点头说："如果不情愿，本官决不勉强，当放你们回去，重整旗鼓，再决雌雄！"

宋江惶恐地说："罪民等原不敢反叛朝廷的，只为被贪官污吏所压迫，奸幸权佞所陷害，才不得已如此。今蒙知州大人开恩见谅，罪民等情愿归降！"

张叔夜道："如此，大家且起来！"

宋江、吴用等人谢过后，起立一旁。

张叔夜正色地对宋江等人说："你们都是大宋子民，占山为王，落草为寇，公开与官府为敌，尽管有些人是情不得已，但总还是犯了大逆不道之罪。"

宋江等人听罢，立即跪下磕头。张叔夜抬抬手，示意大家站起来，接着说道："我并不是说要治你们的罪。只要你们能悔过自新，本官也就既往不咎，并给你们一个报效朝廷、将功赎罪的机会。"

宋江恭谦地说："宋江与众家兄弟，愿替朝廷效力。"

"这就好！今天夜里，梁山的兵卒就驻扎在城外，本官将在州衙摆宴替各位头领压惊。"张叔夜看了众人一眼，温和地说，"明天，我给你们一道官凭，你们就到江涨桥军前效力，助阵攻打方腊，有了战功，也可博得个封妻荫子的前程。"

"那被俘的众家兄弟……？"宋江一直在担心被俘众兄弟的生命安全，忍不住插问了一句。

"这个请放心。"张叔夜哈哈大笑道，"他们都好好的，受伤的人，本官已派人替他们疗伤了。"

宋江深深一揖道："多谢大人！"

当天夜里，张叔夜在州衙大摆筵席，与梁山泊众头领压惊。宋江虽然频频向张叔夜敬酒，心里却感慨万千，天天盼望着招安，做个朝廷良臣，挣得功名，上可光宗耀祖，下可荫庇子孙。可一旦真的被招安了，却突然觉得心里空荡荡的，说不出是个什么滋味。千军万马霎时烟消云散，弟兄们跟随自己出生入死，杀贪官，征污吏，如今归顺了朝廷，却要与那些贪官为伍，是凶是吉，前途未卜。想到这里，再看看众弟兄，个个面无喜色，只是闷头喝酒，不禁心中凄然，连饮几杯，不觉已是酩酊大醉，再举杯向众弟兄敬酒时，已是双眶含泪。

张叔夜见状，知众人心情不好，怕喝多了闹出事来，连忙站起来说："各位义士一天鞍马劳顿，想必都已经困了，今天薄宴就到此为止，大家举杯，喝杯团圆酒吧！"

宴罢，大家各回城外营帐中安歇。

卢俊义怏怏不乐，回到自己的营帐，正欲脱衣睡觉，燕青推门闪了进来，扑地便拜，凄然地说："燕青自幼跟随主人，情同父子，主人若随宋哥哥受朝廷招安，燕青就此别过了。"

"这又是为何？"

"兔死狗烹，鸟尽弓藏。"燕青道，"我们与宋大哥聚义的大事已了，断不可去朝廷受封做官，不如就此离去，隐姓埋名，找个僻静的地方，自耕自食，以终天年，岂不是更好？"

卢俊义两眼注视着燕青，仿佛是刚认识似的，停了一会，轻声问道："此后，你将在何处安身？"

"浪迹天涯，四海为家。"燕青看了卢俊义一眼，凄怆地说，"小人本该去向宋大哥辞行，想他是一个重情义的人，必不放我离去，故不敢当面请辞，留书一封，请主人在小人走后转呈宋大哥。"说罢，从怀里掏出一封书信递上。

卢俊义轻轻地叹了口气，伸手接过燕青递上的书信。

燕青对着卢俊义拜了八拜，起身出了营帐，飘然而去。

次日，卢俊义将燕青的信转交给宋江，众人得知燕青不辞而别，嗟叹不已，很多人心里也萌生去意。

张叔夜果然办了一纸官凭交给宋江，命他们限期赶到江南，协助征剿方腊。

宋江接过官凭，拜别了张叔夜，带领众弟兄返回梁山泊，遣散山寨的人马，毁了山上营寨，然后率领众头目，一起赶赴江南。

轰轰烈烈的梁山泊起义，以宋江受朝廷招安而烟消云散。张叔夜也因招降宋江有功而调任济南府。

宋江及梁山泊众弟兄共一百多人，离开梁山以后，日夜兼程赶往江南。

这一天，众英雄走到杭州境内一个叫江涨桥的地方，正逢熙河前军统领辛兴宗率兵同方七佛的东路军杀得难解难分。宋江见状，立即率众投入战斗，一齐杀向方腊的起义军。

方七佛的起义军突然遭到宋江这股生力军的冲击，阵脚大乱，官兵乘势一阵急攻，方七佛自知难敌，率众退守杭州城。

宋江即来中军求见，呈上张叔夜的官凭。

辛兴宗看过张叔夜的信，瞅了众人一眼说："既然是张知州命你们来的，那就留在帐下听用吧！"

宋江立功心切，献计道："我们前来投军，愿为朝廷效力。浙西久苦流寇之乱，将军何不乘势夺取杭州，然后溯江而上，进攻睦州呢？"

熙河前军统领辛兴宗，是一个心高气傲的人，他打心眼里就瞧不起眼前这个落草为寇的山大王，两眼瞪着宋江，冷哼一声道："有你说的这般容易吗？"

"将军如果攻打杭州，宋江愿打头阵。"宋江似乎没有注意到辛兴宗的口气。

"你有多少人马？"辛兴宗问道。

"一百多人。"

"一百多人？"辛兴宗冷笑道，"一百多人也想攻破杭州城？"

宋江愣住了，他没有想到辛兴宗会用这样的态度对他，嘀咕道：“将军不是还有兵马吗？”

“发我的兵力，用得着你做先锋吗？”

宋江虽然气往上涌，但又不敢发作。吴用发觉有些不对劲，连忙赔着笑脸说：“将军是全军统帅，我们只是听从将军调遣的小卒，攻打杭州，虽然胜负难料，但刚才这一仗，将军已经打得乱贼溃不成军，只要将军一声令下，杭州城也就指日可待了。”

辛兴宗听了这番恭维话，脸上才有了点笑容，随即派了一个千总，率所部千人与宋江等人一同攻杭州。

宋江及众英雄见辛兴宗态度冷漠，一下子从头顶凉到了脚板心，不满情绪逐渐上升，宋江也私下对吴用说，如果不是看在张知州的面子，干脆就重返梁山泊，继续做咱们的山大王去。

吴用虽然也有气，头脑却比较清醒，他说梁山泊也不是一个安乐窝，等攻下杭州、报了张知州的知遇之恩后，就离开这个是非之地，从此隐名埋姓，做个逍遥的闲民。

宋江等人觉得他说得有理，暂不提离开之事，一同前往杭州。辛兴宗派来的千总也随后领兵出发。

宋江等人在行进途中，遭到方腊小股部队的阻击，都被他们击退，乘势攻到杭州城下。千总率千余名官来到杭州，却不敢靠近杭州城，在离城十里之处扎住营寨。

宋江见官军驻扎不前，知道这些人靠不住，同吴用及众弟兄站在杭州城外，指指点点，商议攻城之策。恰在此时，突然城门大开，方七佛率兵从城中杀出来。

原来，守城的起义军看到城外有百来号人站在山冈上冲着杭州城指手画脚，立即报告了方七佛。方七佛见敌人不多，立即率数千兵马杀出城。宋江见敌众我寡，急令撤退，方七佛率兵随后紧追，追赶一程后，遥望前面有官兵驻扎，疑有埋伏，率兵退回城中。

吴用见起义军已回，择地安营，然后分派几拨人员潜往城下刺探敌情。深夜，派出去的人陆续回来了，都说杭州城戒备森严，无隙可乘。

张顺深通水性，他发现杭州城涌金门下的水道与西湖相连，自告奋勇要潜水入城，进城之后，放一把火，内应外合，自然就可以攻破城池。

吴用沉思良久，别无他法，尽管张顺走的是一着险棋，但可一试，只是仅凭梁山泊来的这百来号人，不足以破城，只有通知官军，请他们接应，才有胜算的可能。吴用的意见得到宋江等人的赞同。

鼓上蚤时迁又提出一个建议，说艮山门一带的城墙残缺不全，可在夜间摸黑从那里扒进城去，与从涌金门进城的张顺配合，胜算会更大。得到众人认可。

宋江将攻城计划报给官军，请他们到时跟进。

吃过晚饭，张顺扎束停当，带着利刃，进帐辞行。吴用不放心张顺一个人前去冒险，吩咐阮氏三兄弟一同前往。

张顺的哥哥张横得知弟弟要孤身入城，当然不放心，坚决要求与弟弟同往。这就是打虎也须亲兄弟，上阵还要父子兵。吴用同意他们五人同往，并吩咐他们，能进则进，不能进就退回来另想他法。

张顺拍着胸脯说：“不论好歹，我都要进去一探，虽死无憾。”

吴用见张顺未出师便先说一个死字，一股不祥涌上心头，本想取消这次行动，但箭上弦，不得不发，只得吩咐张横与阮氏三兄弟，千万要小心从事。

随后，又送走了时迁这一拨人。

先说张顺、张横与阮氏三兄弟，乘着夜色摸到涌金门外，已经是半夜时分，他们脱了衣服，悄悄溜下水，慢慢地摸到城边，见入口处有铁栅拦住，栅拦上还有渔网罩在上面，张顺伸手欲扯开渔网，不料网上挂着铜铃，刚一拉动，立即铃声乱响。城楼上有人大喊：“有贼！有贼！”

几个人慌忙潜入水底。稍停片刻，见没有动静，几个人又悄悄地浮出水面，只听见城楼上有人说：“城外并无一人，莫非是湖中大鱼，游进池里来了？”

几个人在水中等了一会，见没有动静，张顺又想进去。张横认为城上守备森严，还是退回去另做打算，阮氏三兄弟也劝阻张顺不要冒险。

张顺执意不从，示意大家退后，他一人游到铁栏栅边，试了试，栅密缝窄，钻不进去，摇了摇，栏栅纹丝不动。他便用刀挖泥，拔去两根栏栅，刚好够一个人钻进去。张顺侧身钻了进去，突然，铃声乱响，原来触动了机关。张顺正想返身钻出来，突听上面一声怪响，巨大的闸门哗的一声压了下来，张顺退让不及，被活活地压死在闸下。

再说时迁，飞墙走壁本来是他的看家本领，他乘黑扒上城墙时，突然看到一条大蛇冲着他昂头吐舌，心中一惊，失足从城墙上坠落城下，脑浆迸裂，死于非命。随同的人带回了时迁的尸体。

其实，时迁看到的并不是蛇，而是方七佛的人用木头做成的假蛇，黑夜之中，看不仔细，做了一生窃贼的时迁，却遭了暗算。

宋江、吴用见两路人马都失败了，一面派人报告官军，一面带人马退回原处。

后人为了纪念张顺、时迁，曾在杭州城内建了一座张顺庙；艮山门附近建了一座时迁庙，梁上君子每作案前，都要来拜见他们的祖师爷。这些正史虽然没有记载，稗官野史的记载恐怕也非空穴来风。

次日，中军统制王禀率领人马抵达杭州，宋江等人进见王禀，把攻城不果，张顺、时迁阵亡的情况做了汇报。王禀问明白后，叹息不已，说烈士捐躯，当传名千古，他将代为向朝廷申报。并说辛统领仅拨千人助阵，有些不妥。他率兵赶来，也是这个原因。并吩咐宋江等人暂且休息，明天一起攻城。宋江见王禀与辛统领态度大不相同，心里稍觉宽慰。

王禀传命，次日三更造饭，四更出发，五更直抵杭州城下。

方七佛见官兵前来攻城，大开城门，率军出迎，两阵对垒。宋江带领梁山旧部奋勇杀向敌阵，方七佛猝不及防，被随后而至的官兵冲乱了阵脚，无奈之下，只得撤兵退入城中。梁山旧部急先锋索超，赤发鬼刘唐大叫替张兄弟报仇，紧随方七佛的队伍，杀入城中。

方七佛进入城门后，并不停留，穿过城内的第二道门。

刘唐、索超正欲跟进，不想第二道城门哗的一声关上，眼见不能杀入，急速退回，不想身后城门的大闸哗的一声坠下，前后城门关闭，四周都是高墙，刘唐、索超等人被关在里面插翅也难飞。正在惊慌之际，四周城墙上，万箭齐发，可怜刘唐、索超及一众人等，顿时成了刺猬。

不一会儿，杭州城楼上，挂出了刘唐、索超的人头。

王禀见城门紧闭，只得传令回军。宋江等人咬碎了钢牙，却又毫无办法。

宋江见从梁山泊带来的弟兄接连死了数人，伤感不已，心里已萌生退意。入夜时分，几拨人来找宋江，说不想替朝廷卖命，欲就此离去。宋江答应他们，待攻下杭州城后，大家一同走人。宋江这一犹豫，又使数名弟兄走上了不归路。

此后数天，王渊、刘延庆、杨可世、刘镇等诸路兵马奉童贯之命，前来围攻杭州。无奈方七佛仍然是闭门不出，看着高高的城墙，官军也没有破敌之策，战场上，两军形成僵局。

这一天，宋江得到一个消息，方七佛的运粮船队已经进入钱塘江，不日将抵达杭州。他将这个消息报告给王禀。王禀欲夺下这批粮草，城中无粮，则贼人自溃。

“不必夺粮。”吴用提出了不同意见。

王禀不解地问：“为什么？”

“派人乘机混入城中，夺下杭州城，岂不是更好？”

王禀微笑着说：“你大概已经有了办法吧？”

吴用笑了笑，立即说出了他的计策。王禀听罢大喜。

钱塘江上，起义军一支庞大的运粮船队缓缓而行，过一个江汊，从内河驶出几只小船，船上同样装的是粮食，小船驶入钱塘江，尾随在大队运粮船后，刚开始尚保持一段距离，渐渐地，越走越近，最后竟首尾相连。

从内河出来的几只小船，表面装的是粮食，底下却暗藏兵器、火药等引火之物。船上的艄公艄婆，是梁山泊的旧部凌振、杜兴、李云、石秀、邹渊、邹润、李立、穆春、汤隆、阮氏三兄弟、童威、童猛、扈三娘、顾大嫂、孙二娘等人装扮。

方腊的运粮官见从内河驶出的几只船，上面都是普通的老百姓，船上装的也是粮食，并没有在意，继续向前行走。当运粮船队靠近涌金门时，城中的守兵一阵呐喊，拉开闸门，粮船鱼贯而入，假粮船竟然也尾随其后，进了涌金门。船队进去后，涌金门的大闸重新落下。

守城兵士正欲逐船查看，忽听到城外炮声响起，官军开始攻城了。不知谁喊了一声：方大帅有令，所有人等，赶快上城墙守城。

守城的起义军来不及查验粮船，匆匆上城去了。

粮船刚进城，官军便放炮攻城，拿捏得恰到好处，这些都是预先设计好的方案，目的就是要使守城的起义军来不及验船，混进去的人好乘机浑水摸鱼。

果然，凌振等人乘乱将炮石运上岸，找一个僻静处，立即放起了号炮。

方七佛见城内有变，立即下城墙察看。这时，城外的官军对杭州城发起了猛烈攻击，武松、李逵、石秀等人奋勇当先，搭上云梯，登上了城墙。这些杀人不眨眼的好汉登城后，将压抑在胸中的怒火全都发泄出来，见一个，杀一个，见两个，杀一双。方腊的起义军，还没有碰到过这样能杀的，一时大乱。

由水路进城的石秀、阮氏三兄弟等人，乘机杀退守城门的起义军，打开了城门。官军发一声吼，一齐涌入城里。

方七佛见大势已去，带了几个亲信，杀出南门，转而向西逃命去了。

武松眼尖，见方七佛带人逃走，来不及招呼同伴，放开脚步，一个人尾追而去。

方七佛发现后面有人追赶，欺武松是孤身一人，招呼同伴勒转马头，向武松迎了上去。武松竟毫无惧色，冲上前去。

方七佛指挥手下将武松团团围住，如猫戏老鼠一样，展开了搏杀。武松虽然英雄了得，但双拳难敌四手，何况方七佛也是一个骁勇善战之人，武松完全没有胜算的机会。慌乱间，躲闪不及，一条左臂，硬生生地被方七佛砍断。眼看武松性命不保，突然从斜次里杀出一员小将，只见他银盔绿铠，挺一杆梨花枪，跨一匹紫骝马，拍马上前，大叫一声："拿命来！"

方七佛正欲下马取武松的性命，见有人前来搅局，撇开武松，举刀相迎，两人立即战在一处，杀得难解难分。

此时，官军大队人马赶到，张横见武松断了一臂，拼命地冲上前去，欲救出武松。武松单手握刀，断臂鲜血直流，两眼喷出万丈怒火，紧紧盯住场上厮杀的两人，就是不肯离去。张横只好护在武松身边。

宋军中都统王禀见一员小将战住方七佛，丝毫不落下风，问左右，这是谁的部下。王渊说这员小将姓韩，名世忠，是他的部下，从军以来，英勇善战，立过不少战功。

说话间，场上两人已经战了百十回合，只听方七佛大吼一声："下去吧！"一刀向韩世忠劈头盖脸地砍下来。

"未必！"韩世忠双腿一夹，坐下紫骝马突然横纵两步，方七佛砍了个空。

宋军阵中，一片叫好。乘着方七佛一愣之际，韩世忠拿枪当棍使，反手扫了过去，方七佛要躲也来不及，扫在了大腿上，撞下马来。

武松见方七佛落马，一个箭步冲上去，挥刀砍下了方七佛的人头。

方七佛授首，官军收复了杭州。大军进驻杭州城。

是晚，宋江带着众弟兄入帅府拜见王禀，说梁山泊弟兄一百零八人，义同生死，杭州一战，阵亡数十人，虽然都是为国捐躯，但不免有兔死狐悲的感觉，众人身心疲惫，情愿散归故土，回家去种田谋生。

"官军正欲攻打睦州，"王禀问道，"难道你们不愿往吗？"

独臂人武松指着自己的断臂说："我已成了废人，弟兄们多数都已受伤，还能随军攻打睦州吗？"

王禀见众人去意已决，惋惜地说："既然各位去意已决，我也不便强留。"便命军需官取过若干银两，说是散给众人做路费。

"钱乃身外之物，要有何用？西湖景色甚佳，我打算出家做和尚去了。"

武松说罢，飘然而去。

宋江众人，有斟取路费的，有分文不取的，随即告别自去。

轰轰烈烈的梁山泊英雄大起义，就此曲终人散。王禀看着离去的众人，叹息不已。

宋江等人此后的踪迹，史书未曾见载，至于小说中说宋江被授为平南都总管，率全部讨方腊，都是子虚乌有之谈，不足凭信，武松独手擒方腊，也属以讹传讹。唯武松墓、张顺庙、时迁庙尚存西湖，却是实迹。想必宋江等人投降张叔夜，依张叔夜之命投奔江南军前效力，助官军收杭州，确非空穴来风。

方腊的部下，唯方七佛最为悍勇。杭州落陷，方七佛战死，起义军东路军全军覆没。方腊得知杭州兵败，大将方七佛战死，不觉心胆俱落，带着妻妾和身边的官员，逃回青溪老巢去了。

官军乘势大举进攻，收复失地。

杨可世、赵明率领环庆兵由泾县过石壁隘，杀敌三千余人，攻克旌德县。刘镇率领泾原兵，在乌村湾大败起义军，收复宁国县。

六路都统制刘延庆，由江东入宣州，与杨可世、刘镇二军会合，同攻歙州。歙州守城义军闻风而逃；攻克杭州后乘胜出击的王禀、王渊的部队，也连克富阳、新城、桐庐各县，直捣睦州。

睦州起义军出城迎战，王禀当先驱杀，辛兴宗、杨惟忠等，分两翼夹击起义军。起义军是由一些没有经过任何正规训练的农民组成的乌合之众，与这些在西北前线久经战阵的正规军相比，差了几个档次。尽管采取不怕死的打法与官军拼命，终归实力悬殊而溃不成军。官军一举攻占睦州。

童贯率各路兵马会师青溪，欲在这里全歼方腊。赶到青溪一看，青溪却是一座空城。原来，方腊见官军势大，带着妻妾和身边的官员，在官军未到之时便撤走了。

童贯进驻青溪，派人四处打探方腊的踪迹，却找不到他的藏身之处。方腊和他身边的人，就像人间蒸发了一般。

王渊的偏将韩世忠认为，方腊必藏身于帮源峒。并将这个想法告诉了主帅王渊。王渊似乎不相信，说派出去的人也曾去过帮源峒，并没有发现方腊的一兵一卒。

“帮源峒是方腊起事的地方，山多林密，岩壑深邃，深山峡谷之中藏得下千军万马，不身临其间，很难发现。”韩世忠分析说：“方腊和他的数万兵马，行动起来目标很大，怎么能突然之间消失得无影无踪呢？就是一群鸟从天空飞过，也会有个踪影，何况数万之众？狡兔必有三窟，方腊藏身的地方，只能是帮源峒。”

王渊将韩世忠的意见转告给童贯，童贯觉得有理，下令围搜帮源峒，谁捉到方腊，谁就是南征第一功。

搜山令一下，各路将士，谁不想争得头功？于是，都像猎犬一样，争先恐后，东寻西觅，把一个帮源峒搜了个底朝天，仍然不见方腊的踪影。众人以为韩世忠的分析靠不住，渐渐地便懈怠下来。

韩世忠坚信方腊就藏在山中，带领手下几十个弟兄，沿着一条山涧，向里搜去。忽然发现对面树林里有个人影一晃，立即带人扑了上去，谁知树林里的人并不躲闪，竟然从里面钻出来，站在那里等着官兵。

韩世忠带人靠近那人的时候，那人问他们是不是在找方腊。韩世忠警惕地看着那人，答应说是。那人自我介绍，他叫方庚，是本地人，知道方腊的藏身之处。

原来，方腊的起义军攻陷青溪县城的时候，方庚乘乱逃脱。他知道，落入方腊之手，只有死路一条，因为他是告密者。后来，方腊起义的声势越来越大，他就更不敢露面了，整天躲躲藏藏不敢见人。连日来，他知道官军搜山，找的是方腊，他是本地人，知道帮源峒的一沟一壑，一石一洞。为了除去心头之患，报杀父之仇，他决定再次向官府告密，捉拿方腊。

韩世忠在方庚的带领下。翻山过涧，来到帮源峒东北的一处大山谷，方庚指着密林深处对韩世忠说，这条山谷叫桃园谷，不是本地人，很难找到这个地方。谷内半山中，有一个深约里许的石洞，叫梓桐洞，梓桐洞分上中下三层，极为隐蔽，即使走到山脚，也不易发现此洞。方腊就躲在梓桐洞里。

韩世忠带人悄悄地靠近梓桐洞，果然见密林深处有一木制黄屋，数百彪形大汉握刀执剑守卫在那里。十几个美貌女子伴着一个黄袍虎须的人坐在那里。韩世忠料定黄袍虎须者就是方腊，一催坐骑，向黄屋冲去。

众护卫突然见有人杀来，刀剑并举，仓促应战。韩世忠大奋神威，左手挺枪，右手挥剑，远的枪挑，近的剑劈。不到盏茶工夫，地下躺倒一片死尸。其余的护卫吓得胆裂心碎，无人敢再上前，各自逃命去了。

韩世忠也不追杀，飞马入屋，轻舒猿臂，把方腊提到马上，往原路驰回。刚走到谷口，突然见熙河统帅辛兴宗率兵过来。

原来，辛兴宗得知有人探得方腊的藏身之处，立即带领部下赶过来，他是来抢功的。辛兴宗见一员小将，马上横着一位身穿黄袍的人，料定被捉之人是方腊，大喝一声："把人留下！"

韩世忠见是熙河统帅辛兴宗，立即滚鞍下马，把方腊丢在地上，站在路边，双手一揖，毕恭毕敬地说："卑职见过辛统帅！"

辛兴宗喝令手下将方腊绑了，然后问韩世忠："里面的贼匪都除干净了吗？"

韩世忠回答说都在山谷里，还来不及斩杀。

辛兴宗带领人马再入山谷，将方腊的老巢一锅端了。

帮源峒最后一战，据正史记载，官军杀死起义军七万余人，其他胁从百姓四十余万，一律勒令回归本业。而据《青溪寇轨》记载，官军杀死"贼寇"一百余万，伤及平民超过二百万，谁也搞不清楚这里面到底有多少冤魂。

童贯得知捉到方腊，大喜，将征南第一功，记在辛兴宗的名下。

韩世忠的几个同伴为他不平，韩世忠却淡淡地说，做人只要问心无愧即可，不必计较那种空名。这个被人夺走征南第一功的小将，后来成为南宋"四大中兴名将"之一，这是后话。

方腊领导的农民起义，攻破北宋六州五十二县，死亡的平民达二百万。官军从出征至剿灭，历时四百五十天，用兵十五万。

方腊被擒后，于宣和三年三月连同他的妻子邵氏、儿子、将领等共五十二人，一同被押往京师。方腊被凌迟处死，其他人众也都被处死。

一场轰轰烈烈农民起义，以方腊身首异处而告终。

方腊与宋江，各自领导了一场轰轰烈烈的农民起义，一样的开始，不一样的结局。

徽宗下诏，改睦州为严州，歙州为徽州。

童贯因南征有功，升任太师，封楚国公。各路统帅，也都论功行赏，各回原来镇守的地方。

北宋内乱刚平，外患又起，这一次外患，成了北宋的催命符。

变本加厉，再运花石

战争的硝烟尚未散尽，徽宗君臣故态复萌，又想起了花石纲。童贯命幕僚董耘代徽宗写的那篇“御笔”，虽非徽宗亲笔，但也是经他授权默认了的。现在方腊授首，东南平定，时过境迁，徽宗回头再看那篇罪己诏，句句都像是揭自己的短，内心颇为不悦，整天郁郁寡欢。

王黼善于察言观色，乘机进谗说：“方腊起兵，是因为盐茶法太苛刻，断了他们的财路，与花石纲无关，童贯听信奸人之言，让陛下替人受过，实在是不应该。”

徽宗立即下诏恢复应奉局，以王黼、梁师成主持应奉局工作，朱勔也跟着恢复了官职。

童贯刚刚因平方腊之功而晋升为太师，心有余悸地说：“东南百姓的饭锅子还没有稳当，朝廷怎么还要做这样的事呢？”

徽宗恼羞成怒，立即让童贯退休，那位起草诏书的董耘，竟因此而获罪。

徽宗食言自肥，变本加厉地运送花石纲，引起了正直人士的不满。太学生邓肃进诗讽谏，其中因有“但愿君王安万姓，圃中何日不东风”之句，被逐出太学。

词人邢俊臣生性滑稽，经常出入宫禁，善作《临江仙》词。他作了一首《临江仙》词，末尾两句必引用唐诗，以资调笑。徽宗设置花石纲，其中一块巨大的石称为神运石，用数十只大船连在一起，运往京师，安放在万岁山上。徽宗命邢俊臣以“高”字为韵，写一首《临江仙》助兴。邢俊臣稍加思索，一挥而就，最后一句为：

巍巍万丈与天高，物轻人意重，千里送鹅毛。

不久，江南又运来一株南朝时陈朝的桧树，树高五六丈，粗九尺余，树荫覆盖数百步。徽宗又要邢俊臣以“陈”字为韵，作《临江仙》助兴。邢俊臣又是一挥而就，最后两句说：

远来犹自忆梁陈，江南无好物，聊赠一枝春。

这两首词都含有讥讽之意，徽宗看后虽然有些不高兴，但没有怪罪邢俊臣。

王黼主持应奉局工作，比朱勔更为贪婪狠毒。除花石纲之外，还搜集其他贡品。命令全国各地州郡，凡当地出产的美味可口的食物，一律要进贡朝廷。于是异国之珍，绝域之宝，源源不断地运往京师。

王黼与梁师成朋比为奸，公然中饱私囊，多数珍宝运至京师后，并没有进入皇家园林，而是直接送往两人家中。王黼的住处台榭峥嵘，金碧辉煌，庭院中聚花石为山，当中有四条街道，房屋都是雕梁画栋。另一处御赐宅第，装潢更是与众不同。垒奇石为山，高十余丈，房屋装修雍容华贵。府第西面的一处景观，号称西村，村中小路用巧石铺成，曲折往返，徜徉其间，犹如迷宫一般。

由于徽宗喜好花石，导致举国上下追逐奇花异石蔚然成风，京城甚至连道观也用珍木异石，修建得富丽堂皇。朝中名公巨卿、戚畹贵族自然也不甘落后，争相修葺府邸，穷土木，饰台榭，华丽可与宫廷媲美。特别是盛产奇花异石的东南地区，人人砌假山，家家修园圃，以此附庸风雅，炫耀富贵。

浙江有一个叫卫子叔的人，在自家花园中修砌一座假山，占地二十余亩，假山上面修砌亭阁四十余座，引得万人歆羡。

侍郎俞子清家中的花园，修建的假山有大小山峰百余座，高者二三丈，低者仅数尺，错落有致，令人拍案叫绝。

可惜盛宴难久，好景不长。靖康元年（1126 年）金兵攻入汴梁城，钦宗下诏拆毁艮山作炮石，百姓争相持锤斧敲毁。又让百姓砍艮山树木，拆掉房屋当柴烧。珍禽异兽便都丢到汴河去了，驯养的鹿杀掉烹汤喝，残存的图书碑碣都丢到臭水沟里去了。昔日繁华喧嚣的艮山，几天之内便被夷为平地，持续了一个半世纪的北宋江山，到徽宗时代，也到了寿终正寝的时候。

第六章　醉生梦死在汴梁

任性的皇帝

青年时代的徽宗，还是想有一番作为的，希望通过整顿朝政，恢复父亲神宗时代实行的新法，使国家更强盛。但我们可以看出，他的所作所为，为后面的遭遇埋下了伏笔。

徽宗特别喜欢同文人交往，因为他本身就是一个文人。但他跟文人交往过度亲密，以至一些文人恃宠而骄。比如，宋朝有一个大书法家米芾，徽宗就非常喜欢他，跟他的关系非常好。宋朝历史上有书法四大家——苏、黄、米、蔡。苏是苏轼，黄是黄庭坚，米就是这位米芾，蔡实际上是徽宗朝的大奸臣蔡京，因为他的名声太臭，所以后人不提蔡京，而说是蔡襄。

米芾这个人，文人性情到了极致，甚至近似于疯疯癫癫，人称“米癫”“米疯子”。米芾看见一块怪石，非常喜欢，就会与怪石结为兄弟，认石为兄。有一次，徽宗召米芾进宫写字，米芾就在两丈长的卷上笔走龙蛇，一气呵成。徽宗看了非常欣赏，一高兴，竟然把殿中所有宝物都赏给了米芾。

如果徽宗只是一个王爷，或者只是一个普遍的土财主，同朋友意气相投，送他东西无可厚非。但他是一朝天子，一个文人写几个字就赏赐这么多宝物，大臣们该怎么想？那些出生入死、守土卫国的将士们又怎么想？中国古代的明君都知道，爵禄不能滥赏。徽宗倒好，一时兴起，竟然将价值无可估量的一殿宝物随意赏赐给米芾，那米芾当然就更爱给皇上写字了。

还有一次上朝的时候，徽宗让米芾在殿内写字。米芾手里拿着一个手札，徽宗让他坐在椅子上，结果米芾竟大模大样地往椅子上一坐，随口叫徽宗把唾壶（痰盂）拿过来。风纪官听了很生气，立即弹劾米芾，说不能这样跟皇上说话，没大没小，乱了君臣之礼。徽宗却笑着说，对这种俊逸之士，不可以常理待之，不必用礼法来约束。

从这里可以看出，徽宗本身就是一个不守礼法的人，米芾这样不受礼法约束，也就不能用礼法来约束别人了，因为法是一样的，不能针对不同的人用不同的法。

米芾写完字，徽宗赏给他九百两银子。米芾拿着银子，高兴得发疯，说知臣莫若君，皇上真是了解我，我就是疯，就是傻。九百两银子是什么意思呢？在当时，九百就是傻的意思，“二百五”一个。明清时期，五百两银子为一封，那么二百五就是半封，所以二百五就是“半封（疯）”，就是傻的意思。徽宗给米芾九百两白银，是故意跟米芾逗着玩的。徽宗作为天子，跟大臣这样逗乐，有失体统，就不合适了。

米芾时任博士，相当于中央美术学院院长的级别，成为文化人中的翘楚。一次，米芾进宫给徽宗写字，看中了一方名贵的御用砚台，皇家的东西，当然都是极品中的极品。写完字后，米芾竟然对徽宗说：“这方御砚已经被臣污染过了，陛下你以后不能再用了，把它赏给微臣吧！”徽宗也是文化人，也非常喜爱这方砚台，但他只是稍微犹豫了一下，还是答应了米芾的要求。米芾怕徽宗后悔，顾不上砚台上还有墨汁，抓起来就揣进怀里，弄了一身墨汁，疯疯癫癫地就跑了，连感谢的话都忘了说。

皇帝跟文化人交往无可厚非，但不能把私人友谊放在跟国事相当的地位，更不能滥行封赏。如果说道不同不相与谋，凡是志同道合之人便获重用，何谈朝政清明？文武百官也只会离心离德。

徽宗是一位艺术家，有一种文人的天性，做事任性而为，凭感觉走。这种文人当国，有时是非常可怕的。因为在处理国事时，很容易被情感所左右，感性的东西比较多，理性的思考就比较少。

徽宗在位初期还是比较勤政的，也想有一番作为，但是到了后来，把从祖宗那里继承的繁花似锦的大宋天下，弄得狼虎满街，烽烟四起，满目疮痍，百姓流离失所，身亡国灭，原因何在？一个很重要的原因，是他遇到一个艺术上的知音，这个人就是蔡京。在蔡京的引导下，短短一年多时间，徽宗便完成了从勤俭到奢侈的大蜕变，他不再是刚即位时的那个好青年了，成了一个奢靡成风、挥霍无度的昏君。出手阔绰，常常是一掷千金，毫不吝啬，国库有限的财政储蓄，在他漫不经心的赏赐中化为乌有。钱从哪里来，不在他的考虑范围，只享受花钱的快感。

徽宗在位二十五年，赐给近臣的府第遍布京畿，处处都是盛极一时的豪华建筑。除豪华府第外，土地也是赏赐物，只要他高兴，大笔一挥，大片良田便成了某人的私人田产。当然，最常见的还是赏赐金银财宝。

蔡京官至宰相，位极人臣，无官可升，便赏赐天子乘舆用的排方玉带；赐给牛鼻子老道林灵素的赏品是镀金的银牌、金牌；赐给宦官梁师成的则是宫廷收藏的价值连城的藕丝灯。

宣和殿是朝廷藏存瑰宝之处，从太祖赵匡胤建国后陆续搜集的珍宝，大多藏在宣和殿。徽宗以前的历代帝王，对这些珍宝极为重视，一向是秘不示人，更不用说拿来赏赐了。其中一颗北珠价值三百万缗，徽宗竟然随手拿来，赏赐给宠妃侍从。太宗时命能工巧匠打造了三十条金腰带，其中一条自用，一条赏给了大将曹彬，其余二十八条贮藏于库中，珍贵无比，从真宗到哲宗，谁都没有动用过。徽宗即位后，对此毫不珍惜，只要高兴，随便命人取出金带赏人，童贯、蔡攸等人，都得到了金带。

徽宗的任性，不仅是滥赏财物，更要命的是将官职也作为赏赐品。冗官冗员是北宋的一个重大问题。

宋初，节度使只是用来封赏功高勋重之人，人数甚少，一般人无缘享受此殊荣。徽宗时代，崇宁至宣和年间，仅节度使就有八十余人，节度使虽是虚衔，但俸禄比宰相还高。冗官冗员犹如过江之鲫，泛滥成灾，如留后、观察与遥郡刺史多达数千人，学士、待制多达一百五十人。从重和二年（1119年）七月至次年三月，仅半年时间内，升官论赏者便有五千余人，甚至有人步入仕途才两年时间，就升官十次。可笑的是，升官升职不是根据政绩能力，而是根据巧言令色，几近儿戏。

官职是治国之重器，是维护国家机器正常运转的基本保障，当统治者将官位作为赏赐物随意封赏时，这个政权离垮台也就不远了。

徽宗的任性挥霍，引起了正直大臣们的不满。淮南转运使张根大声疾呼：如今百废待兴，应当节约开支，当务之急是要削减建筑工程费用，陛下赏赐大臣，开口就是一座府第，动辄耗费百万缗之多。臣所管辖的二十个州，一年上交国库的税赋才三十万缗，尚不够建造一座府第之费。赏赐如此泛滥，已属不当。何况这些钱都出在百姓身上！即使像太祖时期的赵普，仁宗时期的韩琦，都有佐命定策之功，也没有得到如此厚赏。请陛下对此务必谨慎从事。其次如赏赐田园、邸店，虽然没有赏赐府第的数额大，但积少成多，数额也是相当惊人，陛下也应当日削月减。至于金帛玩好之物，也应节省使用。虽知尺绢寸帛、粒粟颗枣，皆来之不易。徽宗虽然没有怪罪张根，也没有采纳他的谏言。

醉生梦死在汴梁

南宋诗人林升写了一首著名的《题临安邸》——山外青山楼外楼：

山外青山楼外楼，
西湖歌舞几时休。
暖风熏得游人醉，
直把杭州作汴州。

诗词表达了作者对南宋统治者苟且偷生、整日陶醉于歌舞升平，醉生梦死生活的不满和遣责。

汴州即东京，也叫开封。唐朝安史之乱以后，中国经济重心南移，开封以其交通和经济优势成为北宋的首都。开封城打破了宋代之前城市的坊市制和夜禁制，延长了夜市时间，并且出现了各种各样的娱乐场所，新增了瓦子，呈现前所未有的繁荣局面。

徽宗即位之时，天下太平，政局基本稳定。北方的辽国自“澶渊之盟”后，与北宋化干戈为玉帛，铸刀剑为犁锄，不再桴鼓相攻，宋辽之间和平相处；女真人刚刚兴起于白山黑水之间，势力虽大，但暂时对北宋没有构成直接威胁；西夏虽然与北宋有些小摩擦，但却无碍大局。蔡京的儿子蔡絛在《铁围山丛谈》一书中说：

大观、政和年间，海宇宴清，四夷向慕中华文化，纷纷向宋朝表示友好；天气也氤氲异常，风调雨顺，家给人足，朝野之间零无事，天天讲究礼乐，庆祝祥瑞，可称太平盛世。

从宋人孟元老的《东京梦华录》里的“州桥夜市”一节，我们约略知道北宋鼎盛时期的汴京夜晚，市面之繁华，商铺之稠密，钱财之富裕，物品之丰足，恐怕连当下的开封也无法相比。

出朱雀门，直至龙津桥，自州桥南去，当街水饭、爊肉、干脯。王楼前獾儿、野狐、肉脯、鸡。梅花鹿家鹅鸭鸡兔、肚肺鳝鱼、包子、鸡皮、腰肾、鸡碎。每个不过十五文。

接下来，曹家从食至朱雀门，摆满了各种小吃，“直至龙津桥须脑子肉止，谓之杂嚼，直到三更”。而“东角楼街巷”一节里，从夜到明，从天亮到天黑，宋朝的首都简直就是一个不眠之城：

自宣德东去东角楼……直至旧酸枣门，最是铺席要闹。……南通一巷，谓之“界身”，并是金银彩帛交易之所，屋宇雄壮，门面广阔，望之森然，每一交易，动即千万，骇人闻见。以东街北曰潘楼酒店，其下每日自五更市合，买卖衣物书画珍玩犀玉。至平明，羊头、肚肺、赤白腰子、奶房、肚舷、鹑兔、鸠鸽、野味、螃蟹、蛤蜊之类讫，方有诸手作人上市买卖零碎作料。饭后饮食上市，如酥蜜食、枣䭔、澂砂团子、香糖果子、密煎雕花之类。向晚卖河娄头面、冠梳领抹、珍玩动使之类。东去则徐家瓠羹店，街南桑家瓦子，近北则中瓦，次里瓦。其中大小勾栏五十余座。内中瓦子莲花棚、牡丹棚；里瓦子夜叉棚、象棚最大，可容数千人。自丁先现、王团子、张七圣辈，后来可有人于此作场。瓦中多有货药、卖卦、喝故衣、探搏、饮食、剃剪纸画、令曲之类，终日居此，不觉抵暮。

在“会仙酒楼”一节中，汴京人的阔绰、挥霍，也令人惊叹咋舌：

大抵都人风俗奢侈，度量稍宽，凡酒店中不问何人，止两人对坐饮酒，亦须用注碗一副，盘盏两副，果菜碟各五片，水菜碗三五只，即银近百两矣。虽一人独饮，碗遂亦用银盂之类。

蔡絛在《铁围山丛谈》里，也专门谈到了马行街：

天下苦蚊蚋，都城独马行街无之。马行街，都城之夜市，酒楼极繁盛处也。蚊蚋恶油，马行街人物嘈杂，灯火照天，每至四鼓罢，故永绝蚊蚋。上元五夜，马行南北数十里，夹道药肆多国医巨富，声伎非常，烧灯尤壮观。故诗人多道马行街灯火。

马行街之富，只是汴京一角，由此可见，汴京尽管小于唐朝的都城长安和洛阳，但其发达富足的程度远胜前朝，而在社会公平方面亦是如此：进学之不计贫富、科举之不问家世、土地之不抑兼并、用人之不限士庶、经商之不受限制、贸易之不禁海运、消费之不约奢华、文化之不计雅俗。因此，在相对和平的时期里，宋朝居民的自由程度、幸福指数，绝非前朝所能企及。

孟元老著《东京梦华录》时，时已南宋，对于他曾经生活了二十多年的汴京盛况，既是难以磨灭的记忆，也是割舍不去的隐痛。在他笔下，一切无不美轮美奂，无不弥足珍贵，他对当年的汴京，倾注若怀旧之情。

太平日久，人物繁阜。垂髫之童，但习歌舞。斑白之老，不识干戈。时节相次，各有观赏，灯宵月夕，雪际花时，乞巧登高，教池游苑。举目则青楼画阁，绣户朱帘，雕车竞驻于天街，宝马争驰于御路。金翠耀目，罗绮飘香。新声巧笑于柳陌花衢，按管调弦于茶坊酒肆。八方争凑，万国咸通，集四海之珍奇，皆归市易；会寰区之异味，悉在庖厨。花光满路，何限春游；箫鼓喧空，几家夜宴？伎巧则惊人耳目，侈奢则长人精神。

好一派太平景象，四海升平，天下无事。徽宗少年登位，无治国经验，身边又聚集了一群奸佞宵小，很快便从一个年表有为的帝王沉沦为昏庸之君。蔡京之子蔡攸曾劝徽宗说："所谓人生，当以四海为家，太平为娱，岁月能几何？岂或徒自劳苦？"这与李斯、赵高之流劝说秦二世享乐，简直如出一辙。

在一次宴会上，徽宗对梁师成说："先王为天下欢乐，也为天下担忧，如今西北少数民族臣服，天下无事，朕才有机会游玩啊！"

"臣闻圣人先天下之忧而忧，后天下之乐而乐！"梁师成套用北宋名臣范仲淹的名言，意思是说，徽宗以前的皇帝已为天下人分过忧，轮到徽宗当皇帝，该是为天下人共享安乐了。

徽宗转问蔡京："师成刚才说的话，你认为如何？"

蔡京自然是附声附和，从此，徽宗将国事置之脑后，肆意纵情享乐。

徽宗自幼过着雍容华贵、锦衣玉食的生活，竟然有了厌烦之感，很想体验一下小桥流水、茅屋草庐的田园生活。于是下诏仿效江浙风俗建造苑囿，房屋是白色的，不饰彩绘，如同村居野店，房屋四周是菜园、猪圈、水塘，菜园子里种菜，猪圈子里养猪，水塘里养鱼，山坡养鸡，好一派田园景象。夜深人静之时，鸡鸣蛙叫，鸟语花香，使人恍惚置生于山林坡泽之间，心旷神怡。

徽宗仍然不满足，每逢花朝月夜，良辰美景之时，便带上童贯、蔡京、高俅、杨戬一帮奸佞游逛皇城，寻欢作乐。徽宗觉得还不够刺激，居然在宫掖内设立市肆，令宫女当垆卖酒。玩到高兴时，徽宗甚至装扮成乞丐，穿一身破烂衣服，拄一根木棍，手端一只破碗，行乞于宫苑市肆之中，全无君臣体统。

徽宗甚至还与蔡攸在宫中戏班子里扮演角色，君臣二人粉墨登场。蔡攸在戏中戏谑说："陛下好个神宗皇帝！"

徽宗一边用手杖轻轻击打蔡攸，一边说："你也好个司马宰相。"

堂堂天子，竟然扮演优伶，哪还有心思治理朝政？徽宗是文化人，熟知史书，一定会知道五代时期的后唐皇帝李存勖，此人是一个超级票友，不理朝政，自为优伶，后来被臣下所杀，血淋淋的历史教训，一点也不顾虑吗？

徽宗的寝宫配置也相当豪华气派。宣和年间，苏东坡的儿子苏叔党被召进宫中作画，入宫后，不敢仰视，从未见过如此高大宽敞的房子。当时正是六月，宫外酷暑难当，宫内却积冰如山，冰山上散出的冷气，透出阵阵寒意。宫中所用的蜡烛，都是人间绝品。政和、宣和年间，宫中过去使用的都是河阳蜡烛，虽然明亮，但香味不浓，于是改用龙涎沉脑屑灌进蜡内，点燃两行，阵列数百支，不但光辉明亮，而且香味扑鼻。

徽宗奢靡无度，又想长生不老，寿齐天地。政和年间，他效仿秦始皇命徐福寻长生不老药的故事，在民间觅得一位异人，为他炼制长生不老丹。丹药炼成之后，恐怕出现意外，便召来一位官职卑微的人试服。那人不敢不从，谁知那人"才下咽，觉胸间烦躁之甚，俄顷，烟从口中出，急扶归，已不救"。好好的一个人，咽下异人炼制的不老丹，便一命呜呼了。面对死亡，徽宗害怕了，再也不提炼长生不老药的事了。

有一个叫李传的人，宣和年间任大府卿。有一次，李传上殿奏事，徽宗见他面色红润，气色非常好，于是问道："卿年事已高，面色光润，不显老相，满朝文武都说你有内丹之术，是否属实，可如实奏来。”

李传回答说：“陛下圣德深远，睿知日新，臣虽不学，敢以诚对。臣的养生秘诀，一言以蔽之，就是一个字：咽！”

徽宗不解地问：“怎么解释？”

李传说：“一咽二咽，云蒸雨至；三咽四咽，内景充实；七咽九咽，心火不降，肾水上升。水火既济则内丹成，可以去疾，可以保生，可以延年，可以超升。”看来此人比较实在，只是让徽宗修炼吞咽唾沫之法，没有让徽宗挥霍钱财。也许是进谏时言语委婉，方式得当，得到徽宗的嘉许。

说到北宋东京的繁华，元宵节是一个绕不过的话题。元宵放灯的习俗兴于唐而盛于宋。唐代元宵放灯时间为三天（从正月十四到正月十六），赵宋立国后，宋太祖赵匡胤下诏：“上元张灯旧止三夜。今朝廷无事，区宇乂安，方当年谷之丰登，宜纵士民之行乐。其令开封府更放十七、十八两夜灯。”后遂为例，将元宵放灯时间延长至五天。

元宵放花灯的节日气氛，从腊月初一就开始酝酿。才过冬至，开封府便在汴京宣德门前的御街上，用竹木搭好了用于放灯的棚楼，饰以鲜花、彩旗、锦帛，挂着布画，“皆画神仙故事，或坊市卖药卖卦之人”，这种棚楼叫作“山棚”，大内门前的灯山叫鳌山。

端门两旁扎有彩山，大观年间，宋乔任开封府尹时，在彩山中间竖一木牌，上写“大观与民，同乐万寿”八字，从此成为常例。

大观初年（1107 年）元夕观灯时，朝廷接到收复湟、鄯二州的捷报，徽宗兴奋异常，当即赋诗赏赐群臣，诗中有“午夜笙歌连海峤，春风灯火过湟中”之句，喜悦之情溢于言表。

宣和年间，元宵节发展成为了规模盛大的世俗狂欢节。从年前开始，汴京御街两廊每天都有各色艺人表演各种娱乐节目：魔术、杂技、说唱、歌舞、杂剧、蹴鞠、猴戏、猜灯谜，“奇巧百端，日新耳目”。而随着元宵节临近，人们又在御街山棚的左右，摆出两座用五彩结成的文殊菩萨与普贤菩萨塑像，身跨狮子、白象，从菩萨的手指，喷出五道水流——可以说是古代的人工喷泉了。

从山棚到皇城宣德门，有一个大广场，官府在广场上用棘刺围成一个大圈，长百余丈，叫作“棘盆”。棘盆内搭建了乐棚，教坊的艺人就在这里演奏音乐、百戏。游人站在棘盆外面观赏。

放灯之期，山棚万灯齐亮，“金碧相射，锦绣交辉”。上面站着身姿曼妙的歌妓美女，衣裙飘飘，迎风招展，宛若神仙。山棚还设置有人工瀑布——用辘轳将水绞上山棚顶端，装在一个巨大的木柜中，然后定时将木柜的出水口打开，让水流冲下，形成壮观的瀑布，灯光映照之下，非常好看。

宣德门楼的两个朵楼，“各挂灯球一枚，约方圆丈余，内燃椽烛”。“诸坊巷、马行、诸香药铺席、茶坊酒肆，灯烛各出新奇”，“有灯球、灯槊、绢灯笼、日月灯、诗牌绢灯、镜灯、字灯、马骑灯、凤灯、水灯、琉璃灯、影灯”，灯品之多，让人目不暇接。

宣德楼上设御座，专供徽宗看灯，用黄罗设一彩棚，由天子近侍御龙直执黄盖，排列在帘外，帘内作乐，宫嫔嬉戏，声传于外。楼下是檀木搭成露台，栏槛结彩，两排禁卫军并排而站，手执骨朵子，面对乐棚。乐棚里各种艺人轮番上演，百姓在露台下观看，乐人不时引观众山呼万岁。

宣德楼前有两朵楼相对，左边是徽宗的儿子郓王赵楷彩幕，右边是蔡京及执政、戚里彩幕。徽宗不时给两朵彩楼赐金凤凰，有时甚至用金子制成形状如橘子的弹丸，用弹弓射向右边蔡京所在的朵楼，一次竟达数百颗之多。徽宗每次观灯，都是华灯初上时便来到宣德楼，直到三更时分，身体困倦时才回宫。

京城的名门望族、宗藩戚里，也都在此时宴请往来，车水马龙，川流不息，每到漏尽才回家。

有人形容了当时的盛况：

太平无事，
四边宁静狼烟眇。
国泰民安，

谩说尧舜禹汤好。
万民翘望彩都门，
龙灯凤烛相照。
只听得教坊杂剧欢笑。
美人巧。
宝箓宫前，
咒水书符断妖。
更梦近、竹林深处胜蓬岛。
笙歌闹。
奈吾皇，
不待元宵景色来到。
只恐后月，
阴晴未保。

北宋词人晁冲之有《传言玉女》《上林春慢》两首词描述了上元节灯火的盛况。《传言玉女》：

一夜东风，
吹散柳梢残雪。
御楼烟暖，
正鳌山对结。
箫鼓向晚，
凤辇初归宫阙。
千门灯火，
九街风月。
绣阁人人，
乍嬉游、困又歇。

笑匀妆面，
把朱帘半揭。
娇波向人，
手捻玉梅低说。
相逢常是，
上元时节。

《上林春慢》：

帽落宫花，
衣惹御香，
凤辇晚来初过。
鹤降诏飞，
龙擎烛戏，
端门万枝灯火。
满城车马，
对明月、有谁闲坐。
任狂游，
更许傍禁街，
不扃金锁。
玉楼人、暗中掷果。
珍帘下、笑着春衫袅娜。
素蛾绕钗，
轻蝉扑鬓，
垂垂柳丝梅朵。
夜阑饮散，
但赢得、翠翘双亸。

醉归来，
又重向、晓窗梳裹。

宣和六年（1124年），宋、金两国战争的硝烟尚未散尽，协约还没有正式签订，徽宗迫不及待开始狂欢了。十二月初一刚过，他就开始预赏元宵。

这一年的鳌山扎得格外华丽，中间两条鳌柱高二十四丈，各扎一条缠绕的金龙，每个龙口里点一盏巨灯，叫“双龙衔照”，中间悬一个巨牌，长三丈六尺，阔二丈四尺，上面嵌着“宣和彩山、与民同乐”八个大金字，这是徽宗的御书。

彩山华丽无比，彩岭直接禁阙春台，仰捧端门。预赏期间，各种表演不断，梨园奏起和悦之音，乐府进献婆娑之舞，有声有色。

徽宗诏令今年的鳌山对外开放，任何人都可以进来游玩观赏。百姓们并不知道朝廷收回燕云十六州的真相，还以为真的在北边打了一个大胜仗。听说今年的鳌山对外开放，纷纷涌到鳌山脚下游观。

徽宗携皇后嫔妃及文武百官，同至五门看灯。徽宗见到人山人海的场景，以为这是天下太平的象征，一高兴，便命人在宣德门上向游人撒钱，看游人抢钱的情景。有一个叫袁陶的人填了一首《撒金钱》的词，赞撒钱这一盛事：

频瞻礼，
喜升平，
又逢元宵佳致。
鳌山高耸翠，
对端门珠玑交制，
似嫦娥降仙宫，
乍临凡世。
恩露匀施，
凭御栏圣颜垂视。
撒金钱，

乱抛坠，
万姓推抢没理会。
告官里，
这失仪且与免罪。

徽宗站在楼上，看到人群你争我夺，哄抢地上的铜钱，高兴得手舞足蹈。李邦彦献媚地说：“太平无事，国泰民安，似这等放灯撒钱，恐怕尧、舜、禹、汤的时候，也不及今日的陛下。”

徽宗笑道：“朕怎敢比尧、舜、禹、汤呢？不过趁此升平之日，与民同乐一回罢了。”

“父皇！”太子赵桓皱着眉头说：“尧、舜、禹、汤，崇尚节俭，哪有撒钱之举？君主与民同乐，靠的是治理好国家，并不是靠撒钱取悦于民。李邦彦以撒钱这种无聊的事情将父皇比为尧、舜、禹、汤，实在是居心不良。请父皇治李邦彦阿谀奉承之罪！”

赵桓的建议，遭到了徽宗的呵斥。

王黼等人见皇上呵斥太子，齐声赞颂徽宗是万世圣主。

徽宗虽然没有什么本事，但却好大喜功，听到这些拍马屁的话，似乎觉得自己真的是万世圣君了。心里一高兴，当场宣布在内门直赐御酒，到场的百姓，每人都可以喝一杯御酒。

这可是一个带有轰动性的消息，酒是御酒，杯子是金杯，看灯的百姓，不论富贵贫贱，老少尊卑，或男或女，都到端门下领饮一杯御酒。人丛中，有一个美妇人饮了御酒，把金杯藏在怀里，被人发现捉住了，带到端门下奏与徽宗知道。徽宗见这个妇人长得很漂亮，不相信她会做小偷，于是问道：“朕赐御酒，怎么把金杯也偷了去？”

妇人灵机一动，立即吟了一首《鹧鸪天》词，算是回答：

月满蓬壶灿烂灯，

与郎携手至端门。
贪观鹤舞仙歌举，
不觉鸳鸯失却群。
天渐晓，
感皇恩，
传赐酒，
脸生春。
归家只恐公婆责，
也赐金杯作照凭。

原来，妇人同夫婿同到鳌山脚下看灯，两人走失了，蒙皇帝赐酒，不敢不饮，饮酒后面带红晕，担心回家后公婆责怪，想借皇帝的金杯，回家给公婆看，不想就背了个窃贼的罪名。

徽宗微笑着说："既然这样，朕就将这个金杯赐给你。"

杨戬认为这是妇人设局骗取金杯。建议让她现场再作一首，作得好，就赐给她金杯，作不出来，就治好偷窃欺骗之罪。

徽宗准奏，于是让妇人以金盏为题，《念奴娇》为调，再作一首词。

妇人领旨，随即口占一词：

桂魄澄辉，
禁城内万盏花灯罗列。
无限佳人穿绣径，
几多妖艳奇绝。
凤烛交光，
银灯相射，
奏萧韶初歇。
鸣稍响处，

万民瞻仰宫阑。
妾自闺门给假，
与夫携手共赏元宵，
误到玉皇金殿砌，
赐酒金杯满设。
量窄从来红凝粉面，
尊见无凭说。
假王金盏，
免公婆责罚臣妾。

徽宗听罢，哈哈大笑，夸赞妇人好文才。除将金杯赏给妇人外，还赏了妇人两朵宫花，妇人领赏后，欢天喜地地去了。

宋代诗人无名氏，描绘上元节的词别具一格，其中两首为：

宣德楼前雪未融。贺正人见彩山红。九衢照影纷纷月，万井吹香细细风。复道远，暗相通。平阳主第五王宫。凤箫声里春寒浅，不到珠帘第二重。

忆得当年全盛时。人情物态自熙熙。家家帘幕人归晚，处处楼台月上迟。花市里，使人迷。州东无暇看州西。都人只到收灯夜，已向樽前约上池。

北宋历代皇帝都雅好上元节赏灯，但没有谁的奢侈超过徽宗。

徽宗生活如此奢华，国家正常的赋税收入，自然不能满足他的需要，于是便设置特定机构，对百姓巧取豪夺，如应奉局、御前生活所、营缮所、苏杭造作局、御前人船所、行幸局等。这些机构建制庞大，人员众多，贪官污吏上下其手，朋比为奸，对百姓敲骨吸髓，肆意盘剥，进一步导致开支剧增。

左藏库主管各地财赋收入，然后支付全国各级政府机构、军队官兵的费用开支，长期以来，这些费用每月都稳定在三十六万缗左右的水平上。到了徽宗时期，每月支出高达一百二十万缗。虞策曾在户部任职，后来调任吏部尚书，他上疏徽宗，请求撙节费用开支。奏疏中说他在户部任职时，中都（开封）每年经费开支为六百万缗，与天下上供之数约略相当。全国每年上交中央政府的财政收入，仅够京城一地开销。国家财政管理混乱，国库收入本来分为御前财物、朝廷钱物、户部钱物几个部分，但这些钱如今大部分都变成了禁中私财。入不敷出，国家财政捉襟见肘，统治者便挖空心思，千方百计地从老百姓身上搜刮，除了严禁铁器自由买卖、严格实行酒专卖、铸造当十钱外，又别出心裁地在京城附近州县增设铁栅强行收税，这无异于明火执仗。其他无名之税，更是多如牛毛，致使天下百姓叫苦不迭，怨声载道。

宣和年间，尚书左丞宇文粹中给朝廷上疏，在奏疏中说，由于赋税岁入有限，而支出浩大，使得百姓离乡背井，流离失所，四处迁徙，"陕西上等人家多弃产而迁居京师，河南富人则多弃产业而徙居川蜀。河北衣被天下，素以富饶著称，如今蚕织皆废；山东频遭大水，耕稼失时。其他各路只顾榨取，不加抚恤，谷麦尚未登场，已去筹划卖粮还债，即使本年赋税已经缴纳，还有他年赋税未清。""任是深山更深处，也应无计避征徭。"这是一幅多么可怕的血泪斑斑的灾民流离图啊！

徽宗君臣就是这样把自己的奢靡腐化的欢乐，建立在百姓的痛苦之上。

造假运

徽宗过着醉生梦死的生活，却还有一颗极强的虚荣心，自认为自己是圣明之君，只要有人颂扬他圣明，便笑逐颜开。既然是圣明之君，便应有祥瑞之气降临。一帮佞臣揣透了徽宗的心思，挖空心思讨徽宗喜欢，天上没有降临祥瑞，那就制造祥瑞。于是胡说蟾蜍（癞蛤蟆）如能活够万年，背上就会长出芝草。芝草是祥瑞之物，只要此物出世，便象征天下太平。这本是无稽之谈，徽宗却深信不疑。

上有所好，下必甚焉，于是天下争进芝草。政和年间，全国各地每年向朝廷进献芝草二三万株。密州（山东诸城）山间盛产芝草，有一株硕大无朋，长有几十片叶子，而且叶片五彩缤纷，各种颜色都有。密州郡守李文仲采集许多芝草，用纲船运送到京师。徽宗见到那株硕大无朋的芝草，龙颜大悦，提升李文仲为本路转运使。转运使是一路长官，掌管一路财赋，监察各州官吏。官吏如有违法或有关民生疾苦之事，转运使有权直接上报朝廷，比当州官威风多了。李文仲没有什么政绩，只靠歪门邪道便升了官，让许多人羡慕不已。

既然进祥瑞能升官发财，便有人挖空心思走捷径，为达到目的，有些人甚至不择手段。宣和年间，有一个名叫郑良的人，本是一位茶商，交结宦官而进入仕途，官至广南转运使，他的辖区内有一富户，家里藏有一个玛瑙盆，只要盛满水，便见两条金鱼在水中跳跃。郑良知道这件事后，打算出重金收购，那家富户执意不卖。后来，玛瑙盆被一个叫曾讷的人高价买走。郑良派人找到曾讷，曾讷谎称已献给朝廷。郑良恼羞成怒，上书诬陷曾讷私藏宝货，并说曾讷穿衣、乘轿都依照天子，其罪可诛。

徽宗闻奏，不假思索，便命郑良追查些事。郑良接旨后，立即派兵包围曾讷的家，拘捕了曾讷的一家老小，在他家里翻箱倒柜地搜查，没有发现玛瑙盆。曾讷的弟弟曾谊正醉卧家中，不知郑良是奉旨搜查，以为是强盗打劫，提剑而出，双方引起争执。郑良以曾谊抗命杀人上奏，徽宗下诏曾谊赐死，曾讷发配沙门岛。后来在靖康年间，曾讷遇大赦，才得以回家。郑良也因曾讷击鼓鸣冤而遭到追究，最终毙命狱中。为了一个玛瑙盆，郑良害得数人身首异处，最终将自己的命赔了进去。

校书郎王寀，由于官职低微，俸禄也少，生活过得很清苦，当他看到不少人因进祥瑞而升官发财，不禁怦然心动，冥思苦想，终于想出了一条迅速升官的“捷径”。于是上奏徽宗，谎称天神降临其家，这是天降祥瑞。徽宗听说天神降临王寀家，欲亲自前往，一睹天神之风采。有人心存怀疑，建议应先派人前往观察虚实，属实后再御驾亲临也不迟。徽宗随之派宦官前往王寀家探看虚实，并没有发现任何天神降临的迹象。徽宗大怒，以欺君罔上之罪，将王寀赐死。王寀本以为天神来去无踪，即使谎报，也露不出什么破绽，不料弄巧成拙，不但升官之梦破灭不说，还搭上自己一条性命，真是应了“机关算尽太聪明，反误了卿卿性命”这句话。

崇宁元年（1102 年），蔡京入相的次年便修大内、建景灵宫、元符殿。他向徽宗进言，说国库充裕，积蓄达五千万缗，有能力营造宫殿及其他工程，不必过分节俭。徽宗受蔡京的蛊惑，于崇宁三年采纳方士魏汉津之说铸造九鼎。

九鼎是古代象征国家政权的传国之宝，相传大禹曾铸九鼎，代表天下九州，其后，成汤迁九鼎于商邑，周武王又迁九鼎于洛邑。战国时，秦、楚两国都曾到周朝求九鼎，唐代武则天也曾铸九鼎。

宋朝北边有契丹建立的辽，西北有党项建立的西夏，再往西有回纥诸部，西藏还有吐蕃诸部等，并没有完成中国的统一，其疆域在汉民族建立的中央王朝中是最小的。蔡京唆使徽宗铸九鼎，以象征九州统一，完全是求媚徽宗。

徽宗也是一个好大喜功的人，不但铸造九鼎，而且还在太一宫之南建造九座宫殿，专门用来供奉九鼎，取名九成宫。九殿按东、南、西、北四面，东南、东北、西南、西北八方设置，中设一殿坐镇中央。

中央一鼎为黄色，取名为帝鼐；

东、南、西、北各鼎颜色分别为：碧、紫、赤、黑，鼎名分别为：牡鼎、彤鼎、晶鼎、宝鼎；

东北、东南、西北、西南各鼎颜色分别为：青、绿、白、黑，鼎名分别为：苍鼎、罔鼎、魁鼎、阜鼎。

九成宫建成、九鼎落位之时，蔡京亲自为定鼎礼仪使，引导徽宗给九鼎献辞献酒。当祭到北方宝鼎时，一件意外的事情发生了，宝鼎突然爆裂，里面装的酒也喷了出来，所有的人都惊呆了，按中国人的说法，不吉利。

徽宗铁青着脸愣在当场，蔡京脑子转得快，翻身跪下说，北方的鼎爆裂，表示北方的辽国要出现内乱，我们可以乘机灭掉辽国。

本来是一件很不愉快的事情，竟然被蔡京说成与大宋无关，而且还预示着宋朝可以乘机灭掉辽国。蔡京拍马屁的功夫，已经到了登峰造极的地步。

徽宗好大喜功，一帮佞臣不断地制造新闻造假运，无非是想说明徽宗是一位不同凡响的明主罢了。

神秘的嫖客

徽宗除了大兴土木，贪图享乐之外，还在一个更大的奢好，就是好色，宫中得宠的除郑皇后外，还有王贵妃、乔贵妃、刘贵妃，此外还有韦妃等人。

在这些正式夫人中，刘贵妃最受宠，徽宗一刻也离不开她，可惜刘贵妃好命不长，在政和三年（1113 年）七月间得了一种怪病。徽宗虽贵为天子，却觅不到返魂草、续命丹，眼睁睁地看着自己心爱的女人撒手西去。伤感之余，他仿照温成皇后的故事，追册刘贵妃为明达皇后，并给她举行隆重的葬礼。

刘贵妃死后，徽宗非常悲伤，整天闷闷不乐，抑郁寡欢，为了使徽宗尽快从悲痛中解脱出来，杨戬又向徽宗推荐了另外一个姓刘的女人。

这个姓刘的女人本是个酒家女，生得桃花脸，桂叶眉，杨柳腰，樱桃口，娇艳动人。尤其是两只玉葱似的纤手，一双秋水似的媚眼，更使人喜爱。由于她天生丽质，便不愿嫁与俗人为妻，发誓要嫁到公子王孙家，她的父母也想借女儿改换门楣。因此，巨商大贾前来求亲，一概被他们拒绝，后来觅得一个机会，将女儿送进崇恩宫，给元符刘太后当侍女。元符皇太后于政和三年二月因在宫中传出暧昧之情，徽宗欲废除她皇太后的身份，诏命还没有下达，元符皇太后在宫里悬梁自尽了。刘太后自尽后，崇恩宫的宫女都被遣放回家，这个姓刘的侍女不愿离去，杨戬见她长得特别出众，便让她寄居在宦官何欣的家里。

杨戬见徽宗郁郁寡欢，说道："陛下想念刘娘娘，但人死不能复生，如今有一位姓刘的女子，聪明、美丽、机巧、伶俐，臣敢说是刘娘娘第二，陛下可愿一见？"

徽宗不相信天底下还有比他的刘爱妃更漂亮的女人，等到杨戬把刘氏领来之后，徽宗的眼睛都直了，眨也不眨地盯着眼前的小美人，真是"酒不醉人人自醉，色不迷人人自迷"。杨戬一看徽宗的神态，知道有戏，手一挥，带着宫女和太监退到殿外。

次日，刘氏便被封为才人，一年之后，被封为贵妃，为了与病逝的刘贵妃相区别，历史上称死去了刘贵妃为大刘贵妃，后来的这位刘贵妃为小刘贵妃。

小刘贵妃是个天生尤物，聪明伶俐，善解人意，把徽宗侍候得服服帖帖。从此，六宫嫔妃尽少宠，三千粉黛无颜色，唯小刘妃一人承欢侍宴，朝暮风流缱绻，夜夜倒凤颠鸾，说不尽的男欢女爱，道不尽的儿女情长。

光阴似箭，日月如梭，小刘贵妃一连生了三个儿子，绿叶成荫子满枝，免不得丰韵不及当年，加之在宫里玩腻了，徽宗的忧郁之色溢于言表。蔡京见了，劝他说，人主既然以四海为家，便当以太平为娱。岁月苦短，陛下又何必自寻烦扰呢？能乐，就乐去吧！

徽宗听了蔡京之言，有了出游之念，并向高俅、蔡攸表达了这个想法。叫他们想办法出宫游玩。

“这个不难，只是……”高俅欲言又止，故意卖了个关子。

徽宗迫不及待地问：“只是什么？”

“陛下想快乐，要暂时放下尊贵的架子。”高俅说。

“为什么？”

“臣以为，尊贵是一回事，快乐又是一回事，尊贵的人，未必是快乐的人。”高俅看了徽宗一眼说：“陛下是天下最尊贵之人，但并不一定是最快乐的人。”

徽宗问道：“外面的世界更快乐吗？”

“当然。”高俅说，“京城有个最令人销魂的地方。”

“什么地方？”徽宗好奇地问。

“金环巷。”

“金环巷？”徽宗睁大眼睛问，“有什么特别之处？”

“那里有个名妓叫李师师，不仅貌赛西施，而且还能歌善舞，琴棋书画样样精通。”高俅吞了口唾沫说，“一句话，色艺双绝，妙不可言。”

徽宗的眼睛瞪大了，眼中露出一股贪婪的淫光。

“不过……”高俅故意卖了个关子。

“不过什么？”徽宗紧张地问。

高俅欲擒故纵地说："陛下不但不能一亲芳泽，恐怕连一睹芳容都很难。"

"为什么？"徽宗的兴趣果然来了。

"陛下平时出宫，要摆銮舆，要清道，行走时要鸣锣开道，这是极尊贵的了，可是一举一动，不得自由，处处受着尊贵的拘束，处处总得不到快乐。"

"嗯！"徽宗有些无奈地叹了口气。

"是呀！"蔡攸插嘴道，"总不能在众目睽睽之下去见那绝世佳人吧？"

"朕也很无奈呀！"徽宗说，"你们就替朕想个办法嘛！"

"办法不是没有。"高俅看了徽宗一眼说，"只怕陛下不敢。"

"说呀！朕有什么不敢的？"

"微服出宫！"蔡攸脱口而出。

"微服出宫？"徽宗惊问。

"对，微服出宫。"高俅附和地说，"陛下装扮成秀才儒生，臣等扮作仆从，悄悄地出宫，这样就自由了，陛下想怎么快乐，就怎么快乐，只是不那么尊贵了。"

"只要能找到快乐，暂时抛下尊贵的架子又有何妨？"徽宗不以为然地说。

金环巷有座四合院，建筑虽无特别之处，由于住着一个特别的人，名声却是响遍京城，这个人就是色艺双绝的名妓李师师。

李师师的父亲李寅是个开染房的，三岁的时候，父亲把她寄养的佛寺里，因为当时称佛门弟子为师，所以得名师师。李师师还在童年的时候，她的父亲获罪入狱，死在狱中，她成了孤儿，流露街头。有个以经营妓院为业的女人叫李蕴，她见李师师是个美人坯子，觉得是一个投资的好对象，收养了她，并聘人教她诗词歌赋、琴棋书画。李师师聪明伶俐，无论什么东西，一教就会，几年下来，李师师出落得如花似玉，更兼诗词歌赋、琴棋书画，样样精通。破瓜接客之后，很快便艳名远播，成为京城头牌名妓，京城的文人雅士、公子王孙，都以一睹芳容为荣，更不用说一亲芳泽了。宋代词人秦观（1049 ~ 1100 年）曾为李师师写过一首《一丛花》词：

年时今夜见师师，双颊酒红滋。疏帘半卷微灯外，露华上、烟袅凉飔。簪髻乱抛，偎人不起，弹泪唱新词。

佳期谁料久参差。愁绪暗萦丝。想应妙舞清歌罢，又还对、秋色嗟咨。惟有画楼，当时明月，两处照相思。

这首词的写作时间不详，从词的内容上看，秦观是在一个华灯初上的夜晚，听师师唱歌，当时师师似乎心情不好，演唱时衣冠不整，簪髻乱抛，眼含泪水。秦观推测，师师是因为佳期受阻而心绪不宁，因此才“弹泪唱新词”“愁绪暗萦丝”，遥望一轮明月，思念他乡的情人。这分明是一个怀春的少女！

北宋末年的诗人晁冲之曾于政和年间来到京师，当时京师最有名的歌妓是李师师、崔念月两人。晁冲之与朋友宴饮，还重金邀请李师师出席侑酒，师师那声透碧霄、音贯九重的歌喉，亸袖曳裾、行云流水的舞蹈，给人留下了深刻的印象。十余年之后，晁冲之再来京师，李师师、崔念月依旧不减当年，而李师师更是尽人皆知。他曾作了两首诗：

其一

少年使酒走京华，纵步曾游小小家。
看舞霓裳羽衣曲，听歌玉树后庭花。
门侵杨柳垂珠箔，窗对樱桃卷碧纱。
坐客半惊随逝水，主人星散落天涯。

其二

春风踏月过章华，青鸟双邀阿母家。
系马柳低当户叶，迎人桃出隔墙花。
鬓深钗暖云侵脸，臂薄衫寒玉映纱。

莫作一生惆怅事，邻州不在海西涯。

第一首诗写晁冲之少年游京华时，曾去过李师师（即诗中的小小）的家，她家的环境宜人，门前杨树婆娑，窗前樱桃掩映，看她跳舞，听她唱歌，实在是人生一大快事。但十年之后再来京师，旧地重游，山河依旧，风景不殊，而当年唱歌的人已四散天涯，不易寻觅了。第二首诗写李师师人面桃花，相映成趣，环佩叮当，臂穿轻纱，香风翩翩，天姿国色，宛若神女。

徽宗在高俅、蔡攸的怂恿下，换了一身便装，在日薄西山的时候，三个人悄悄地从新延福宫的侧门溜出宫。蔡京在前面带路，高俅在后面跟随，一路穿过几条街，看到的是一些商店、茶楼、酒家、食馆，转悠了半天，徽宗似乎觉得有些乏味。蔡攸早将这些看在眼里，向高俅看了一眼，高俅点点头，蔡攸换了一副笑脸说："陛下，我们这就到金环巷去？"

"称呼得改一下吧！"高俅说，"从现在起，陛下就叫赵乙，行吗？"

"有什么不行的？"徽宗似乎有些迫不及待，一挥手道，"走吧！"

徽宗正欲起步的时候，突听蔡攸惊叫道："你们看，那是谁？"

徽宗与高俅抬头一望，只见对街一个儒雅秀士，摇摇摆摆地走过来，徽宗笑道："王黼倒会作乐，打扮得如此潇洒！"

蔡攸正欲打招呼，被徽宗制止了，他想看看，王黼到底要干什么。

王黼是开封人氏，崇宁年间的进士，他外结宰辅何执中、蔡京，内交权阉童贯、梁师成，官至翰林学士承旨，与蔡攸同在宫中当差。此人能言善辩，极善阿谀奉承，溜须拍马的功夫很到家，深得徽宗欢心，圣宠不亚于蔡攸。因他生得眉清目秀，一表人才，人送外号小潘安。王黼除极善钻营之外，还有一大嗜好，就是好色，闲暇之余，是烟花柳巷的常客，东京的妓女，很少有不知道小潘安的。

王黼并不知有人盯上了他，吹着口哨，一摇三摆地向不远的一座四合院走去。

徽宗一挥手，悄悄地尾随其后，高俅向蔡攸做了个鬼脸，迈步跟了上去。

王黼要去的地方就是金环巷，徽宗一见金环巷的金字招牌，紧赶几步，上前一拍王黼的肩膀说：“你干的好事！”

王黼顺手拨开徽宗的手，正要发作，回头一看，见是徽宗，脸色大变，正欲跪下磕头，徽宗将手指头放在嘴边吁了一声。蔡攸抢上一步说：“这是我家主人赵乙。”

“啊！”王黼先是一愣，立即心领神会，双手一揖道，“赵先生，小生这厢有礼了。”

蔡攸也不多说，朝王黼一点头，拥着徽宗，向金环巷走去。

徽宗走近金环巷，停住脚步，有些犹豫。蔡攸怂恿地说：“既来之，则安之，主人又何必犹豫呢！”

正在这时，几个少女笑逐颜开地迎上前，叽叽喳喳地说：“几位爷，既然来了，怎么站在门口不进去呀！”

“小潘安，姐姐正盼着你呢！快进来呀！”

王黼偷偷地看了徽宗一眼。徽宗装作没听见，蔡攸乘机一抬手，谦恭地说：“主人，请吧！”

徽宗终于抬起脚，跨进了金环巷的门槛。皇帝进妓院，在中国历史上，算得上是奇闻。

两个丫头在前面引路，越过院内的长廊，来到一座绣阁旁，丫头掀起翡翠门帘，让四人进去。徽宗进了绣阁，举目望去，但见四壁粉饰成桃红色，鲜艳夺目。壁上挂着顾景秀的《怀香图》，周昉的《扑蝶图》，董源的《采菱图》，张萱的《整妆图》四轴名画。室内陈设的器用如紫金床、翠羽帐、七彩枕、九华衾等等，件件都是极品。再看湘妃榻上倦倚着一个美娇娘，粗看去，见她淡如秋水，艳比春霞，恍然醉后西子，又如出浴杨妃。

“啊！”徽宗惊叹一声道，“好优雅的所在！好漂亮的美人哟！”

湘妃榻美人闻声站起，轻笑道：“多谢这位爷的夸奖。”

王黼先向李师师介绍徽宗，说他是做珠宝生意的。然后又向徽宗介绍了李师师。

徽宗近看李师师，但见她鬓鸦凝翠，鬟凤涵青，秋水为神玉为骨，芙蓉如面柳如眉。一抹纤腰，苗条可爱，三寸弓步，瘦窄宜人，真是秀色可餐的绝世佳人，宫中的三千佳丽，无人能及。刚一照面，便喜欢上了眼前这个女人。

李师师知道王黼的身份，见他对徽宗如此恭顺，料知眼前这个人身份非同一般，不是王公，也是显贵，都是得罪不起的爷们儿，连忙堆下笑脸让坐，命丫鬟奉茶，叫厨房准备酒宴。

不一会儿，天逐渐黑了下来，酒宴也摆上了，蔡攸推徽宗坐了首席，然后是蔡攸、高俅、王黼依次坐下，李师师末席相陪。

王黼向李师师递了个眼色，李师师会意，打起精神伺候徽宗。酒至数巡，更是放开娇喉，唱了几支小曲。

徽宗目不转睛地盯着李师师，李师师也是浅挑微逗，眉目含情。蔡攸、王黼、高俅更在一旁诙谐打趣，渐渐地便言语谑浪起来，无所避忌了，待到了夜静更阑时，方才散席。徽宗尚无归意，王黼已经看出一点意思了，分别在李师师、徽宗身边耳语一番，两人不住点头。然后，蔡攸、高俅、王黼三人起身离去。

徽宗见三人离去，猴急地扑上前抱住李师师，两人同入罗帏。一个是猎奇尝鲜，一个是刻意奉承，郎有情，女有意，一夜的枕席欢娱，两人如糖似蜜，恨良夜太短。

次日天未亮，蔡攸就在外面敲门，徽宗只得起床。因为皇帝每天早上要做的第一件事就是上早朝，这是耽搁不得的。临别时，他恋恋不舍告诉李师师，他会再来。

李师师看着这个神秘的嫖客，心里也涌起了一股暖意。

徽宗回宫之后，勉强御殿议事，散朝之后，心里只惦念着李师师，甚至连他最心爱的小刘贵妃，也觉得乏味。在王黼、蔡攸的安排下，隔三岔五地溜出宫，到金环巷同李师师幽会。时间长了，李师师也料到了徽宗的身份，后来从徽宗的口里得到了证实。

皇帝逛妓院，毕竟不是一件光彩的事情，徽宗尽管迷上了李师师，但也不能天天溜出宫去嫖娼宿妓。于是，王黼便给他出了个主意，从宫里挖一条地道，直通金环巷。徽宗竟然认为这是一个金点子，赶紧命人秘密的挖了一条地道，从皇宫大内直通金环巷。从此以后，徽宗经常趁着夜色，青衣小帽，带着几个小太监，便到金环巷夜宿去了。

李师师从前有很多相好，自从傍上徽宗后，她就不敢再接客了。京城里的王公贵族们心里虽然不舍，但谁也不敢同皇上争风吃醋，只能退避三舍。但有一个人，李师师却割舍不下，这个人就是著名的词人，时任大税监的周邦彦。

有一次，徽宗病了，周邦彦趁机来与李师师幽会，两人正在耳鬓厮磨之际，忽报圣驾到了，周邦彦一时无处藏身，只好匆忙躲到床铺底下。

徽宗是专程前来给李师师送鲜橙子，这是从江南用快马刚刚送到的，两人边吃边调情，让躲在床底下的周邦彦忌妒不已。

天色将晚，李师师心里虽然有事，口头上还是劝徽宗留下来，她说，夜已三更，马滑霜浓，陛下龙体要紧，就别走了吧！

徽宗可能确实是有事，再加上身体欠佳，重新将李师师搂在怀里亲热一阵之后，还是走了。

徽宗走后，周邦彦从床底下爬出来，擦拭着头上的冷汗，直叫好险。周邦彦也是文人性情，性格又有几分轻佻，加之看到李师师与徽宗的亲热劲，心里多少还是有些醋意，便把刚才的所见所闻，填了一首《少年游》的词：

并刀如水，吴盐胜雪，纤指破新橙。锦帏初温，兽香不断，相对坐调筝。低声问：向谁行宿？城上已三更，马滑霜浓，不如休去，直是少人行。

这首词将徽宗狎妓的细节传神地表现出来。

徽宗病好之后，再来金环巷同李师师幽会，饮宴间，徽宗问李师师近来有没有什么好曲子，唱来听听。李师师一时忘情，竟把周邦彦的《少年游》唱了出来。

徽宗听罢，脸色大变，问这是谁填的词。因为他知道，词中描写的正是他与李师师缠绵的情景。李师师虽然很后悔，但却不敢隐瞒，只得说是周邦彦的词。

徽宗立刻明白，那天，周邦彦一定在屋内，当时，他并没有把李师师怎么样。

次日上朝，徽宗让蔡京找了个理由，将周邦彦罢官免职、逐出了京城。

几天之后，徽宗再次到金环巷同李师师幽会，却没有见到李师师，询问之后得知李师师为周邦彦饯行去了，只好耐心地等待。一更时分，才见李师师回来。只见她离索未解泪光莹莹，花容憔悴，步履蹒跚。愠怒地问道："卿到哪里去了，这么久才回来？"

李师师并不隐瞒，说："臣妾万死，得知周邦彦获罪，即日押出国门，他与妾是旧交，聊备一杯薄酒相送，实在不知官家到来。"

徽宗见李师师如实相告，并无欺诳，颜色稍转，接着问道："周邦彦临走之时，可写有词吗？"

李师师如实说道："周邦彦临别之时，写了一首《兰陵王》。"

徽宗听后，立即让李师师唱出来。

李师师清了清嗓子，将周邦彦的新词《兰陵王》唱给徽宗听。

柳荫直，烟里丝丝弄碧。
隋堤上，曾见几番拂水飘绵送行色。
登临望故国。谁识京华倦客？
长亭路，年去岁来，应折柔条过千尺。
闲寻旧踪迹，又酒趁哀弦，灯映离席。
梨花榆火催寒食。
愁一箭风快，半篙波暖，回头迢递便数驿，望人在天北。
凄恻，恨堆积。
渐别浦萦回，津堠岑寂。
斜阳冉冉春无极。记月榭携手，露桥闻笛，沈思前事似梦里，泪暗滴。

李师师一边唱，一边流泪，特别是唱到“酒趁哀弦，灯映离席”时，几乎是泣不成声。徽宗也觉得对周邦彦太过严厉，便又下诏，把周邦彦召回京师，任命他为管音乐的大晟府乐正。

还有一个为李师师吃醋的人，就没有周邦彦那样幸运了，他就是武功员外郎贾奕。贾奕以前也与李师师交情深厚，一日偶遇李师师，便去她家中留宿，酒后不免醋意大发，写了一首讽徽宗的词：

闲步小楼前，见个佳人貌似仙；暗想圣情浑似梦，追欢执手，兰房恣意，一夜说盟言。满掬沉檀喷瑞烟，报道早朝归去晚回銮，留下鲛绡当宿钱。

徽宗听说后大怒，气得差点要杀了他，后来又觉得有些不妥，下令将他贬到琼州做了个参军。

徽宗自从结识了名妓李师师，整天沉浸于享乐，不理朝政。借用《长恨歌》里的一句，“春宵苦短日高起，从此君王不早朝”。可想而知，做皇帝的一到晚上就去逛妓院，天亮才回来，他还有精力处理军国大事？

纸是包不住火的，世上也没有不透风的墙，皇帝逛妓院的事，在京城悄悄地传开了。

徽宗身边的一些佞臣如蔡京等，他们巴不得徽宗成天沉浸于酒色之中，这样，他们就可以把持朝政，为所欲为。而身边的蔡攸、王黼等，就是徽宗嫖娼的始作俑者。

朝中一些正直之士，看在眼里，急在心头，迫于蔡京等人的淫威，也不敢轻举妄动。

有一个叫曹辅的小官，终究还是不甘于沉默，勇敢地向徽宗上奏章，劝他不能对不起天地祖宗。徽宗虽然很恼火，但又不好发作，便将这件事交给王黼和蔡攸去处理。王黼便将曹辅抓起来，质问道：“你一个芝麻大的小官，这样的事是你管的吗？”

曹辅不卑不亢地说：“不管小官大官，爱君的心是一样的，大官不说，只有我们小官来说了。”

王黼被噎得半天不能出声，转身问一同审案的蔡攸：“你们听说过这种传闻吗？”

蔡攸摇头说，从来没有听说有这件事。王黼又对曹辅说：“我们做宰相的都没有听说这件事，你却在这里胡说八道，你是故意侮辱皇上。”

曹辅大概是豁出去了，抗声说道：“你们是在装聋作哑，你们这样的人，根本就不配当宰相，国家眼看就要亡在你们这些人的手上了。”

王黼恼羞成怒，把曹辅打入了天牢，然后以诬蔑天子之罪论处，将他发配到郴州，最后迫害致死。这样一来，满朝文武，再也没有人敢提这件事了。

徽宗与李师师的风流韵事，正史不屑于记载，在野史传闻及人们茶余饭后的闲聊中，却是津津乐道的话题。李师师的故事，带有一层传奇乃至神秘的色彩。

由于李师师色艺双全，貌若天仙，同时琴棋书画无所不通。文人的笔记小说中记载着她与不少文人的交往，如张端义《贵耳录》、张邦基《墨庄漫录》，都记载了她与大词人周邦彦、晁冲之的来往和诗词酬答的故事。

后来，李师师被召进宫，册封为李明妃。

第七章　奸佞宵小闹东京

有识之士评论北宋灭亡说：宋朝亡于君子，而非亡于小人。乍看起来，这话是似乎说反了，细想起来，确实是极有见地。从表面上看，徽宗左右小人为患，君子却寥若晨星，之所以出现这种局面，完全是那些君子们明争暗斗，同归于尽，以致把大好河山交到小人手里。徽宗在位二十五年，身边聚集了一批奸佞邪恶之徒，最著名的当属被称为“六贼”的蔡京、王黼、朱勔及宦官李彦、童贯、梁师成。

“六贼”之名最早出于太学生陈东之笔，宣和七年（1125年）陈东上书：“今日之事，蔡京坏乱于前，梁师成阴谋于后，李彦结怨于西北，朱勔结怨于东南，王黼、童贯又结怨于辽、金，创开边衅。宜诛六贼，传首四方，以谢天下。”

除六贼之外，还有杨戬、高俅、蔡攸、蔡卞、李邦彦、张邦昌等人。这些权势炙手可热的奸佞宵小贪赃枉法、横行霸道，让一个原本有志于重振河山的年轻皇帝，蜕变为一个荒诞无稽的昏君，导致当时江南方腊起义和金军入侵中原，将北宋的锦绣河山弄得满目疮痍，民不聊生，直至灭亡。

“六贼”之首——蔡京

徽宗时代之所以虎头蛇尾、最终葬送了北宋的锦绣河山，其中一个非常重要的原因，就是聚集在他身边的人，少有君子，多为奸佞小人，在这些奸佞小人之中，首罪当推蔡京。蔡京在徽宗时代四次为相，弄权长达十七年之久。由于蔡京长期独揽朝纲，养成了刚愎自用、阴险狡诈、冷酷无情的性格。传说有人见过蔡京的面像后对人说：蔡京神情异于常人，他日必大富大贵，但他自恃与常人禀性不同，恐怕此人得志后，必定结党营私，扰乱朝纲。后来的事实证明，此言不虚。

按照惯例，宋朝自太祖赵匡胤开国以来，凡属军国大事，由三省（门下省、中书省、尚书省）、枢密院议定之后，再面奏天子定夺。官员的任命，先由宰相提出初步人选，经皇上认可之后，才由中书省起草任命文书，门下省审议把关。如有不妥，中书省由中书舍人封缴，门下省则由给事中封驳，这些程序走完之后，尚书省才去执行。这一套程序虽然烦琐，但相对公允。

蔡京为相之后，权力欲极强，一切都由自己说了算，但对言官的弹劾心存顾忌，便扯大旗作虎皮。想办什么事情，先以徽宗的口气拟成诏书，然后送给徽宗过目后，再由徽宗亲自抄一遍，称之为御笔手诏，臣下都得凛遵，不遵者以违制论处。自从蔡京发明的御笔诏书兴起之后，三省及台谏都被架空了，只是在蔡京拟好的文书上签字画押而已。

蔡京晚年年老体衰，老眼昏花，不能视物，难以上朝理事，朝中大小事情取决于他的小儿子蔡絛，蔡京决定的事，也由蔡絛代理，并代表蔡京上奏。徽宗也知蔡京是奸邪之人，几次罢免蔡京的官职。每次罢官之后，蔡京都能东山再起，足见蔡京的能量之大。

一次，御史中丞王安中上疏弹劾蔡京，列举了蔡京许多罪状。徽宗看后也认为都是事实。王安中恐遭蔡京暗算，伏地叩头说："臣一介书生，孤立无援，不自量力，弹劾朝中大臣。臣知道蔡京狡猾多智，将来必定会遭到他的迫害，发配边远地区，不能再见到皇上了。"

徽宗安慰地说："卿不必忧虑，朕罢免蔡京之职，他也没有机会报复了。"

蔡攸知道这件事后，向徽宗泣诉，请求保全父亲。徽宗为难地说："王安中奏疏在此，句句属实，谏官之言，朕不可以置之不理。"

蔡攸恳求道："陛下如果想保全臣家，臣倒有一个两全齐美的办法。"

"什么办法？"

蔡攸出主意说："给王安中挪一下位子，这事就没有追究了。"

对于蔡攸这样的馊主意，徽宗不但不加以斥责，居然还同意了。当王安中起草第三道奏疏，准备再次弹劾蔡京时，一位不速之客半夜敲开了王安中的家门，对他说："王安中，奏疏不必再写了。"

"为什么？"王安中说，"我是御史中丞，有事上疏，是我的本分，凭什么不让我写？"

来人冷笑地说："现在是御史中丞，天亮以后就不是了。刚才我见到御笔，你已调为翰林学士承旨，明天就到新部门报到了。"

王安中掷笔在地，长叹道："我为社稷弹劾奸佞，这次算是惹祸了啊！"

翰林学士承旨是翰林 院的长官，负责起草制、诏、令，没有弹劾奸邪的职能。蔡京、蔡攸父子略施小计，釜底抽薪，保住了蔡京的相位。

王安中弹劾蔡京虽然惹祸，总算保住了性命，有人与蔡京作对，却丢了性命，这人便是知枢密院事张康国。

张康国的枢密使本是由蔡京荐举，张康国上位之后心理上发生了变化，便与蔡京分庭抗礼，争权夺势。每当朝议之时，常常与蔡京唱反调，而且还经常在徽宗面前诋毁蔡京。

徽宗本来就是一个没有主见的人，经张康国这么一鼓吹，也觉得蔡京有些专横跋扈，密令张康国想办法监督蔡京的一举一动，并允诺一旦蔡京倒台，宰相之位就是他的。以掌握军权的枢密使张康国监督掌握政权的宰相蔡京，并许诺宰相之位，徽宗这个皇帝的脑子，实在是有毛病。

张康国领了密旨，每天监视蔡京的一举一动，一有风吹草动，便向徽宗密报。

世上没有不透风的墙，张康国暗地监督蔡京、向皇上打小报告的事，还是被蔡京知道了。蔡京也不是一盏省油的灯，知道张康国在监督自己，立即采取行动，密令同党中丞吴执中上表弹劾张康国。

张康国也在朝中广布耳目，监视着蔡京一伙的一举一动，吴执中还没有发动，张康国就得到了信息，来了个先发制人。

次日早朝，两府大臣先入内奏事，退出之时，张康国独自留了下来，跪告徽宗说：“今天朝堂上，吴执中一定会替蔡京弹劾臣，说什么臣都知道。臣情愿让位，免得蔡京怨恨，受吴执中的指责。”

“有这种事吗？”徽宗安慰道，“你不要担心，朕自有主张。”

张康国得到徽宗的承诺，胆也大了，气也壮了，退到候朝堂，像没事人一般。

徽宗登上金銮殿坐定之后，吴执中果然出班劾奏张康国，痛陈张康国的过失。徽宗打断吴执中的话头，呵斥道：“你敢受人唆使来进谗言吗？朕看你倒不配做中丞。”

吴执中见徽宗发怒，吓得面如土色，跪在地上不住地磕头，本想分辩几句，无奈心里发慌，想说却又说不出来。徽宗见他这般狼狈，更是气恼。怒斥道：“好个中丞！不效忠朕，替朕分忧图治，却徇私给人家做走狗，滚出朝去吧！”

吴执中叩头谢罪后，如丧家之狗退出朝堂。

当晚，徽宗即传出圣旨，将吴执中逐出京城，出任滁州知州。

蔡京受此挫折，自觉脸面无光，但他并没有检讨自己，而是将一切仇恨记在张康国的账上，千方百计地想谋害张康国。无奈张康国处处小心防备，无从下手。

明枪易躲，暗箭难防，百密也总有一疏的时候。大观三年（1109年）三月的一天，张康国上朝，退朝后在当值者所居的偏殿喝了一杯茶。不一会儿，只听他大叫一声，倒在地上，口吐白沫，滚来滚去，显得痛苦万分。当班的差役连忙将他抬到待漏院，也就是朝臣等待上朝之所。此时院中有余深、侯蒙等人，等到大家围上去，喊来御医的时候，张康国已经断气了。

从张康国死前的惨状，就是不懂医术的人也能看出来，张康国是中毒而亡。在场的人也都心知肚明，问题就出在那杯茶里，有人在茶水里做了手脚。但是，大家都知道，敢在这种场合做手脚的人，绝非常人，在没有证据的前提下，谁也不敢说，如果说出来，说不定下一个中毒而亡的就是自己。

终宋朝一世，执政大臣中毒猝死朝堂，仅此一例。

徽宗听到张康国暴死的消息，暗暗心惊，叹了几声后，命有关部门优恤他的家属，追赠开府仪同三司，且给他一个美谥，叫作文简。张康国的一条性命，竟白白送掉。

张康国死了以后，蔡京欲保举他的私党顶上留下的空缺，不料徽宗在没有征询蔡京意见的情况下，直接下诏，任命郑居中为枢密使。

还有一次，同为“六贼”中人的王黼见蔡京屡次被贬，仍然不肯放权，心中甚为忌恨。一次，王黼好不容易说服了徽宗，于是派童贯、蔡攸两人一同去见蔡京，要求蔡京自己写个辞呈。蔡京见是皇上派来的使臣，且儿子也在其中，于是设家宴款待。宴饮中间，蔡京表白说：“我已年迈，应该交出权柄，之所以没有上表请求致仕，是因为皇恩浩荡，我还没有来得及报答皇恩的缘故，这一点两公是知道的。”

当时在场的人听了此话，都是掩口窃笑，因为蔡攸是蔡京的儿子，蔡京保官心切，慌不择言，竟然称自己的儿子为公。

蔡京为相多年，党同伐异，排斥异己，晚年权势鼎盛之时，蝇营狗苟之徒聚集在蔡京门下，送金钱，输美女，讨蔡京欢心而获美官肥差，朝廷的纲纪法度形同虚设。蔡京任命官员大体有两种人，一是子弟及姻亲，二是袍泽故旧且还是其党羽。凡是与他关系深厚者，不但本人升官升职，而且还推恩其子孙，再及亲戚故旧，盘根错节，牢不可破。二十多年来，蔡京的门生故吏遍天下，朝内的侍从、执政等高官，朝外的帅臣监司等封疆大吏，尽是蔡京的门人亲戚故交。蔡京的儿子蔡攸、蔡儵、蔡翛及蔡攸的儿子蔡行，都是官至大学士，位同执政，另一个儿子蔡鞗娶徽宗之女茂德帝姬为妻，如此一来，蔡京与天子便成了儿女亲家。《资治通鉴长编纪事本末》记载，徽宗车驾多次到蔡京家，蔡京的子孙都受到恩宠，八个儿子，八个孙子，四个曾孙都在寄禄官上转升一官，这就是说，蔡京满门即便是襁褓之中或稚气未脱的小孩，都领一份国家的工资。《文献通考》也记载，蔡京拜相数年，六个儿子，四个孙子同为执政、侍从，大宋王朝几乎成了蔡家的天下，甚至连仆人也居高官，媵妾封为夫人。可谓一人得道，鸡犬升天。

蔡京攫取了政权，还想控制兵权，建澶、郑、曹、拱四州为“四辅”，以拱卫京师。每州屯兵两万，用其姻亲宋乔年、胡临文为郡守，由于这层关系，自然听命于蔡京。蔡攸的妻兄韩梠本是无才无德之辈，竟然当上了户部侍郎；蔡行倚仗父、祖之势，窃弄权柄，贿赂公行，荐引小人，盘踞要津。蔡攸每次入朝，侍从以下官员都趋炎附势，身后跟着抱文牍的侍从竟多达数十余人，装腔作势，作威作福，朝野之人无不侧目，畏惧十分。

由于朝王公卿相多出自蔡京门下，因此，不论风云如何变化，权力总是牢牢地控制在蔡京手里，形成一门生去世，另一门生随之补缺，一故吏被逐，另一故吏又来的局面。

蔡京有个远房本家蔡倬，本来是乡下一个跑村串户的木匠，就因为与蔡京这点关系，居然做了南剑州通判。此人目不识丁，品质恶劣，贪污受贿，横征暴敛，无所不为。

还有一事更为可笑，一次，有两个人同时来找蔡京，要求堂除。堂除是什么意思呢？就是由政事堂直接奏准皇上安排官职，这样的官员比吏部任命的官员升职更快，是一条迅速升官的捷径，很多人都想走这条捷径，因此趋之若鹜。但这次只有一个职位，一个职位两人争，蔡京实在有些犯难，因为这两个人的后台都很硬，而且蔡京也都收了重贿。事情该有结局，收了的贿赂当然不会退，于是蔡京想了一个两不得罪的绝佳办法，便以让两人背诵唐代诗人卢仝的《月蚀诗》以定去留。两人中年长的一位应声背诵，声音洪亮，吐安清晰，满座为之倾倒。蔡京大喜，便将职位给了此人。靠背诗决定命运，将朝廷任用官员之事视若儿戏，形同私授。

政和年间，蔡京以太师的身份统管三省事务，因年纪大了，徽宗允许他在家处理政务。蔡京的弟弟蔡卞带着朋友将仕郎吴说去见蔡京，在便室见面，当时屋里放着一张桌子，桌子上有笔墨纸砚。蔡卞对哥哥说，常州教授某人从及第时便做教官，如今还是原来的职务，长期没有得到提拔。蔡京看了蔡卞一眼，问道："以你之见，该如何安排他？"

蔡卞思索片刻说："给他一个提学（掌一路州县学政）吧！"

蔡京随手从桌子上取过一张玉版纸，写上该人姓名及提举学事，停下笔问蔡卞：“想去哪一路做学政？”

蔡卞说：“此人家里很穷，须得给去一个经济发达、收入优厚的地区才可。”

蔡京于是在任命书上填写“河北西路”，交给老兵拿走。

河北西路治所在真定府（今河北正定），管辖河北阜平、满城、徐水、巨鹿、丘县、临漳及河南浚县、汲县等地，土地肥沃，物产丰饶，到那里去任职，自然是一个肥差。

蔡京权势显赫，拍马屁的数不胜数。有一个叫薛昂的尚书左丞，是蔡京的同党，他对蔡京的恭顺到了无以复加的地步，为了避讳，全家人都不敢说“京”字，倘若有人说漏了嘴，薛昂就要用鞭子抽打，如果自己不慎说了京字，则自打耳光以示惩罚。薛昂的尚书左丞就是蔡京荐举的。

蔡京既然大权在握，又将徽宗玩弄于股掌之中，生活上的腐化自然是到了登峰造极的地步。他拥有的土地多达五十余万亩，每逢生日，天下各州郡都要给他送寿礼，号为“生辰纲”。《水浒传》中写晁盖、吴用智取生辰纲，并非捕风捉影，而是确有其事。

蔡京喜欢吃鹌鹑，一次便烹食数百只，还说没有下筷之处。厨房里用人很多，竟有婢女专门负责切葱丝，用人之多，分工之细，可想而知。

蔡京罢政后，徽宗将邻地刚给他，以为西园，为此毁掉民居数百间。蔡京问伶人焦德，西园与东园相比，景致如何？焦德说：“太师公相之家，自然非凡人可比，东园嘉木繁荫，望之如云，西园百姓流离，泪下如雨。可谓东园如云，西园如雨啊！”

焦德是在讽刺蔡京因建西园而使百姓流离失所，焦德因此获罪。

政和年间，蔡京以太师身份致仕，徽宗允许他在京居住，并依文彦博之例，择日在垂拱殿赐宴，允许他依旧服朝服，佩金鱼赐对，三日一至朝堂议事。宣和末年第四次为相时，蔡京已是八十岁了，徽宗允许他在家里办公，三五日一至朝堂议事。并下诏褒美他“忠贯金石，志安社稷”。

蔡京作恶多端，引起了正直之士的不满。兴化人方通与蔡京是儿女亲家，靠蔡京的引荐而位居要津。他的儿子方轸却是一个深明大义之人，上疏徽宗说：

“蔡京专权自恣，处处效法王莽、曹操，视祖宗神灵如无物，玩弄陛下不啻婴儿，威震人主，祸移生灵，气焰嚣张，中外畏之，大臣保家族不敢议，小臣保寸禄不敢言，颠倒纪纲，胡作非为，自古为臣之奸，未有如蔡京今日为甚者。”然后又列举了蔡京的桩桩罪状，最后说：“臣披肝为纸，沥胆书辞，忘万死而叩天阍，绝不是一鸣惊人，窃取陛下爵禄，看重的是祖宗之庙社，可惜的是天下之生灵，因而舍生冒死上疏，是杀，是赦，是窜，悉听陛下裁决，臣之生死，无关乎轻重。愿陛下上体天戒，下恤人言，安能爱一国贼而忘庙社生灵之重。”蔡京大怒，添油加醋地向徽宗倾诉，徽宗自然听信蔡京之言，将方轸削籍流放到岭外，后来死于贬所。

在蔡京气势正盛之时，方轸敢于挺身而出揭露其罪恶，这种精神确实难能可贵。蔡京之罪罄竹难书，当时便有“打破筒（童贯），泼了菜（蔡京），人间便是好世界”的呼声了。

子系中山狼——王黼

史书上说王黼“为人美风姿，目睛如金”，是一个美男子。蔡絛在《铁围山丛谈》中对王黼的描画更详细：“面如傅粉，然须发与目睛色尽金黄，张口能自纳其拳。”意思是说王黼肤色呈白色，天生一头黄金发，眼睛也是黄色的，嘴奇阔，能容得下自己的拳头。谁都不曾想到，这位相貌堂堂的美男子，却是一个金玉其外败絮其中的奸诈之徒。

王黼不学无术，但他有一招绝活——拍马逢迎，一招鲜，吃遍天，王黼就凭这一招，居然当了宰相。王黼阴险狡诈，反复无常。由于大臣何执中的荐引，王黼谋得校书郎一职，不久又升谏议大夫。

王黼进入官场后，很快发现五光十色的朝廷里面，有一个人的“大腿”特别粗，只要抱住了这条“大腿”，自己就会平步青云、风光无限。于是，他义无反顾地踢开何执中，向那条“大腿”扑去。那条“大腿”的主人姓蔡名京。

徽宗不喜欢宰相张商英，派人给贬谪到杭州的蔡京送去一只玉环。王黼敏锐地觉察到，这是蔡京东山再起的信号，于是上书弹劾，矛头直指张商英。蔡京再次为相后，投桃报李，立即提拔王黼为御史中丞。王黼从低微的校书郎升为御史中丞，仅用了两年时间。

蔡京和何执中当时并为左右相，王黼抱蔡京的大腿后，一心想帮助蔡京独掌大权，于是罗织了何执中的二十条罪状，准备整垮何执中。奏疏到了蔡京手中，还没来得及上传。

何执中对此毫不知情，还是很喜欢王黼，对小伙子赞不绝口。一天，何执中又开始称赞王黼了，蔡京问道："少师何故总是赞誉王黼？"

何执中愣了一愣，又滔滔不绝地吹嘘起来，说王黼如何识大体、知恩图报。

蔡京从案头抽出一卷纸，扔给何执中说："看吧！看吧！看看这是什么。"

何执中接过一看，上面竟然是王黼弹劾自己的奏章，脸色大变，憋了半晌，破口骂道："畜生竟敢如此！"

王黼除抱蔡京的大腿外，对另一位权臣梁师成也是格外巴结。王黼任宣和殿学士时，梁师成圣眷正隆，为了巴结梁师成，王黼竟然拜梁师成为父。从此，王黼更是狗仗人势，狐假虎威。

徽宗在昭德坊赐了王黼一处宅第，左邻是已经退休的门下侍郎许将，王黼依仗梁师成的权势，竟然将许将一家赶出京城，霸占了许将的住宅。徽猷阁待制邓之纲有一美妾，秀色可餐，王黼对她垂涎三尺，为了达到目的，王黼居然设计诬陷邓之纲，致使邓之纲贬往岭南，然后公然霸占了他的美妾。

就是这样一位欺男霸妇、品质恶劣之人，徽宗居然对他优渥有加，由通议大夫，连升八级，直接提升为少宰（宰相），有宋朝一代，如此任命宰相恐怕是空前绝后。

王黼取代蔡京为相之初，悉数废除了蔡京的酷政，罢黜奸佞宵小，朝野一时称之为贤相。其实这都是他沽名钓誉的手段。子系中山狼，得志便猖狂。王黼在政治上站稳脚跟后，便露出了贪婪奸邪的本来面目。

王黼力主联金攻辽，在三省设立经抚房，专门处理边境事务，却不让枢密院插手。

王黼巧立名目，统计全国人口，然后计口出资，称之免夫钱。并以治理黄河水患为借口，向天下百姓征收免夫钱，仅此一项，就搜刮了一千七百余万缗，百姓深受其害。河北更甚，辗转沟壑，饿殍遍地，无奈之下，只得铤而走险，揭竿起义。

王黼贪婪成性，欲壑难填，大权在握之后，公然大肆卖官鬻爵，不同的官职都有定价，时人称：“三千索，直秘阁；五百贯，擢通判。”他每次陪徽宗宴饮，都亲为俳优鄙贱之技献媚邀宠，如同小丑，全不顾及大臣体面。又在宫中让宦官成立集市，自己自兼市令，和南北朝时的南朝齐国的东昏君萧宝卷如出一辙。

一天，徽宗故意责罚市令取乐，王黼装作很害怕的样子告饶说：“告尧舜，免一次！”徽宗哈哈笑道：“我不是唐尧、虞舜，你也不是稷、契这样的贤人，怎能免罚！”

有一次，王黼带着徽宗翻墙出宫，徽宗站在王黼肩膀上，由于宫墙太高，不好翻越，徽宗低声叫道：“耸上来，司马光！”王黼应声说道：“伸下来，神宗皇帝！”君臣如此取乐，形同市井纨绔无赖。

王黼是一个好色之徒。据说他在卧室里设置一个超级大床，用金玉为屏，翠绮为帐，旁边用数十张小床围绕，每张小床上卧一美人，名曰“拥帐”。生活上的其他享受，更是穷奢极欲，这一点恰恰与徽宗的爱好相一致。徽宗对王黼十分厚待，为他的住所题写了“得贤治定”的匾额。

一天，王黼奏称自家宅第长出了芝草，徽宗甚为好奇，乘着夜色，前往王黼家游观。见堂屋柱子上果然有玉芝，以为是祥瑞之兆，欢喜非常。王黼设宴款待徽宗，并邀请梁师成作陪。梁师成从便门进来，谒见徽宗。原来，王黼的家与梁师成家毗邻，王黼事梁师成如父，称之为恩府先生，因此在院墙上开门相通，方便两家往来。徽宗问明了底细，也要过门去看看，于是从便门去了梁师成的家。

梁师成也是设筵席招待，徽宗痛饮至醉，回到王黼家后继续喝酒，喝得酩酊大醉，不省人事。直至五更，才由内侍十余人，拥至艮岳山旁龙德宫，开复道小门回内宫。次日因酒未醒，不能上朝。

尚书右丞李邦彦入内请安，徽宗对他说了在王黼、梁师成家酒醉之事。李邦彦说：“王黼、梁师成交宴陛下，敢是要陛下做酒仙吗？”

徽宗默然无语，李彦邦一语惊醒梦中人，权臣与宦官交结，搅乱朝纲。从此，徽宗渐渐疏远了王黼。

非宰相胜似宰相——梁师成

梁师成是一个宦官，“六贼”之一，其外表愚讷谦卑，看上去老实厚道，不像是能说会道之人，实际上却内藏奸诈，善察言观色，处事非常老道。

梁师成原本在贾祥的书艺局当差，因本性慧黠，加之在书艺局耳濡目染，也略习文法、诗书。贾祥死后，领睿思殿文字外库，主管出外传导御旨。这可是个肥缺，所有御书号令都经他之手传出来，颁命天下。梁师成知道徽宗喜欢礼文符瑞诸事，便极力奉迎，深得徽宗宠信。徽宗竟令他入宫殿中，遇有诏旨敕令，都让梁师成缮写。时间一长，梁师成也看出些门道，找来几个擅长书法的小吏，模仿徽宗的笔迹，制造假诏书，混在真诏书之中，从中捞取好处，外人不知底细，也不辨真伪。

梁师成自我吹嘘，说自己本姓苏，是苏东坡的儿子，母亲王氏原是苏东坡的妾，身怀有孕后离开苏家，再嫁梁氏，自己也跟着姓梁。在徽宗面前也是这样说。苏东坡被诬陷为元祐党人，文集被查封、禁止流行，梁师成为苏东坡抱不平，向徽宗奏道：“先臣何罪？文章更得何罪？请予开禁。”徽宗竟然含笑答应了。

梁师成虽多少懂些诗书，但也谈不上是什么大手笔，却喜欢附庸风雅，除了说自己出自苏轼之门，还四处宣称以翰墨为己任，并以老儒自居，在家中客厅挂满了名人字画、摆放卷轴、古玩，邀请当时的文人墨客前来观赏、评论，题识。一些追求名利的无耻之流闻风而动，投其所好，纷纷向梁师成敬献珍贵的古玩字画，以求他帮助考取功名，升官发财。

梁师成利用徽宗的宠幸，将自己名字窜入进士籍中。太监出身的梁师成，摇身变成了进士出身，从此官运亨通，政和年间拜节度使，宣和年间，开封府仪同三司，换淮南节度使，后晋升为少保，恩宠无比。

王黼曾视梁师成如父，朝中执政、侍从，很多人都是出自梁师成门下，甚至连蔡京父子对他也礼让三分，不是宰相而胜过宰相，京师的人称梁师成为“隐相”。

朝廷起草文书，都有规定的格式，只需萧规曹随即可，梁师成却标新立异，自创格式，士大夫一有违背者，立遭贬斥。

朝廷取士，最公平的是科举考试，这是朝廷笼络天下英才最有效的途径，大批寒门士子，都是通过科举取士而踏入仕途。梁师成却两次推荐其门吏储宏参加廷试，两次都金榜题名，而储宏及第之后，依旧充当梁师成的使臣，朝廷命官竟成了私人奴仆。

宣和末年，徽宗亲自策试进士八百余人，其中有百余人都是庸碌之辈，以献颂上书为名，经特批参加廷试。百余人大多是富商大贾子弟，士大夫多不屑与之为伍，由于重贿梁师成，才挤进廷试进士之中。赐名唱第的时候，梁师成站在徽宗身边，某人该录取，某人该废黜，全凭梁师成做主，徽宗似乎成了摆设。国家选举之法，抡才大典，被梁师成破坏殆尽，缙绅大夫尽人皆知，因畏惧梁师成的淫威，敢怒而不敢言。

梁师成贪得无厌，平日收受四方监司、郡守以下贿赂不计其数，又专管书艺局，任由市井游手无赖之辈为官吏，横征暴敛，靡费百端。京师所有土木工程，几乎全都由梁师成主事，从中上下其手，偷盗官钱，据为己有，数目之多，无法统计。梁师成是一个十恶不赦的奸佞。

花石纲罪魁——朱勔

朱勔是苏州人，其父朱冲原为井市贱流，“狡狯而有智数”，后开药店成了暴发户。朱冲成了有钱人，出手就阔绰了，修建园圃，莳花植木，广交三教九流，成为地方名人。蔡京贬居杭州时，途经苏州，想修建一座寺阁，需数万钱，担心无人督建。有个和尚推荐了朱冲。朱冲把握住了这个巴结蔡京的绝好机会，独家出资赞助，得到蔡京的赏识。第二年，蔡京奉诏还京时，把朱冲父子带到京师，嘱咐童贯给他们搞了个假军籍，冒充军功做了官。

蔡京见徽宗喜好奇花异石，让朱冲父子“秘取浙中珍异以进”。不久，朱勔便将三株奇异的黄杨运进宫苑。趁着徽宗高兴，蔡京把朱勔引荐给徽宗，为朱勔后来发迹埋下了罪恶的种子。后来，童贯安排朱勔全权负责苏州“应奉局”，专办采贡。朱勔干得卖力，博得徽宗的青睐，官位累迁至合州防御使。崇宁四年（1105年）十一月，派朱勔领苏、杭应奉局及花石纲于苏州。

朱勔在《宋史》列传中名列佞幸，绝非偶然。当时苏州百姓家中只要有一木一石稍堪赏玩，朱勔就率领健卒直冲其家，在园囿花石贴上黄封条为标志，就算是又搜罗到一件御前贡物。百姓稍有怨言，则必冠之以“大不恭罪”，借机敲诈勒索，普通人家往往被逼得卖儿鬻女，倾家荡产，朱勔却大发横财。他以采办花石为名，从库府支取钱财，“每取以数十百万计”，但进贡到东京的却都是“豪夺渔取于民，毫发不少偿”。其他如掘坟毁屋、贪赃受贿的事情不可胜数。

徽宗建中靖国年间，为修建景灵宫，下令到吴郡征集太湖石四千六百块。朱勔役使成千上万的山民石匠和船户水手，不论是危壁削崖，还是百丈深渊，都强令采取。太湖石经过长期的水蚀，佳品形成了瘦、漏、透、皱的特点，一些太湖石体量很大，这就给搬运带来了难题。后来有人想了个办法，用胶泥把石头封住，再裹以巾麻载运，解决了这个问题。当时为运载花石，朱勔可任意抽调官、商用船，一度影响漕运。宣和年间，朱勔曾在太湖获得一块高达数丈的巨石，为了运此石，“载以巨舰，役夫数千人，所经州县，有拆水门、桥梁，凿城垣以过者”，历时数月才运到东京。其间力役、费用当然都是苏州人民买单。此石后来赐名“神运昭功石”，立在万岁山顶，被封为“盘固侯”。朱勔也因此被擢升为威远节度使。

朱勔名列“六贼”之中，因采办花石纲得到徽宗的宠爱，官职不断攀升，成为朝中最有权势的风云人物之一，盘踞朝纲长达二十年之久。

朱勔穿有一件袍子，说是徽宗曾用手抚摸过，便在衣服上绣了一只手，作为炫耀资本，其实这纯属子虚乌有。他在东南还未进京之时，弄来一幅徽宗的画像，挂在大堂上，每月初一、十五两天，监司、郡守必须前来朝拜。地方官明知这是朱勔故弄玄虚，但却不敢违抗，稍有违拗，朱勔便会以御笔罪惩治，因此人人畏之如虎。

朱勔因采办花石纲有功，加之利用特权公开掠夺，成为拥有私人武装的大官僚、大地主，计有田庄十所，良田三十万亩，岁收租课十余万石。甲地名园，几乎占吴郡一半。朱勔搜刮民脂民膏在苏营造的同乐园，据称园林之大，湖石之奇，堪称江南第一。

朱勔生活奢侈，家里使用的家具用具，竟然超过了皇宫。朱家数名子弟娶皇家宗室女子为妻。朱勔的儿子朱汝贤、侄子朱汝楫、朱汝舟任承宣观察使，这是位于节度使之下、观察使之上的高官。甚至他的媵妾也都有朝廷封号，享尽荣华富贵，非常人所能比。

朱勔父子自立门户，气焰熏灼，公然收受贿赂，市井无赖争相投靠在朱家父子门下。其他官员如果稍有异议，顷刻之间便会丢官罢职，人称朱勔为东南小朝廷。朱勔势盛之时，从政府官员直至宦官，都争相与他交结，前往朱勔家拜访之人可以说是车水马龙，冠盖相望。大小官吏没有不巴结朱勔的，甚至如郡守这一级的官员，有不少出自朱勔门下，发展到后来，只要给朱勔送钱，精于养花的农夫、善于叠石为山的匠人，都能谋得一官半职，朝为田舍郎，暮登天子堂者不计其数。朱家补授八、九品的官员达一百五十余人，多是朱家的亲戚及奴仆、种菜人等。朱勔的家奴也有数十人腰佩金腰带。当时人称“金腰带，银腰带，赵家世界朱家坏”！

阉割过的王爷——童贯

童贯是一个宦官，自幼进宫为太监，服侍宫廷，只因他性格媚巧，善于揣测人主之意，深得徽宗宠信，不几年便官至极品，先后任武康军节度使、检校司空、检校太尉、太傅、知枢密院事，后来被封为广阳郡王，人称“媪相”。媪，说文解字注释：年老的妇女。童贯是一个不男不女的宦官，年龄渐长，长相可能有点像老太婆，而实权几乎等于宰相，故有“媪相”之称。

童贯的一生极富传奇色彩，作为宦官，他开创了几项中国历史之最：

掌兵时间最长的宦官——二十年；

掌控军权最大的宦官——知枢密院事（全国最高军事长官）；

第一位出使外国的宦官——出使辽国；

唯一封王的宦官——广阳郡王。

童贯自幼净身入宫，拜在同乡宦官李宪门下做徒弟。李宪是神宗朝的著名宦官，在西北边境担任监军多年，颇有战功，童贯读过四年私塾，有点经文功底，跟随李宪出入前线，在军事上也不陌生，颇有点能文能武的味道，加之他曾十次深入西北，对西北的山川形势相当了解。不过，李宪似乎并没有特别提拔他，进宫十余年，并没有出人头地的机会，因此，在神宗朝，他只是一名默默无闻的太监，少有人知。

童贯为“六贼”之一，他的发迹，与“六贼”之首的蔡京有着千丝万缕的联系，两个奸佞搅在一起，成为繁花似锦的大宋江山分崩离析的强力助推器。

徽宗以内廷供奉官的名义，派童贯到杭州设明金局收罗文玩字画，第一次为童贯打开了上升的通道。一般来说，内廷供奉官相当于皇宫的采购供应处长，官职不高，却是一个很有油水的肥差。童贯没有满足于捞油水，通过这次杭州采买机会，他结识了一位重要人物——蔡京。两个心机很深的人碰在一起，立即就擦出了火花。

蔡京当时正在走霉运，贬居杭州，得知童贯来杭州采办宫中用品，削尖脑袋巴结童贯，将自己珍藏的王右军的字送给了童贯，又帮助童贯把杭州民间收藏的几件珍品字画器玩弄到手，回京献给徽宗。其中就包括徽宗梦寐以求的周文矩的真迹《重屏会棋图》，从此，徽宗对童贯就刮目相看了。更厉害的是，童贯与蔡京结下了深厚友谊。

童贯此次杭州之行，根据他对徽宗的揣摩，指点蔡京创作了一批徽宗喜爱的书画作品，然后带进宫中，源源不断地献给徽宗，又极为豪爽地向宫中妃嫔馈赠厚礼，为蔡京回京打通关节。

据说童贯的几个心腹徒弟十分困惑，不明白师傅为何如此热心地帮助一个贬居在外的倒霉蛋。童贯告诉他们："现任的宰相架子太大，没把我们放在眼里，巴结他们，没门，如果看准了，通过我们自己的策划，扶植一个宰相，情况就大不一样了。"

事实证明，童贯烧冷灶的眼力与功力也是超一流的，不到一年时间，蔡京便完成了三级跳，坐上了宰相之位。蔡京上位，童贯也时来运转了。

蔡京主政后的一项重大举措，就是推荐童贯监军西北，意在收复青海、甘肃地区的四州之地。当时发生了一件事，颇能看出童贯的性情：

童贯监军后，随大军进发湟川，他们在此地杀牲祭旗，召开誓师大会。正在行将开战的时候，突然接到徽宗的手诏。原来是宫中失火，徽宗认为这是不祥之兆，急令止兵。童贯看过手诏后，若无其事地折起来塞进靴筒。军中主将问皇上手诏说了些什么，童贯回答说，皇上期望我们早日旗开得胜，马到成功。在这次战争中，童贯表现低调，支持、配合领军将军，打了一连串漂亮仗，平息了西北部族的叛乱。

这次胜仗对于大宋帝国极其重要，帝国已经许久没有军事上的光荣与辉煌了，从"澶渊之盟"大宋帝国与辽国结成"兄弟之邦"以后，东北、北部地区平静下来了，西北军事成了帝国心头的痛，一代名臣范仲淹也曾在这里折戟沉沙。因此，童贯成为大宋帝国冉冉升起的一颗耀眼明星，英雄般受到京城朝野上下的热烈欢迎。从此，童贯一路顺风顺水，飞黄腾达，手握兵权二十年，权倾四方，人人侧目。

童贯生活极为奢侈，衣服、饮食几可与天子媲美。政和年间，将作监贾谠明奉旨为童贯在都城建造府第，落成之后，童贯说："劳你费心，我冗事丛脞，从未招待过你，甚为不安。明日早朝后，请过府吃早点。"

次日早朝后，贾谠明准时来到童府，宾主礼过之后，童府的家奴提来似宝璎珞状的两件东西，放在贾谠明跟前。贾谠明看时，里面装的是价值连城的珍珠。童贯又命两个丫鬟抬一张桌子到座前，厨师拿着银镣灶，在大厅之侧现场生火制作包子，然后饮酒吃饭。每喝一杯酒，换一次桌子，共换过三次。桌子上用的果碟、酒杯，第一次是银制的，第二次是金制的，第三次是玉制的，制作奇巧，贾说明见所未见，闻所未闻。席散之后，贾说明刚刚回到家里，已有数人等在家门口，其中一人说："太傅向你致意，你刚才喝酒使用过的一份器皿及两个丫鬟，太傅都奉送给你，请笑纳。"贾说明点检器皿，价值数万缗，外加两个如花似玉的丫鬟，算是大赚了一笔。

童贯手握兵权，便召健卒万人为亲兵，护卫他的府第，号称胜捷军，当时只有皇宫才有如此气派。他家每天门庭若市，侯王柄臣，多出其门，奴仆官至承宣使者数百人，厨师马夫也能做到防、团刺史。

童贯汲引群小，植朋树党，卖官鬻爵，升降进黜，全凭个人好恶，目不识丁但善于行贿而跻身青云者比比皆是。他每次出师，都把朝廷拨给他的军费据为己有，然后责令州县补偿，州县官又去搜刮老百姓，头会箕敛，民不堪命。他攻打方腊时，纵容士兵贪暴，东南之民死于官兵之手者，十之五六。童贯也是一个可杀的佞臣。

踢球踢来的太尉——高俅

《水浒传》中的高俅是童叟皆知的人物，此人并不是施耐庵凭空杜撰，而是确有其人。高俅原本是宋代大词人苏东坡的书童，为人聪明，写得一手好字，年龄大了，苏东坡不再用他，将他转送给莫逆之交枢密都承旨王晋卿，也就是驸马王诜。

蹴鞠是古代体育运动之一，蹴，用足踢；鞠，是用皮革制成的中间填满毛的球。蹴鞠就是踢球，类似今天的足球运动。有人称蹴鞠为黄帝所创，但无确凿证据。战国时期，齐楚地区已广泛流行蹴鞠，唐时为世人所爱，到宋代已是相当普遍的竞赛运动，上至皇帝，下至普通百姓、小孩都喜欢，这时的蹴鞠已是具有欣赏价值的表演活动。高俅是蹴鞠高手，转投新主人后，居然凭此技，敲开了通往飞黄腾达的大门。

高俅的新主人王晋卿善于绘画，徽宗当藩王的时也喜欢绘画，两人因绘画而相知，进而成为好友，而且还是那种能够一同嫖娼的好友。

有一次，王诜与徽宗两人在撷芳楼鬼混一宿，次日正要离去，王诜见徽宗鬓发零乱，从怀里掏出一柄小梳子递给他，让他梳理一下。徽宗梳过头，却把小梳子拿在手里不停地把玩。原来这梳子是用翡翠雕琢而成，绿光晶莹，玲珑剔透，十分惹人喜爱，徽宗羡慕不已。王诜见徽宗喜欢，便说，前几天刚好让工匠又打造了一副，比这个更精巧，殿下如果觉得还行，明天我就派人给殿下送过来，这柄梳子我用过了，就不给你了。此话正中徽宗的下怀。

次日，王诜果然派府中一个叫高俅的小吏将小梳子送往端王府。

高俅来到端王府，正逢徽宗在后院草坪上同一班太监和宫女蹴鞠。王爷玩游戏，当然不能上前去打扰，于是站在旁边观看。徽宗是一个蹴鞠高手，在场上非常活跃，场上的太监、宫女都很卖力，双方的攻守非常激烈。忽然，球冲着场边的高俅飞来。高俅本来也是蹴鞠一流高手，正看得技痒，见球向自己飞过来，一时兴起，轻出右脚，将球稳稳勾住，脚尖一挑，又将球抛向半空，待球落下来后，忽然耸身跳起，以左脚将球从背后挑起，然后用头一顶，那球稳稳地落右肩。右肩一耸，球移到左肩，左肩一摆，球又落在背上，然后顺着身子下滑到脚后跟。只见他一个鹞子翻身，左脚跟轻轻一磕，球便飞向场内的端王，不前不后，不左不右，恰好落在端王脚下。这一连串的动作，就像变魔术一样，让在场的人看得眼花缭乱，连连喝彩。

徽宗见到如此高手，岂能放过，问明了高俅的来历，立即将他拉上场玩了起来。高俅使出浑身解数，陪徽宗踢球，高超的球技，很快就征服了徽宗，大有相见恨晚的感觉。散场之后，徽宗派人给王诜传话，小梳子留下了，送梳子的高俅也留下。高俅因此完成了鲤鱼跳龙门的关键一跳。

不久，徽宗登基，端王升级为天子，高俅也跟着沾光，官位屡获升迁，官至太尉，是武将的最高官职。早年跟徽宗一起玩的那帮人很不服气。有些仆人向徽宗请赏，徽宗居然说："你们有他那样的脚吗？"

一人得道，鸡犬升天，高俅的家人也跟着飞黄腾达。他的哥哥高伸直赴殿试，后登八座（泛指高级官员），子侄也都为郎官。高俅由一个下等胥吏发迹而至使相，不思竭力报效国家，却自恃天子宠幸，胆大妄为，肆无忌惮地侵吞国家财产。他身为总军，侵占军营土地以扩建私宅，让禁军充当自家的劳役。高俅招募的士兵，多是一些能工巧匠，而他招这些能工巧匠的目的，并不是为军队服务，而是为他私人役使。高俅规定，军中士兵如果能出钱贴助军匠者，可免军事训练。他家修建房屋、花园，所用木料、砖瓦、泥土，尽取之于军营，而士兵的军饷却不能按时发放，士兵无法维持生活，只得另找副业养家糊口。即使是禁军，也要靠出卖力气补贴家用。这样一来，出钱的士兵可以不参加训练，久而久之，武备废弛，士兵没有丝毫战斗力，以致金军入侵中原时势如破竹，如入无人之境，宋军束手待毙，毫无抵抗之力。

高俅还极尽奉承之能事，竭力奉迎徽宗作狭邪之游。大臣张商英因此而进谏，徽宗自知理亏而准备有所收敛时，高俅却跳出来进谗言说，陛下是君，张商英是臣，君王好比是天，天能够操纵万物，可以使万物生长，可以扼杀万物。张商英之生死，掌握在陛下手中，草茅之言，不足以信！依臣看来，人生如白驹过隙，甚为短暂，若不及时寻乐，到老来就只能徒叹悲伤了。唐尧居住简陋，茅茨不剪，夏禹躬耕稼穑，周公吐哺待贤，如今都成了一抔黄土，岂不饮恨终身！倒是周幽王宠褒姒之色，楚王建章台之宫，陈后主听玉树后庭花之曲，隋炀帝有锦览长江之游，朝朝歌舞，日日管弦，也不枉了一世受用。

徽宗本非发奋图强之人，听了高俅这一番话，更加沉浸于声色犬马之中了。

徽宗时代的奸佞宵小，远不止以上几人，以上所述不过是臭名昭著、罪大恶极的典型而已。君聩于上，臣嬉于下，贤良忠贞之士受到迫害打击，黄钟毁弃，瓦釜雷鸣，北宋王朝气数已尽，无人能挽狂澜于既倒了。

第三篇

游牧与农耕文明的交流

第八章　游牧与农耕文明的历史碰撞

两种文明的冲突

中华古代文明最主要有两大支柱，一是中原地区汉族的农耕文明，二是北方大草原的游牧文明。中国的“二十四史”基本上是由定居在中原的农耕文明所编纂，作者以农耕文明的视角，忽视了来自北方大草原的游牧文明。这样的历史只能算是半部中国历史，或为不完整的中国历史。中国的另外半部历史，是来自北方大草原上的游牧文明，游牧民族的文明是没有被记载下来的、无字的历史，然而，北方大草原上的那半部历史，不能被忽视。

中国五千年历史，可以说是北方游牧文明与中原农耕文明不断冲突和融合的历史。农耕文明与游牧文明的交流，大致为两种方式，一种是和平时期的经济文化交流，另一种就是战争。

在和平时期，经济文化的交流主要表现为农耕世界的农产品和先进的生产技术不断输往游牧世界，不仅使整个游牧民族的生产力水平得以提高，而且使游牧世界的文明全方位发展。与此同时，游牧世界的牲畜、皮革、毛类、乳肉制品以及战马、乐舞等也输入农耕世界，极大地丰富了农耕民族的物质、文化生活，促进南方农业文明的发展。

两种文明的另一种并流方式，就是战争。战争也分为两种，一种是游牧民族力量较强的时候，对于南方世界发动的侵略战争，一种是农耕文明力量较强的时候对于北方游牧民族的征服战争。战争和征服的不断相互渗透，两个世界在血与火中不断融合着。

从夏商周时期开始，中原汉族的农耕民族就与北方游牧民族发生了持续的冲突，兵戈不息，世代沿袭，从来就没有停止过。

春秋时期，北方游牧民族继续肆无忌惮地冲击着南方的农耕文明。初期，齐桓公在管仲的辅佐下，出兵征服北方夷、戎等游牧民族，完成春秋首霸大业。

战国时期，随着整个东亚气候的变冷，游牧民族的南侵越来越频繁，北方的燕、赵、秦三国都修建了长城，用以抵御北方游牧民族的骚扰，开启了用长城防备游牧民族的先河。秦始皇统一六国后，把燕、赵、秦三国修建的长城连接起来，形成了今天看到的万里长城的基础，这里采取的是被动防御措施，辅以强大的经济、文化渗透。

汉初由于国力不足，对北方游牧民族的侵扰毫无办法，只得采取屈辱的和亲政策以换取和平。经过六七十年的休养生息，到汉武帝即位之后，开始了对匈奴的反击，汉武帝集举国之力，击败匈奴，暂时取得了汉族对北方游牧民族的军事优势。匈奴人害怕了，跑到欧洲去了。

匈奴逃走以后，鲜卑、突厥、契丹、女真、蒙古等民族又前仆后继地继承了匈奴的地盘，继续侵占和骚扰中原王朝。中国又开始了漫长而混乱的乱世，时间长达三个半世纪。

在五胡乱华期间，北方游牧民族建立了大大小小的许多王朝，随着北方汉族人在乱世中被迫向南迁移，北方各少数民族基本占据了整个北方地区。

燕云十六州之痛

五代时期，后唐帝国的河东节度使石敬瑭起兵叛乱，他以割让长城以南燕云十六州为代价，请求塞外的辽国施以援手。辽国太宗皇帝耶律德光对中原觊觎已久，接到石敬瑭的求援书，大喜过望，立即御驾亲征，帮助石敬瑭击败后唐军队，随后册封石敬瑭为中国皇帝，国号后晋。石敬瑭当时四十七岁，耶律德光三十七岁，为了表达感激之情，石敬瑭竟然拜比自己小十岁的耶律德光为“父”，自称为“儿”，并立即将燕云十六州割让给辽国，完成了中国历史上最可耻的一桩交易，从此便有了“儿皇帝”这个词。

燕云十六州所辖的土地东西约六百公里，南北约二百公里，全部面积约十二万平方公里，包括：幽州（今之北京，当时称为燕京），又是辽帝国的南京；蓟州（今之天津蓟县）；瀛洲（今之河北河间）；莫州（今之河北任丘）；涿州（今之河北涿州市）；檀州（今之北京密云）；顺州（今之北京顺义）；新州（今之河北涿鹿）；妫州（今之河北怀来）；儒州（今之北京延庆）；武州（今之河北宣化）；云州（今之山西大同）；应州（今之山西应县）；寰州（今之山西朔州东）；朔州（今之山西朔县）；蔚州（今之河北蔚县）。这一地区包括了北京、天津、河北西北部和山西大同周围的大部分地区。

翻开历史地图就会发现，燕云十六州实际上囊括了当时中国东北部与西北地区最重要的险关要塞与天然屏障。这一地区的丧失，使本地区的长城及其要塞完全失去作用，整理个中原地带门户大开，华北大平原全部裸露在北方游牧民族的铁蹄之下。重新划定的边防第一线，到了当时的宋朝都城汴梁，即今天的河南开封，八百公里区域，一马平川，没有任何一个关隘和险要之地可以阻挡骑兵大兵团的冲击。此后四百年，中原地区完全失去了军事上的战略主动地位。

这片地区农耕发达，少数民族武力强盛，接触了中原的先进文化后，经济、文化很快就提升了几个档次。辽国的统治者自己都说“吾修文物，彬彬不异于中华”，意思是他们也能知书达理，文治于下。

后周世宗柴荣是一位颇有作为的皇帝，亲自率军北伐，欲收复燕云十六州，可惜壮志未酬身先死。

宋太祖死不瞑目

宋朝历代皇帝，对燕云十六州落入辽国之手一直耿耿于怀。开国皇帝赵匡胤是一位卓越的军事家和战略家，当然知道燕云十六州的重要地位，但是，出于现实的考虑，他相当理性地制定了先易后难、先南后北的战略规划。必须先统一中国大部分土地，才能积聚力量，再谋收复燕云十六州。

依据当时的情况，宋朝的兵力不到二十万，以步兵为主，全国人口约四百万，财政状况也不是太好，“帑藏空虚”，很难支撑大规模的军事行动。辽国人口大约也有四百万，兵力三十万，以骑兵为主。双方力量对比，辽强宋弱。

赵匡胤是一位伟大的战略家，为了有朝一日能收复燕云十六州，他专门设立了一个机构叫“封桩库”，其职能就是将每年国家财政盈余集聚起来，全部存储于封桩库，作为收复燕云十六州的专项基金，由皇帝本人掌握。

赵匡胤设想了两套方案：一是积蓄足够的资金，然后与辽国交涉，赎回燕云十六州；二是用这笔钱扩大军事力量，武力收复燕云十六州。

开宝八年（975 年），宋朝基本统一了中原地区，全国人口达到一千多万，军队总数将近四十万，有足够能力与辽国掰手腕了。这一年，赵匡胤四十九岁，正值英年，以他的才略，收复燕云十六州不是没有可能。可惜天公不作美，赵匡胤带着未竟的事业，猝然而逝。未能收复燕云十六州，赵匡胤死不瞑目。

宋朝第二代皇帝仁宗皇帝，消灭了五代十国的最后一个政权北汉之后，便想完成太祖赵匡胤的遗愿，率师北伐。不料第一次出征，兵败高梁河（今北京外城一带）；第二次出征，再败岐沟（今河北涿州市西南）。从此以后，仁宗皇帝偃旗息鼓，不再作进攻之举。

“澶渊之盟”的利与弊

宋朝的第三代皇帝真宗登基以后，辽国萧太后与辽圣宗更是亲率大军南下攻宋。当时，朝中不少大臣劝真宗弃城南逃，唯有宰相寇准慷慨陈词，力劝真宗出兵抗敌。真宗采纳寇准的建议，御驾亲征，在澶州督战。当时的战况是宋朝占优，如果坚持抗战到底，很有可能把契丹军打回辽国。然而，真宗却接受了辽国的停战请求，并派出大臣曹利用前去议和，双方签订了“澶渊之盟”，达成四条协议：

1. 宋辽从此结为兄弟之国，宋真宗年长为兄，辽圣宗年幼为弟。

2. 宋辽以白沟河为界，各自撤兵停战。

3. 宋朝每年向辽国提供银十万两，绢二十万匹。

4. 宋辽在边境设置榷场，开放互市贸易。

第三条名义上是资助，实际上无异于进贡，自古以来只有弱国进贡强国，小国进贡大国，真宗竟然甘愿屈尊，令人痛惜。

据说，真宗的理想“价位”是一百万两，曹利用议和归来，真宗问他最终许给了辽国多少银两，曹利用伸出三个手指头，真宗以为是三百万两，连连摇头，说太多了，当得知是三十万两时，竟然喜不自禁，重重奖赏了曹利用。

在宋真宗本人看来，澶渊之盟是他一生最大的历史功绩。理由如下：

第一，澶渊之盟最直接的结果是结束了持续二十五年的宋辽之战，并开启了长达百年的和平时代，还国家以太平，还百姓以安宁。

第二，岁供的银、绢，对宋朝来说根本不算什么。当时宋朝的年收入在一亿两白银以上，完全伤不到筋骨。而且，此前宋朝每年的军费达到了约三千万两，用这些岁供解决了三千万两的事，何乐而不为?

而且，澶渊之盟第四条中的开放边境贸易，宋朝仅在这一项中每年获得的利益就达到了岁银的数倍以上，除了支付银、绢外，每年有不少结余。打仗最费钱，只有在和平环境，才能发展经济。据史料记载，澶渊之盟签订后，宋朝的经济和文化，都得到了飞速的发展。

从短时间来看，澶渊之盟无疑是利大于弊，但从长远来看，澶渊之盟也为北宋覆灭埋下了祸根。

北宋从开国皇帝赵匡胤开始就奉行“重文轻武”，所以宋朝一直是经济十分发达，但军事却异常羸弱。“澶渊之盟”后，因为不用再连年征战，所以真宗、仁宗、英宗等历代皇帝都“忘战去兵”，使得国家军事力量被进一步削弱。连续百余年无战事，这让宋辽两国休养生息的同时，也逐步成了军事弱国，以致后来被女真人建立的金朝逐一灭国，酿成巨大历史悲剧。

“澶渊之盟”换来了百年和平以及经济鼎盛，但又有谁能那样高瞻远瞩，看到其为百年后的北宋覆灭埋下了祸根呢?

第九章　致命的诱惑

女真族的崛起

徽宗即位之后，辽国国情发生了巨大变化。建中靖国元年（1101 年），辽主耶律洪基病死，他的孙子耶律延禧继位，自称天祚皇帝。宋、辽两国仍然是兄弟之邦。耶律延禧年过二十，骨子里却少了乃祖拼搏的基因，继位之后贪图安逸，不问国事，过上了骄奢淫逸的生活。雄霸北方的辽国，国力逐渐衰弱，在此期间，东北另一个异族部落——女真人乘机崛起，势力越来越大，大有与辽国一较高低的架势。

女真人是我国一个古老的民族，世居在黑龙江下游、松花江、乌苏里江流域和长白山地区，三国时称挹娄，魏时称勿吉，隋唐时称黑水靺鞨。黑水靺鞨有七十二部落，没有统辖各部的大君长，由各个部落首领率本部散居各地。

隋朝开皇年间，女真人首领曾遣使进贡，隋文帝杨坚设宴慰劳，使者在大殿上翩翩起舞。唐朝贞观年间，李世民率兵攻打高丽，黑水靺鞨曾出兵相助。开元年间黑水靺鞨酋长来朝，拜勃利州刺史，并以此设置黑水府，以黑水靺鞨酋长为都督、刺史，迄唐朝之世，岁岁来朝。唐末五代，黑水靺鞨才被称为女真。辽国灭渤海国，在北方兴起的时候，女真分裂成南北两部，辽将女真一部分强宗大族迁至辽河流域，编入辽籍，称为熟女真，直接受辽统治，北部称生女真。

生女真各部，小的千余户，大的数千户，如克展部、阿典部、完颜部等，他们自己推选酋长，各自为政，互不相属，过着渔猎、畜牧、采集的原始生活，没有纳入辽国的统治范围。

完颜部是其中一个较大的部落，酋长名叫乌古乃，此人英武过人，辽主欲笼络他，封他为生女真节度使。从此以后，他自己设置衙门，任命官吏，打造武器，训练军队，生女真逐渐强盛起来。到了辽天祚皇帝时期，完颜盈歌做了女真首领，在侄子完颜阿骨打的辅佐下，女真部的声势更加强大。

崇宁元年（1102 年），辽将萧海里背叛辽国，逃亡到女真阿典部，派族人斡达剌拜见完颜盈歌，约请完颜盈歌起兵反辽。完颜盈歌认为自己的势力不足以与辽抗衡，拒绝了萧海里的请求，并将斡达剌囚禁起来，派人将情况转报辽主。

辽主耶律延禧立即命完颜盈歌出兵夹攻萧海里。完颜盈歌召集兵丁千余人，同完颜阿骨打一起率兵攻打萧海里，兵马行到阿典部，正逢萧海里率叛军与辽兵大战。

完颜盈歌站在高处观察，见叛军明显占据优势，辽兵有些招架不住，败迹已显，吃惊不小，对完颜阿骨打说："辽国自称大国，打仗怎么这般无用？"

完颜阿骨打不屑地说："在我眼里，萧海里如同小儿一般，叫辽兵退，让我们收拾萧海里。"

完颜盈歌于是命令兵士登高疾呼："辽兵退后！辽兵退后！"

辽兵苦苦支撑，眼看就要败退，蓦闻有人呼退，正是求之不得，立即后军转前军，前军变后队，向后退去。

完颜阿骨打一马当先扑向叛军，其部下也像一群饿狼一样，紧随其后。叛军突然遭到女真人的猛烈攻击，立即溃不成军。萧海里见部众已溃，自己独力难支，只得勒转马头，落荒而逃。完颜阿骨打早就瞅准了萧海里，立即挂刀取出弓箭，转展猿臂，嗖的一声，射向萧海里。萧海里听到呼啸的箭声，要躲闪已是不及，箭中后颈，坠落马下。完颜阿骨打拍马上前，一跃下马，割下萧海里的首级，然后纵身上马，飞驰而去。

叛军见首领已经做了刀下鬼，能逃的都逃了，来不及逃走的纷纷缴械投降。

完颜盈哥将萧海里的首级献给辽主。辽主大喜，赏给他们三百匹马、五百只羊。

阿典部一战，女真人看到了一个秘密：辽兵号称威猛，实际上是外强内虚，战斗力并没有想象的那么强，假以时日，击败辽国不是一件难事。时隔不久，完颜盈歌死了，兄子完颜乌雅束继立，完颜乌雅束东和高丽，北收各部，势力越来越强大，渐渐有了与辽抗衡的实力与野心。

政和元年（1111 年），徽宗派童贯、郑允中为正副使臣出使辽国，此时女真虽未崛起，但辽国之没落已初露端倪。

童贯到了辽国，辽天祚帝其时正沉溺于声色犬马，见宋朝派一个没胡须的宦官为使，接待不怎么热情，甚至还有轻蔑之意。童贯使辽，不但没有达到炫耀自己在西北战功的目的，反而连起码的人格尊严也没有保住，更不用说得到任何有价值的情报。

童贯空手而归，懊丧不已，但从回国途中之见闻，还是看出一些端倪。辽国天祚皇耶律延禧是一个庸君，贪图享受，不修朝政，成天不是到山中打猎，就是到湖边钓鱼。大臣们上奏章，却找不到皇上；君王不理朝政，官僚们也搞腐败，结果是朝政腐败，阶级矛盾和民族矛盾激化。

童贯一行到卢沟的时候，有一个名叫马植的辽国汉人投书拜访，自陈："本是汉人，素居燕京，自远祖以来便在辽国为官，虽披裘食禄，不绝如缕，但未尝少忘尧风，每每想脱掉左衽之服，奈何没有机会。近来天祚排斥忠良，引用群小，女真侵凌，盗贼蜂起，百姓涂炭，宗社倾危。我虽愚憨无知，但预见辽国必亡。古人云：危邦不入，乱邦不居。我欲举家南归，得复汉家衣裳，以酬素志。"

马植一家是燕云大族，世代在辽国做官，到马植这一代，已官至光禄卿。此人品行恶劣，是个大淫棍。少年时便与婶母通奸，一次欲奸宿其嫂，被他的哥哥打了个半死。跑到京城去应试，竟然中了进士，做了官，在京城也成了家，回家乡已是朝中大臣。其时婶母寡居，风韵犹存，干柴遇上烈火，两人又行那苟且之事，这一次兄嫂不敢反抗，家中的丫鬟、仆妇也都成了他的猎物。后来，马植出使生女真，仍然淫性不改，强奸了生女真一个酋长的女儿，酋长找他评理，他竟然连酋长也杀了，引起了外交上的纠纷，马植被贬为庶人。

童贯经过卢沟的时候，马植已经穷困潦倒。当他得知童贯出使辽国返程经过卢沟时，便来找童贯毛遂自荐，向童贯献消灭辽国、收复燕云十六州之计。

童贯得知马植的意图后，便问他有何计策。马植说："辽国天祚皇帝荒淫无道，女真人不堪辽国的欺压，假如宋朝派人取道莱、登渡海，同女真结成联盟，共同对付辽国，形成前后夹攻之势，辽国必败无疑。到时，燕云十六州就可全部收回。"

童贯听罢大喜，把马植带回京城，给他改名李良嗣，然后推荐给徽宗。

李良嗣向徽宗全面介绍了辽国的危机和金人的崛起，极力建议宋、金联合灭辽。在李良嗣看来，辽国肯定要灭亡，宋朝应该抓住这个千载难逢的机会，王师一出，辽人必箪食壶浆，以迎王师，既可拯救苦难中的辽国百姓，还可收复中原王朝丧失已久的燕云十六州。如果错过了这个机会，让女真得势，先消灭了辽国，宋朝若再想收复失地，恐怕就遥遥无期了。

徽宗虽然过着醉生梦死的生活，但却好大喜功，有极强的虚荣心，他在心里想，如果侥幸灭辽，那列祖列宗梦寐以求的燕云十六州就唾手而得，如此一来，自己就可成为彪炳千秋的一代明君。由于女真人还没有形成气候，没有立即采取行动，当即授李良嗣秘书丞，赐姓赵，于是燕人马植便成了赵良嗣。不久，赵良嗣又升任右文殿修撰。

从此，宋朝开始了联金灭辽、光复燕云十六州之路。朝廷内外许多大臣和有识之士对徽宗的想法不以为然，但这并不能动摇徽宗联金灭辽的决心。徽宗将北宋王朝这艘巨轮，驶上了一条不归路。

政和二年（1112年）正月，辽国天祚皇帝耶律延禧赴春州，到混同江钓鱼，女真各部落酋长都要前去朝见，完颜阿骨打奉兄长之命，也去觐见辽国皇帝。垂钓结束，辽帝设宴招待各部落酋长，酒至半酣，辽帝命各部落酋长轮流跳舞助兴。轮到完颜阿骨打时，他推说自己身体不舒服，拒绝跳舞。辽帝当时脸色虽然很难看，终究还是没有发作。

天祚皇帝虽然在宴会上没有发作，却对完颜阿骨打动了杀心。事后吩咐北院枢密使萧奉先找机会除掉完颜阿骨打，以绝后患。幸亏萧奉先极力劝阻，完颜阿骨打才逃过一劫。

完颜阿骨打回去后，担心辽国出兵讨伐，便大量招兵买马，修建城堡，打造武器，吞并周围各族以拓展控制区域，把守险要，准备同辽人一战。

政和三年（1113 年），女真首领、完颜阿骨打的兄长完颜乌雅束病死，完颜阿骨打继位，他不向辽国报丧，自称都勃极烈。

辽天祚皇帝派人前来责问，完颜阿骨打拒绝接见来使，同辽国撕破了脸。

辽天祚皇帝耶律延禧喜欢打猎，打猎需要猎鹰，女真部落盛产一种名叫“海冬青”的猎鹰，辽国每年都要派使者到女真部索要海冬青。猎鹰是天上飞的鸟，并不是说要就能抓到的，这些派往女真的使者，没想到海冬青绝不罢休。这些使臣在女真部停留之际，需要特别服务，就是要女真的女人陪着睡觉，不论是平民家的女人，还是部族首领的家人，只要是年轻漂亮的，都要提供这种服务。多少年来，女真人都是这样逆来顺受，不敢反抗。

完颜阿骨打是一个天才将领，也是一个铮铮铁汉，他不忍族人受到辽国的欺凌，继位之后，率领族人，向辽国举起了复仇的钢刀。

政和四年（1114 年）九月，阿骨打在松花江畔，召开誓师大会，与会者达二千五百余人，祷告天地之后，起兵攻辽。

完颜阿骨打的军队势如破竹，射杀辽将耶律谢十，攻克宁江州。辽国都统萧嗣先率兵万人前来增援，被完颜阿骨打杀得大败而归。阿骨打的弟弟吴乞买等人，乘机劝阿骨打称帝。

政和五年（1115 年）正月，阿骨打正式称帝，建国号大金，更名为旻。完颜骨打，亦即完颜旻，就是金太祖。

阿骨打为何要取国名为金呢？据他对僚属说，辽以镔铁为号，取其坚硬之意，但铁虽坚，终归有烂掉的那一天，唯金子不变也不坏，金子的颜色是白色，而完颜部崇尚白色，故取国名为金。看来，完颜阿骨打说的金，实际指的是白银。

金国建立，直接威胁到辽国的统治。辽天祚皇帝曾派家奴传书给金主完颜阿骨打，要求金国作为辽国的附属国，遭到了完颜阿骨打的拒绝。

接下来，辽与金两国国主以书信来往，打了一场外交战，辽主在书信中直呼完颜阿骨打之名，劝他投降。

完颜阿骨打毫不示弱，也在书信中直呼天祚帝耶律延禧之名，声称要辽答应金国开出的条件。

几番书信往来，谁也不服谁。

完颜阿骨打是一个敢作敢当的人，来文的不行，干脆就来武的，既然撕破了脸，索性就大干一场。于是率领凶悍的女真人，向辽国发起了猛烈的攻击，进兵益州，直捣黄龙府，辽兵节节败退，黄龙府陷落金人之手。

辽天祚皇帝得报，起兵七十万，御驾亲征，欲夺回黄龙府。

别看完颜阿骨打是北方的少数民族，远离中华文明，对兵法并不陌生。当他得知辽天祚皇帝率七十万大军御驾亲征，来势汹汹，此战凶多吉少，为了激励士气，他使了一招激将法。完颜阿骨打将众将士召集在一起，当着大家的面，假装要自杀。当身边的人夺下他手中的刀时，他哭着对大家说，我带你们起兵，是无法忍受辽邦对我女真族民的残暴欺凌，故此自立为国，让我们女真人自己管理自己的事，不受外人欺负。今天，辽主天祚皇帝耶律延禧率七十万大军御驾亲征，声势浩大，金国是挡不住辽兵这次进攻的，为了免除族人的灾难，看来只有杀了我，你们拿着我的人头，去迎接辽主吧！

女真族是一个很有血性的群体，他们怎么会杀了自己的国主去投降敌人呢？于是，群情鼎沸，都愿在国主的带领下，同辽兵决一死战。

遣将不如激将，完颜阿骨打不愧为帅才，女真人的士气，一下子就被他鼓动起来了。

在女真人的支持下，完颜阿骨打调集全国之兵，与辽国展开决战，大军到达黄龙府东时，遥见辽兵满山遍野、铺天盖地而来。完颜阿骨打对左右说，辽兵远道而来，利在速战，我军如坚守不出，借以消磨辽兵的锐气，待辽兵疲乏之时再出战，必能击败辽兵。于是下令各军择险地扎下营寨，挖壕筑垒，按兵不动，静观敌变。

辽兵扎下营寨之后，竟然也按兵不动，完颜阿骨打觉得奇怪，忽有探子来报，说辽兵的后队已在撤退。完颜阿骨打登高远望，果见辽军在退兵。

完颜阿骨打虽然不知发生了什么事，仍然亲率精兵乘势追击，辽兵显然无心应战，被金兵杀得人仰马翻，丢失粮草辎重、兵械不计其数，大败而逃。

辽主耶律延禧率兵亲征，为何不战而退呢？原来是后院起火了。辽国副都统耶律章奴乘天祚帝出兵之机，欲立天祚帝的叔父耶律淳为帝。其实，耶律淳并无篡位之意，拒绝了章奴的好意，耶律章奴于是纵兵抢掠，到太祖庙数说天祚帝的罪行，下令各州县进军攻打行宫。

天祚帝率兵赶回上京，恰逢耶律章奴被熟女真部击败，所率叛军尽皆溃散。几个巡逻的小兵捉住耶律章奴，押回上京交给天祚皇帝。

天祚皇帝杀了耶律章奴，带兵返回都城。

辽国有五个国都，分别为上京临潢府（内蒙古巴林左旗）、中京大定府（内蒙古宁城）、东京辽阳府（辽宁辽阳）、西京云中府（山西大同）、燕京析津府（今北京）。

谁知上京的内乱刚平，东京又发生了叛乱。

东京留守萧保先虐待渤海居民，为暴民所杀，辽将大公鼎、高清明率兵剿捕，刚刚将乱民镇压下去。偏将高永昌收集残匪，进据辽阳，旬日间，竟纠集了八千余人，自行称帝，改元隆基。

辽天祚帝派韩家奴、张林讨伐叛逆，高永昌自知不敌，便向金国求救。

金主完颜阿骨打派胡沙补到辽阳告诉高永昌，说愿意协助高永昌攻辽，条件是高永昌必须削去国号，归顺金国，金国将封他一个王爵。

高永昌刚过了一把帝王之瘾，岂肯立刻放弃？他没有答应完颜阿骨打开出的条件。

完颜阿骨打见高永昌不愿臣服于金国，便派大将斡鲁率军攻打高永昌，进军途中，恰巧与辽将张琳相遇，一场遭遇战，以辽将张琳败走而告终。斡鲁乘势取了沈州，直逼辽阳城下。

高永昌开城出战，不敌金军，向长松败退，辽阳人挞不野乘乱活捉了高永昌，献给金主完颜阿骨打。高永昌被处死。辽国的东京州县以及南路熟女真部，陆续投降金国。

完颜阿骨打任命斡鲁为南路统领，斡伦知东京事。

辽天祚皇帝得知东京失陷，大惊失色，任命耶律淳为都元帅，在辽东募集一万二千多人组成一支部队，称作怨军，即报怨女真之意。任命渤海铁州人郭药师等为统领。耶律淳派耶律奴苛出使金国，建议两国修好，完颜阿骨打提出辽国以兄礼事金的条件。

金国本是从辽国分离出来的一个小国，现在反过来要辽国称他为兄，天祚皇帝当然不干，和谈宣告失败。

恰逢辽国出现大饥，盗贼四起，国内形势一片混乱，无奈之下，辽国枢密使萧奉先（宋宣和元年，1119 年）劝辽帝暂时答应金人提出的条件，册封完颜阿骨打为东怀国皇帝。

完颜阿骨打是一代人杰，雄才伟略，决不会屈于人下，他认为东怀国这个名称不可理解，自己是金国，直接称大金国即可，没有必要称东怀国。而且在册书中，并没有提辽称金为兄的事情。他将册书弃之于地，不接受辽主的册封。辽、金的和谈再一次破裂，北方的局势更加不稳定。

与狼共舞

徽宗不仅花天酒地，骄奢淫逸，而且还好大喜功，一心想收回燕云十六州，使自己成为彪炳千秋的一代明君。于是派武义大夫马政自登州渡过渤海湾出使金国，策划联合攻辽之事。宋、金展开了秘密外交。

马政等人见到金主完颜阿骨打后，陈述说：“自宋太祖开国时起，宋、金两国便有贸易往来，我朝天子听说贵国攻陷契丹五十余城，欲与贵国重修旧好。辽国君昏臣庸，天怒人怨，我朝欲行吊伐，救生灵于水火之中，愿与贵国共伐辽国，特遣我等来军前商议，如蒙允准，以后必有国使前来。”

金主完颜阿骨打与粘罕等商量后，于同年底派李善庆等人持奉国书，带上渤海的珍珠、生金、貂皮、人参、松子等贵重物品为贽见之礼，随马政等人渡海至登州，前往宋朝京师。

宣和元年（1119年）正月，李善庆一行来到京师，入住定相院馆驿。

徽宗命蔡京、童贯等接待金国使者，具体商量联合攻辽之事。金国使者李善庆说要回去禀报金主后再作答复，在汴京住了十余天后，便打道回府了。

李善庆作为使臣，为何不对联合抗辽之事表态呢？原来，李善庆出使宋朝之前，完颜阿骨打就吩咐他，这次出使宋朝，主要任务是探听虚实，只看、只听，不说。徽宗见和谈没有结果，便命马政再次持诏书，并带上宋朝赐给金国的礼物，同李善庆一同再赴金国。走到登州的时候，马政奉诏停止前行，另派平海军校呼延庆护送李善庆归国。

六月三日，呼延庆经过长途跋涉之后，才到达女真军前，旋即便被扣压，直至十二月二十五日才被放回，过了半年的牢狱生活。

临行前，完颜阿骨打对呼延庆说：跨海求好，并非我的本意，商议联合夹攻辽国，不是我求你们宋朝，是你们再三央求我国。我大金建国以来，已经攻占辽国数郡之地，其他州郡也唾手可得。我朝之所以遣使赴宋，是为了交结邻国。但使臣回还，贵国不用国书，却用诏书，很不妥啊！大金是一个独立的国家，不是你宋朝的附属国，你们无权对金国指手画脚，诏书对我们不起作用。如果贵国皇帝真的打算结好，共同灭辽，请出示国书，下次如果再使用诏书什么的，就别怪我将宋朝的使臣拒之门外。

完颜阿骨打的态度如此强硬，是有他的道理的。李善庆出使宋朝，给他带来一个惊人的秘密，李善庆在汴京待了十多天，已经窥出了宋朝的虚实，堂堂宋朝，不过尔尔，金国完全有能力与宋朝平起平坐，争一时之短长，没有必要再对宋朝俯首帖耳。完颜阿骨打摸清了宋朝的底细，对宋朝使者说话的语气就没有以前那样客气了。

本钱就是实力，这是生意场的规则。国与国之间打交道也是这样，国力强，说话的声音就大，没有那个实力，就只能装孙子。

完颜阿骨打是一代雄主，他不是装孙子的人。

呼延庆面对如此强势的完颜阿骨打，没有任何反抗之力。

几个来回，协议没有达成。蔡京、童贯建议，再派人出使金国。

对于徽宗这种投机取巧的愚蠢行为，朝中的有识之士都不以为然，由于奸臣当道，谁也不敢开口。中书舍人吴时忍无可忍，上书谏阻，徽宗看了吴时的奏疏，有些犹豫不决。恰好布衣安尧臣又上疏，力谏徽宗放弃联金攻辽的动机。

安尧臣在奏疏中说：宦官交结权臣，共同倡议北伐，自宰臣以下，没有人敢说一句话。他认为，燕、云之役兴，则边衅大开，宦官之权重，则朝纲不振。当年先祖真宗皇帝澶渊一战，取得了绝对优势，但却与辽国签订了“澶渊之盟”，究其原因，不是打不过辽国，而是为固国本，息民力。今童贯深结蔡京，采纳赵良嗣之谋，重提平燕之议，引来的后果，恐怕是唇亡齿寒，边衅大开。他恳求徽宗鉴历代君臣之得失，遵守旧约，不要使外夷对中国有可乘之机。这样才能上安宗庙，下慰生灵。此则国家之幸，生民之幸。

徽宗连接两疏，正在犹豫，有两个御医从高丽归来，转告了高丽国君的意思。

原来，高丽国王生了一种怪病，本国的医生束手无策，只好向宋朝求医，徽宗派遣两名御医前往诊治。两名御医治好了高丽国君的病，高丽国王送两名御医归国的时候，对他们说：“听说天子将与女真联合，图谋契丹，恐非良策。因为契丹夹在宋朝与女真中间，契丹的存在，可以成为中国捍边的屏障。女真如狼似虎，不宜与其建交，可向天子传达我的建议，要提防女真。”

两名御医归来之后，将高丽国王的话原原本本地转告给徽宗。徽宗本就认为吴时、安尧臣的奏言有道理，加之高丽国王的传话，拟将联金攻辽的计议暂时搁置，并拟提拔安尧臣为承务郎，借以开通言路。

蔡京、童贯仍然坚持联金伐辽，说辽、金交战，这是天赐良机，如果错失良机，将会反受其害。

还有学士王黼，此时已升任少宰，他与蔡京、童贯沆瀣一气，斥责吴时腐儒，并说安尧臣只是一个布衣，根本就没有上书言国事的资格，这种目无王法之人，怎么能够再给他一个官阶呢？

徽宗架不住三人力请，于宣和二年（1120年）二月，再派右文殿修撰赵良嗣以买马为名，出使金国，同金国展开秘密外交。

赵良嗣到达金国的时候，适逢辽国使臣萧习泥烈到金国商议册礼。宋、辽两国的使者碰在一起。完颜阿骨打谁也没有答复，带上宋、辽两国的使臣，出兵攻打辽国的上京。

辽天祚皇帝耶律延禧正在胡土白山围猎，得知金主领兵来犯，命大将耶律白斯率精兵三千驰援上京。

金主领兵至上京城下，指着上京城对宋、辽两国使臣说，你们看我用兵，此一战若胜，辽使就滚蛋，若败，宋使就走人。说罢，指挥金兵向上京城发起了猛烈攻击，仅半天时间，金兵便搭云梯攀上城墙，拿下上京。

耶律白斯率援军还没有到达上京，上京就已经失守，只得中途撤回。

完颜阿骨打进入上京之后，排宴庆祝，酒宴间，只有宋使赵良嗣，不见辽使萧习泥烈。

赵良嗣举杯向完颜阿骨打祝贺，口中大呼万岁，完颜阿骨打大悦。赵良嗣乘机提出，燕京一带自古以来就是汉地，如今相约夹攻辽国，请全国取辽中京（今内蒙古宁城西大名城），宋朝取燕京一带。

完颜阿骨打说："契丹无道，已被我击败，全部契丹之境是我家田地，为感谢南朝皇帝好意，特许燕、云给予南朝。"

接下来，双方在讨论岁赐时，因意见不同而发生争执。赵良嗣答应给金人金绢三十万两、匹，金方则提出，契丹时燕京不属于南朝，宋朝还每年给契丹金绢三十万两、匹（宋仁宗庆历年间，宋朝又各增银、绢三十万两、匹），如今给了燕京，如何只给三十万两、匹？争论了许久，赵良嗣只得答应金人的要求，给予五十万两、匹。

完颜阿骨打修书一封交给赵良嗣，并命近臣勃堇随赵良嗣出使宋朝，与宋朝皇帝当面约定。宋、金夹攻辽国，金国负责攻取长城以北的中京大定府，然后经平地松林南下趋长城边上密云北部的古北口；宋军负责攻长城以南的燕京地区，然后北上古北口，双方以古北口关隘为界。宋收回燕云十六州的土地，但要将原来进贡辽国的五十万岁币改为进贡金国。

对于金国来说，大宋帝国是一个富足、强盛、文明、可望而不可即的大国。此次结盟，将自己的死敌辽国置于腹背受敌境地，金国完全不必再担心辽国寻求宋朝的支持了。而且，宋朝收回的土地，本来也不是金国的，还能够凭空得到五十万岁币，这是天上掉下来的馅饼，其喜悦之情可想而知。

对于大宋帝国来说，虽然背信弃义，干了一件不太光彩的事情，但是，国与国之间，只有永恒的利益，哪有什么情义可言？如今，天要灭辽，倘若真的趁机收回燕云十六州，信义不信义，不谈也罢。

接下来便是双方互换由各自的皇帝亲笔书写的国书。

完颜阿骨打在国书中写道：

大金皇帝谨致书于大宋皇帝阙下：盖缘素昧，未致礼容；酌以权宜，交驰使传。赵良嗣言："燕京本是汉地，若许复旧，将自来与辽国银绢转交。"虽无国信，谅不妄言。若将来贵国不为夹攻，即不依得，已许为定，具修寸幅，冀谅鄙悰！

徽宗在国书中写道：

大宋皇帝谨致书于大金皇帝：远承信介，特示函书。致罚辽国，逖闻为慰。确示同心之好，共图得罪之师，诚意不渝，义当如约。已差童贯勒兵相应，彼此兵不得过关。岁币依辽旧数，仍约毋听辽讲和。

两国约定，次年实施联合攻辽的计划。这就是历史上极其著名的宋、金"海上之盟"。

盗入邻家

宣和四年（1122年）正月，金主完颜阿骨打命大将斜也带兵攻打辽国的中京大定府，辽兵弃城而逃，金兵乘胜追击，再取泽州。

辽主天祚皇帝耶律延禧同北宋的皇帝徽宗一样，也是一个昏庸之主。当金人入侵他的家园的时候，他却在鸳鸯泺打猎，得知金人端了他的老窝，吓得胆战心惊，带着五千卫士，狼狈地逃往西京云中府，慌乱之中，竟然连传国玉玺都落到桑乾河中去了。

斜也兵分两路，他亲率一路越过青岭，命副将宗翰从瓢岭出击，两路会合，袭击辽主耶律延禧的行宫。耶律延禧吓得无计可施，再次练起了跑功，乘轻骑逃到大山里去了。金兵乘胜追击，攻克西京云中府。

按宋、金“海上之盟”的约定，金军负责攻打燕云十六州以外的三个都城即上京临潢府（今内蒙古巴林左旗）、中京大定府（今内蒙古宁城）、东京辽阳府（今辽宁辽阳）；宋军负责攻打西京云中府（今山西大同），燕京析津府（今北京）。

开战以后，金军势如破竹，很快就把那三座都城攻下了，最后顺手牵羊，连西京也占领了。金军打到燕山后就停下来了，因为按照约定，燕山府应该由宋军攻打。金主完颜阿骨打派人出使宋廷，催促北宋政府按约出兵攻打燕京（今北京）。

徽宗虽然不怎么喜欢打仗，但看到辽国节节败退，契丹铁骑并没有想象中的那么所向无敌，又动了收复燕云十六州的念头，于是命童贯为河北、河东路宣抚使，屯兵于边，时刻准备出兵。此时蔡京已经奉诏退休，王黼升任少宰。

当时有许多大臣反对出兵，江南方腊起义刚刚平定，士兵需要休整，徽宗也显得有些犹豫。

王黼是主战派，他认为，辽国已经成了强弩之末，正是收复燕云十六州的最佳时机，如果此时不收复燕云十六州，恐怕燕云十六州就没有归期了。

徽宗经不住蛊惑，当即决定出兵。

王黼乘机专权用事，在三省设置经抚房，专门处理边疆事务。他又给童贯写信说：“太师如果要北伐，我愿尽死力帮助。”

童贯等人更是摩拳擦掌，跃跃欲试，已经做起了建功立业的美梦了。

负责起草诏书的中书舍人宇文虚中看出了问题的严重性，上疏说：“用兵之道，必须先考虑强弱虚实，知己知彼，以防万一。如果说起军备经费与贮备，主战的统兵大帅会说绰绰有余，边防州县财政军粮空虚匮乏则被忽略不计；如果说起兵士的强弱，统兵大帅会说兵甲精锐，而边防州县的兵备废弛则置之不问。边境上没有攻守器具，军府里只够几天的军粮，就是孙武再世，这个仗也没法打。”宇文虚中进一步分析说，“今边防部队可用者不过数千人，而契丹耶律淳智勇双全，颇得人心，如果据城自守，也未必能阻敌于城下。何况契丹与中国讲和，已逾百年，彼虽有贪婪之举，不过欲得关南十县之地，虽然很傲慢，不过是待我朝使者礼数不周而已，这些都是枝节问题，不必太过认真。自女真侵辽以来，辽朝向慕本朝，一切恭顺，如今舍恭顺之辽朝，而欲以强悍之金国为邻，臣恐中国之边境，未有宁期了。”

宇文虚中确实利害，他所预言的一切，后来一一应验，而且比他说得更加惨烈。

在策略上，宇文虚中也反对这样做，他举了一个形象的例子来说明：譬如一个大富翁与一个穷人毗邻而居，他想吞并那个穷人，扩大自家的地盘。于是找来一个强盗，对他说：干掉这个穷鬼，他的财产一半归你。就算都做到了，邻居从一个本分的穷人换成了一个成天惦记着你家财产的强盗，从此以后，你睡觉还能安宁吗？因此，他恳请徽宗降旨，罢将帅还朝，不要在边境滋事，只有这样，中国才可永享太平。从后来的结果看，宇文虚中把这个强盗估计得太老实了。

在道义上，反对的声音也不少，澶渊之盟，两国结成兄弟之邦，不管怎样，毕竟和平相处了一百多年，双方有来有往，总体上还算友好。如今，人家家里失火，不但不帮忙救火，反而趁火打劫，这怎么说？

徽宗将宇文虚中的奏疏交给三省讨论。宰相王黼大怒，将宇文虚中降职为集英殿修撰，不让他起草诏书了。与此同时，王黼又加紧督促童贯进兵。

从此，北方的战事便一发而不可收，而此时的北宋帝国得了一种怪病——软骨病。

第四篇

军事与经济文化的冲突

第十章　山中无老虎，猴子称大王

经济文化发达昌盛

平时说起宋朝，大家的第一印象肯定是“软骨头帝国”，但是，这个朝代的经济、科技、文化却十分的繁荣昌盛。有多么繁荣呢？这么说吧！经济上，宋朝的手工业、商业十分发达，这点可以从《清明上河图》中看出来，因为这幅画就是北宋时期的生活照。如果不是身临其境，画家画不出这样的传世之作。

经济上，有人测算，北宋时期的国民生产总值占当时世界的百分之八十，还有一种说法是占当时世界的百分之五十。虽然说这都是估算，不足为凭，但有一点可以肯定，北宋确实是一个很有钱的王朝。

科学技术上，中国古代的四大发明有两样产生在宋朝：活字印刷术，指南针。不仅仅是四大发明，宋朝的天文学、数学、医药、生物学、建筑等领域的技术，也都处于世界领先水平。

文化上，春秋战国是中国古代学术的高峰期，在那个时代产生了我国古代第一批大师级的学者；宋朝是中国古代学术的又一个高峰期，这个时期又产生了一批大师级的学者。北宋是中国文化历史中的丰盛时期，理学、文学、史学、艺术领域硕果累累。为筛选官员而建立的科举考试推进了教育制度的发展。宋太祖曾要求其子孙永远不得杀害文人，文人在宋朝地位得到了空前的提升。“满朝朱紫贵，尽是读书人”的俗谚就出在宋朝。在理学兴起、宗教势力退潮、言论控制降低、市民文化兴起、商品经济繁荣与印刷术发明等一系列有利条件下，宋朝优秀文人辈出，知识分子自觉意识空前觉醒。宋人小资情节严重，宋词中抒发的感情大多都是那种浅斟低唱的闲情逸趣，反映了宋朝稳定的政治局势、繁荣优越的社会生活。

经济、科技、文化空前繁荣，庞大的帝国名不虚传，可是，北宋帝国在军事上却是软骨头。那么问题来了，为何宋朝经济科技文化十分发达，军事却十分疲弱，虽然养了百万大军，在对辽夏作战时却不堪一击，卑躬屈膝，纳币求和。而对国内此起彼伏的小股起义，也难以应付。外不足以抗击辽夏，内不足以镇压农民反抗，军事上如此羸弱，问题在哪里？这是一个值得深思的问题。

蔡京集团的敛财术

尽管北宋王朝很有钱，但有再多的钱，也经不住折腾。北宋自仁宗时起，便已形成了“三冗”问题，这便是“冗官”、“冗兵”和“冗费”。

“冗官”。宋初内外官员不过三五千人，到景德年间（1004—1007年）就增加到一万多，而在景德以后的三十多年，即仁宗皇祐年间（1049—1053年），激增到两万多人，几乎每隔三十年，官僚队伍人数便翻上一番。随着官僚队伍人数的不断扩大，官吏的俸禄也成倍地增长。

“冗兵”。“冗兵”一项尤为惊人。太祖时养兵二十二万，到仁宗庆历年间（1041—1048年）增至一百二十五万，为百分之五百八十，英宗治平年间（1064—1067年）一百一十六万，百余年间几乎增加到六倍。国家养着如此庞大的军队，但在与辽、夏的战争中，却是一败再败，从来没有打过胜仗，战争的结局总是向辽、夏屈膝求和，以奉献岁币了事。可是，这百余万大军，成为宋代财政上的最大的负担。

“冗费”。“冗费”与“冗官”、“冗兵”紧密相连，官和兵“冗”到什么程度，“费”也就“冗”到什么程度。如郊祀之费，这是皇帝每年祭天帝时对官员的例赏，景德年间的郊祀之费为六百万缗，到皇祐年间增至一千二百万缗，官员增加了一倍，“冗费”增加一倍。士兵增加了六倍，军费开支也水涨船高。

“冗官”、“冗兵”和“冗费”问题积累的结果，使仁宗时的财政陷于极其难堪的境地，为了解决这一难题，统治者便在百姓身上动脑筋，从而形成了宋代赋税增加的第一次高潮。赋税的剧增，同时还伴随着土地兼并、官租私租的增重，致使广大农民日益贫困，造成民困的严重局势。

封建国家尽管横征暴敛，财政上依然捉襟见肘，拮据不堪，国穷的局势也逐渐形成，宋专制统治的积弱局势也暴露出来了。经济上国穷民困，政治上积弱挨打，这是宋仁宗统治时期的总局势。

神宗熙宁二年（1069 年），王安石登台执政，开始了历史上著名的变法革命。变法的目的在于扭转百年来积贫积弱的局势，富国强兵，以巩固宋专制主义的统治。变法过程中对赋税制度进行了重要变革。

王安石变法，由于采取了相对减轻赋税和均平负担的政策和措施，对当时的农业生产起到了促进作用。

正当社会经济、国家财政随着变法改革逐渐好转之际，以司马光为代表的反变法派登台执政。所有熙宁年间的各项改革全部被废除，一切又回到熙宁变法之前的老路。这一逆转、倒退，把社会经济和国家财政带上了绝路。

反对派的倒行逆施为自己创造了垮台的条件。哲宗元祐八年亲政后，起用了章惇等变法派，又恢复了熙丰时期的新法。六七年后，哲宗便一命归西了。

徽宗上台时，由于前代的积弊，冗官、冗费问题已经到了危险的地步。在神宗死后的元祐年间（1086—1094 年），人们又开始抱怨官员人数太多，到徽宗时期，官员更是多如牛毛，在短短的二十年间，用当时官员自己的话说，官员又增加了数倍。宣和元年（1119 年），政府官员人数多达四万六千余人，是仁宗时期的两倍多。

在这种巨大压力下，政府财政收入根本就入不敷出，几乎年年发生赤字，甚至收入只能满足支出的四分之三。

在财政部门仰仗皇帝解决问题的时候，皇帝却花钱如流水。徽宗本人花钱能力居宋代皇帝之首。他爱好广泛，品位高雅，建了不少亭台楼阁，又因为喜欢艺术，让各地进献花石。贤臣们都已遭贬，没有人告诉皇帝，他的爱好已经给国家财政造成了巨大的负担。

在皇帝的周围，形成了一个巨大的享乐圈子，他们以搜刮民脂民膏，满足皇帝为首要目的，却从来没有考虑过财政的承受能力。而替政府筹措资金的责任，就落在了宰相蔡京的头上。

在蔡京的操纵下，北宋朝廷设立了许多搜刮机构。如苏杭造作局、西城局、应奉局、御前生活所、营缮所和御前人船所等等，无一不是“以奇侈为功”进行搜刮的罪恶机构。而这些仅仅是冰山一角，更重要的是对老百姓的横征暴敛，在扩大税赋剥削的同时，徽宗、蔡京集团还扩大了专买制度。盐钞法一改再改，铸当十大钱，并下令将全国各地冶炼的金银全部收归大内。仅仅是政和五年、六年两年，所得盐利达四千万贯，年均盐利为二千万贯以上，几乎为仁宗时的七百一十五万贯的三倍。这是继仁宗时期赋税猛增的第二个高潮。这次浪头来势较仁宗时更凶猛。

徽宗、蔡京集团意犹未尽，借口收复燕云十六州，发动对辽的战争，向京西、淮、浙、湖、川、闽、广榨取所谓的“免夫钱”，而杨戬、李彦以西城所这个机构，公然掠夺农民的田地。

北宋虽然亡于金人之手，但真正令其衰弱到无法抵抗的地步的原因，不在于外界，而在于内部资源已经被剥夺到了极致，不管面临多大的外部刺激，都已经无力做出反应了。何况帝国本来就得了软骨病呢！

帝国得了软骨病

宋朝最遭人诟病的是军事上的羸弱，不要说其未能像汉、唐那样在草原上大展雄风，就连本属于汉地的燕云十六州都未收回，北宋时和契丹签订“澶渊之盟”，最后为金国所灭，后来的南宋则更加屈辱，先是向金称臣，后被蒙古所灭。所以宋朝历来被认为是一个软弱的朝代，是一个丧权辱国的朝代，也被人认为是一个屈辱的朝代。

从表面现象来看，事情确实如此。但如果深入分析当时的实际情况，则会发现，宋朝能在当时的历史条件下维持三百二十年，已经是奇迹了，宋朝的军队并非想象的那样不堪一击，至少其行为是情有可原的。

在探讨宋朝亡国的历史问题时，有人认为是政权腐朽，有人认为敌对者有强大的铁骑，铁骑具有当时最强大的战斗力。事实上这两点都不足以解释宋朝积弱与灭亡的根源。宋朝灭亡的根本原因，在于重文轻武。尽管宋朝经济繁荣，但是不注重军事的发展，尽管宋朝战事不断，但是宋朝的军事发展在其社会生活中始终处于从属地位。

北宋重文轻武源于太祖的“杯酒释兵权”。赵匡胤鉴于唐代亡于节度使的教训，开国之后便“杯酒释兵权”，将主要将领都封为节度使，但节度使是虚职，只拿钱不管事，而且薪俸很高，让这些手握兵权、从战争中杀出来的优秀将领，彻底做富翁去了。

这样，在开国之初，北宋面对强敌时就削弱了战斗力。当然，雄才大略如宋太祖，自然是明白这一点。但他仍这样处心积虑地安排，自有他的考虑。唐代在最鼎盛的时候，集军、政、财权于一身的节度使起兵造反，开启长达十年的安史之乱，之后，五代十国更是纷纷造反。短短几十年，造反称帝的武将实在太多了，中国残破不堪。这种血的教训不得不令人警惕，宋太祖以温和的办法，杯酒释兵权，将节度使变成一个虚职，消除了那些功勋们作乱的可能，这在宋初不能不说是比较好的选择。

从立国开始，限制武官、防范武臣是宋朝的重要特点，宋朝官吏中武臣从属于文臣，宋朝重视文科的选拔，而对军事人才的培养几乎是零。在宋朝文武兼备的武臣很少，宋朝统治者对文武兼备的人才多有猜疑，能够得到信任赏识的往往是那些有勇无谋的将领。宋朝统治者重文轻武对社会也产生了巨大的影响，习文之风日盛，而尚武之风日衰。

尽管宋朝经济繁荣，由于重文轻武的社会影响，致使经济实力和文明成果难以向军事方面转化。从装备，到战法比前朝没有根本的改变，甚至在总体战斗力上还出现了倒退，造成了宋朝经济实力与其军事实力严重失衡，甚至出现了“暖风熏得游人醉，直把杭州作汴州”的局面。

假如历史能够改变，宋朝能够以其他方式制约朝代更替，而不是重文轻武，局面肯定是不一样的。如果宋朝能够将经济实力与社会的文明成果积极地向军事实力转变，那么从军事装备来说未必不能有长足的进展。宋朝时期火药已经产生，但是在用于军事方面的火器发展迟缓，假如宋朝重视军备，社会先进的技术成果如果及时向军事转变，外夷的铁骑未必就一定能占上风。

假如宋朝重视军事人才的选拔，重视武臣的素质，重视战略战术的研究，未必就不能发现外夷地广人稀的短处，未必就不能利用敌人兵力不足、战线漫长的弱点，从敌人的后勤保障上制约敌人的铁骑锋芒。

可惜，历史不能假如，仍然以本来面目展示给后人。

宦官掌兵

中国有句俗语，叫作“山中无老虎，猴子称大王”，北宋当时的情况就是这样。当南方的农耕文明与北方的游牧文明再次发生冲突时，宋朝统治者竟然派不知兵的宦官童贯出任统兵主帅。

宣和四年四月十日，童贯率十五万大军巡边，以陕西名将种师道为都统制（前敌总指挥），正式出师北伐。

徽宗似乎已经预见到了胜利，下诏给燕京辖区内的官吏军民，说什么耶律淳如果纳土来朝，宋方会待之以礼，世享王爵。所收复州县城寨的文武百官，仍然以旧职相任，军兵戍守之士并加优赏，愿归农者，免税三年。燕京收复之后，番汉百姓同等待遇。

童贯出师之日，徽宗亲自为他壮行，以御笔三策交给童贯：如燕京人欢迎宋师，我朝顺此收复旧疆，是为上策；耶律淳纳土归降，是为中策；燕人不肯归附，导致战争，宋师须全师而还，是为下策。

辽国是宋朝的友好邻邦，金人攻打辽国，于宋朝而言，相当于强盗进了邻家，宋朝不但没有帮邻居捉强盗的意思，反而要乘人之危，前去与强盗分一杯羹。

四月二十三日，童贯率北伐之师，浩浩荡荡地到了高阳关（今河北省高阳县东）。途中遇到辽国使臣，辽国使臣对童贯说，他是奉辽国天锡皇帝之命，前来与中朝继续修订盟约，请求宋朝不要乘人之危，落井下石，出兵攻打辽国。作为交换条件，辽国情愿放弃宋朝每年给辽国的岁币。

童贯不屑地说，灭了辽国，还有人向我们要岁币吗？辽使见童贯不但不答应重修盟约，而且还将自己羞辱了一顿，含恨而去。

辽国为何冒出了一个天锡皇帝呢？原来，耶律延禧出走云中府，宰相张琳、参政李处温与都元帅耶律淳一同镇守燕京。耶律延禧逃进夹山，号令不通，而且，金军撒下了天罗地网要抓他。参政李处温与族弟李处能、儿子李奭，外联怨军，内结都统萧干，与众大臣集番汉诸军，拥立耶律淳为帝，称作天锡皇帝。遥降天祚皇帝为湘阴王。当耶律淳得知宋朝趁火打劫、出兵来攻的时候，派使臣到童贯军前议和。使臣在童贯那里受了一顿羞辱之后，回来如实向耶律淳做了汇报。

天锡皇帝听后，大骂童贯不是东西，说辽国与金人打仗虽处下风，但对付宋军却是绰绰有余。于是命耶律达石为统军，以萧干为佐将，准备迎战宋军。

童贯到达前线，才知道军情不容乐观，表现为：河朔驻军骄惰，平时很少训练，战斗力极差；军粮虽说并不缺乏，但粗不堪食，去掉皮壳，仅有一半，而且储存之地较远，运输相当困难；兵器非常缺乏；筑城工具与守城器械十分缺乏。原来，河朔之地百余年未受兵戈之苦，地方官头脑里根本就没有战备这根弦，仓促之间筹备军需器械，自然是措手不及。在将骄兵疲、军粮与兵器短缺的情况下，欲击败辽兵，已是非常困难，更谈不上收复燕云十六州了。

童贯出兵不久，徽宗任命蔡京的儿子蔡攸为河北、河东宣抚副使，出任童贯的监军。蔡攸不懂军事，认为此次北伐，就是去同辽国办理燕云十六州的交接手续。出征之前，他兴高采烈地进宫去向徽宗辞行，恰好碰上徽宗搂着两个宫女在调笑。蔡攸看到徽宗美女在怀，顿时血脉贲张，欲念上升，两眼射出贪娄的淫光。

徽宗似乎并不避讳，冲着蔡攸问："有事吗？"

蔡攸收回淫光，笑嘻嘻地说："臣是来向陛下辞行的。"

"啊！"徽宗在怀中美人的脸上亲了一口，笑呵呵地说，"祝你马到成功！"

蔡攸突发奇想，正色道："臣胜利归来，请陛下赏赐臣一样东西。"

"什么东西？"徽宗好奇地问。

蔡攸立即换了一个面孔，指着徽宗怀里的两个美人，涎着脸，笑嘻嘻地说："将这两个美人赏给臣。"

徽宗并无怒色，微笑地看着蔡攸。

"默许就是表示同意，陛下已经许臣，臣去了。"蔡攸说罢，返身自去。

一个君王，一个大臣，竟然形同市井之徒，构成北宋王朝一道奇特的风景。

老奸巨猾的蔡京首建平燕之议，又惧怕将来兵败，殃及自身，便写了一首诗送给儿子蔡攸：

老懒身心不自由，封书寄与泪横流。
百年信誓当深念，三伏征涂盍少休。
目送旌旗如昨梦，心存关塞起新愁。
缁衣堂下清风满，早早归来醉一瓯。

诗句传入宫中，徽宗把"三伏征涂"改为"六月王师"，其他一概未动。诗中"百年信誓当深念"一句，指的是宋、辽之间盟誓已有百年之久，不可轻易撕毁，明显与他首建平燕之议有矛盾，徽宗也未加责备。

五月中旬，蔡攸率兵北上，与童贯会合，蔡京又写诗送行说：

百年信誓宜坚守，六月行师合早归。

表明他不赞成出兵。蔡京的如意算盘是，如果将来宋兵获胜，他首建平燕之策，自然是功不可没，如果兵败，他早有诗句谏诤不可贸然北伐，这样就左右逢源，立于不败之地，可谓是老谋深算。

童贯率五万大军经高阳关到达雄州，种师道率十万西北军已先期到达，在城外建立元帅府，童贯也派先行人员在城内组建了宣抚使衙门。

童贯到达雄州，立即召开军事会议，西北军的大部分将领只知种师道，不知有童贯、蔡攸。因此，在会上出现了一个小插曲。

童贯、蔡攸先到达会场，童贯居中坐，蔡攸坐在童贯右边的座位上，左边之位留给都统制种师道。众将陆续到达会场，众将各自依次排班站好，等候种师道上座，好行参见元帅大礼。

种师道进入会场，朝上面看了一眼，停住了脚步，叫人搬来一张椅子放在大门正中，与童贯相对而坐。

众将看在眼里，心里雪亮，他这是在抗议。

原来，古代文武百官上朝，左班为上，右班次之；左班是在皇帝的右手边，所以左相在右相之上。现在，蔡攸坐在童贯右边，显然是把种师道这位全军统帅摆在了蔡攸之下，成了第三号人物。

童贯并不是不知道这个规矩，他是有意压低种师道的地位。如果是上朝，蔡攸是少保，官位在种师道之上，这样排位次，也是顺理成章。然而，这不是在朝堂，而是在前线的军事会议上，这种排法，就值得商榷了。种师道是一个边关老将，他根本就不把完全不懂军事的蔡攸放在眼里，看到座次如此排法，当然不服气，不就座，就是抗议。

童贯见种师道坐得远远的，请他到前面就座。种师道冷着脸问：“这是军事会议，谁主持？”

“当然是宣抚使与将军主持。”

“上面不是已经坐着了两个主持人吗？”种师道说，“我这个将军，就坐在下面当听众好了。”

“啊！”童贯装着笑脸说，“本使失言了，请元帅上坐。”

“你身边只有下坐了，本帅还是坐在这里好。”种师道仍然不肯到前面去就座。

“种元帅，”童贯解释说，“蔡副使官居太保，上座也不为错。”

“那就上朝堂去吧！这个军事会议就别开了。”种师道站起来说，“要不，就请副使大人统率全军，指挥作战吧！老朽情愿听从调遣。”

童贯被顶得两眼直翻，半天说不出话来。

童贯这一次是宣抚使，是此次北伐军的统帅，副使蔡攸，顺理成章地就是副统帅。但在宋朝，都统制也是统帅，都，就是统的意思，全军的总统制官，不是元帅又是什么？可是，在童贯心中，这一次他不是有名无实的监军，而是有指挥权的统帅，他要把种师道的指挥权夺过来，真正地过一把统帅的瘾。

种师道本来就不赞成北伐，但一旦被任命为都统制，他还是要争这个指挥权，在他的眼里，监军也好，宣抚使也罢，都是不知兵的文人，真正打起仗来，还是要靠他们这些久经沙场的将军来指挥。种师道尽管心里这样想，还算沉得住气。

童贯脸上却有些挂不住了，质问道：“种元帅到底想怎么样？”

种师道见童贯逼着他摊牌，指着蔡攸说：“让这个混世魔王让座。”

蔡攸一听，气得暴跳如雷，而众将军听罢，却哄堂大笑。原来，蔡攸这个“混世魔王”的雅号是御封的。

蔡攸“混世魔王”这个封号，并不是很光彩。他与徽宗，虽然是臣与君的关系，然而，他们的私交却突破了君臣的界限，两人有时到了无话不说的地步，甚至彼此的私生活也可作为谈资。徽宗是一个好色之徒，蔡攸就投其所好，经常向徽宗传授一些床上功夫，并且还自夸地说，这些招数，他都在妻妾身上试过，其乐无穷，并且还向徽宗建议，如果他不相信的话，可以让他的老婆陪他试试。话是这么说，是否真的试过，没有人知道。正因为他们有这样的关系，所以，五十多岁的蔡攸在临出征时，就敢要求徽宗将心爱的美人赏赐给他。一个恬不知耻的奸佞，配上一个荒淫无度的昏君，出演了一场破天荒的绝唱。

有一次，蔡攸陪徽宗喝酒，他装扮成小丑与众女滚成一团，引得徽宗捧腹大笑。蔡攸乘机献媚地说："陛下，臣与陛下共享太平之乐，竭忠尽力使陛下乐趣无穷，陛下也该给微臣封王晋爵吧？"

"你也想封王？"

蔡攸厚颜无耻地说："以臣陪侍陛下之功，还不能封王吗？"

徽宗随口答："那就封你个'混世魔王'吧！"

"混世魔王？"蔡攸吃惊地问。

"怎么，不满意呀？"徽宗说，"程咬金当年不是也做过混世魔王吗？"

蔡攸立即趴在地上磕头谢恩。

好长一段时间内，蔡攸常在同僚们面前夸耀，说自己是混世魔王，是皇上御口亲封的，引来同僚们一阵窃笑。后来，蔡攸也觉得混世魔王这个称号不雅，也就不再提了。

种师道当众称蔡攸混世魔王，而且出口不逊，蔡攸暴跳如雷，也就理所当然了。

童贯虽然从心底里也瞧不起蔡攸，但蔡攸是皇上的宠佞，不能得罪，然而，这是在西北战场上，如果真的与种师道弄僵，这个仗就没法打了。权衡利弊，只得让蔡攸退一步了。

种师道在争座次上占了上风，在军事指挥上仍然没有决定权，童贯是宣抚使，是西征军当然的统帅，种师道必须要受他的节制，否则就是抗旨不遵。他虽然敢与蔡攸顶撞，也敢与童贯分庭抗礼，但却不敢抗旨。

童贯在会上根本就没有给种师道说话的机会，直接布置了他的作战计划。

会后，童贯命雄州知州和诜赶做一批黄榜和招降旗，并在招降旗上写着"吊民伐因，降者有功，尽加封赐"的字，分发给各军。声称谁献上燕京，就授他一个节度使之职。

种师道虽然心里不服，却不敢违抗军令。但对于这场战争，他还是要提出自己的看法。他说："今日之事，有如盗入人家，既不能救，又从而分其宝也，毋乃不可乎？"

意思是说，这件事情就如同有强盗闯进了邻居家，我们本应该救助邻居，现在不救也就罢了，还要和强盗分邻居家的财宝，这事不能干。咱们应该念及宋辽百年的和好，与辽一起抗金才是正理。

童贯怒斥种师道，说这是君命，违抗就是抗旨不遵，如果再敢妄言惑众，就要办他个抗旨不遵之罪，按军法从事。

种师道再有天大的胆子，也不敢抗旨不遵。只好叹了一口气，不敢再说。

能征惯战的将军没有话语权，不知兵的宦官却霸占着军事指挥权，战争的前景实在让人担忧。

第十一章　与虎谋皮的闹剧

北伐惨败

童贯决定分东西两路进兵，命种师道率领熙河、兰会、泾原三路兵为东路，向白河一线进军；命辛兴宗率领鄜延、环庆、秦凤三路为西路，向范村一线进军。

种师道无奈，只得督兵前进。前军统制杨可世兵至白沟，遇上了辽军，宋军见辽兵蜂拥鼓噪而来，吓得未战先逃，东路军大溃，幸巧种师道后军赶到，击退辽军，才不致全军覆没，东路军败退回雄州。

辛兴宗率领的西路军也好不到哪里去，刚到范村，就同辽兵打了一场遭遇战，被辽军杀得十死七八，踉跄遁归。

两路大军，十五万兵马，刚一交战便铩羽而归，这是很难向朝廷交代的，童贯搜罗残兵，准备同辽兵再战。

辽国担心受到宋、金两面夹击，再次派使臣来见童贯，说咱们就别打了，上次贵国出兵十五万，辽兵只出兵一万人，就杀得大败而归，这还是辽国给你们留面子。女真原来就是我们的臣子，他们现在叛乱，叛乱搁在哪国，都是要镇压的。听说你们西北军，前段时间不是到江南去镇压叛乱去了吗？怎么反过来援助辽国的叛军呢？所以，最好咱们联手攻打金国，或者你们保持中立，谁也不帮。

童贯不听，把辽国使臣轰了出去。

辽国使臣站在院子里大哭，因为他知道，辽国经不住两线作战，一旦遭到宋、辽两国夹击，辽国必亡无疑。他冲着童贯的住处大叫：宋辽两国，百年和好，盟约誓书犹在，宋朝怎么能够背信毁约，结虎狼之邦？金人现在的目标是辽国，辽国灭亡之后，下一个目标就是你们宋朝了。有一天，你们终归要后悔的。

童贯只想眼前，没有想到以后。他叫人轰走了辽国使臣。

辽人气不过，心想，我打不过金人，那是我们没本事，但打宋朝却是绰绰有余。当天夜里，七千辽兵袭击了宋营，宋军听说辽兵来了，撒腿就跑。宋朝的军队，留给辽军士兵的永远是后脊梁，仅自相践踏就踩死了几万人。

两次大败而归，童贯不好向朝廷交代，便想找一个替罪羊。他向朝廷上疏，说种师道有意通辽，此次兵败，都是种师道从中捣鬼。

王黼主持北伐，现在两路兵败，他也想推卸责任，立即密奏徽宗，将责任推在种师道身上。很快，圣旨下来了，贬种师道为右卫将军，并勒令他退休，用河阳三城节度使刘延庆代替种师道的职务。

童贯一举两得，既找到了替罪羊，又拔掉了眼中钉。

此后不久，徽宗下诏，暂令班师，童贯与蔡攸一同回朝。

事有凑巧，就在童贯等班师不久，耶律淳暴毙。大臣萧干等立耶律淳之妻萧皇后为皇太后，主持国政；奉迎天祚皇帝的儿子秦王耶律定为皇帝，由萧干专权，辽国上下人心涣散。

宋朝见辽主新丧，认为有机可乘。徽宗置兵不伐丧的古训于不顾，诏命童贯、蔡攸再次统兵出征，以河阳三城节度使刘延庆为都统制，取代已经撤职的种师道，务必要收回燕云十六州。

九月间，朝散郎中宋昭上书，极言辽不可攻，金不可邻，他日金国必然败盟，为中国之患。乞请诛王黼、童贯、赵良嗣等人。王黼见书大怒，怂恿徽宗将宋昭除名勒停，编管广南。

宋军初出之时，军容甚盛，辽国常胜军统帅、涿州留守郭药师因萧后新立，萧干专政，认为辽朝已处于风雨飘摇、朝不保夕的境地，他认为归附宋朝才有出路，于是率所部八千余人和涿、易两州版图投降童贯。童贯上表朝廷，授郭药师为恩州节度使，郭药师的部下归刘延庆统领。一时间，宋军军威大震。萧后欲降宋，又恐金人兴师问罪，便同时向宋、金奉表称臣，被童贯拒绝。

宋朝不费一矢一镞，便得到两座城池，徽宗君臣大喜过望。徽宗御笔改燕京为燕山府，涿、易等八州也都赐名，似乎这八州都已被宋控制。其实，除涿、易两州外，其余各州都在辽人手中。萧太后奉表降宋，不过是想曲线救国，怎肯将好端端的土地送人？

童贯似乎也清楚这一点。为了真正得到这些城池，他派刘延庆率十万大军出雄州，以胜捷军大将范琼为前驱，郭药师为向导，渡白沟北上，杀向燕京。

刘延庆治军毫无章法，军纪涣散，行军前无侦骑，中无队形，后无防备，范琼的长枪让亲随替他扛，自己下马与步兵混在一起，嘻嘻哈哈，仿佛游山玩水一般，丝毫看不出是上前线去打仗。

郭药师实在看不过去了，几次劝说刘延庆，说行军打仗，如此毫无防备，倘若遇到敌人伏击，不说打仗，恐怕连逃跑都来不及。刘延庆居然将郭药师的话当成了耳边风。

不听老人言，吃亏在眼前。

大军走到良乡，猝遇一万辽军杀到。范琼混在队伍中，突见辽兵杀来，一时慌了手脚，欲拿兵器迎敌，扛枪的亲随不知跑到哪里去了，心里发慌，干脆脱下衣甲逃命去了。幸巧杨世可、高世宣率军前来接应，才未致惨败。

刘延庆吓破了胆，干脆扎下营寨，坚守不出。杨世可、高世宣尽管认为不妥，但也毫无办法。郭药师献计，说耶律大石被罢免，辽国唯萧干可战。现萧干在正面战场上阻挡我军，燕京必定空虚。自请带五千精兵袭击燕京。

刘延庆采纳了郭药师的建议，并派他的儿子刘光世带兵接应。

郭药师率军突然袭击燕京，果然打了辽军一个措手不及，一举夺下迎春门。宋军进入燕京，列阵于悯忠寺，派人劝说掌管军国大权的萧太后投降。

萧太后把耶律大石从牢中放出来，又派人火速通知萧干。萧干带兵杀回燕京，辽军内外夹攻，两军在城中展开了巷战。

刘延庆恼恨高世宣、杨世可一向与种师道关系密切，不把他放在眼里，暗里嘱咐儿子刘光世领兵观望，不要出兵。

五千宋军在城中展开巷战，从早上杀到下午，终不见援军到来，郭药师和杨世可等人只得弃马缒城而逃，高世宣为掩护宋军突围，惨死城中。

萧干稳定了燕京的局势，又领兵断了宋军的粮道，生擒活捉了宋运粮将王渊和两个士兵。萧干将两名宋军俘虏捆得较松，用布条蒙住他们的眼睛，羁押在军帐里。

随后，萧干玩了一招“蒋干盗书”的计策，故意对部将说，我军三倍于宋军，明天早上，分兵三路，袭击宋军，三路兵马举火为号，必能大获全胜，全歼宋军。说罢，他故意让一名宋军俘虏逃跑向刘延庆报信。

刘延庆已经被辽兵吓破了胆，对这一眼就能识破的鬼把戏，竟然信以为真。次日三更，他看见周围火起，以为辽军来袭，自己放了一把火，烧掉军营里的粮草辎重，领兵逃之夭夭。慌乱之中，宋军自相践踏，死者数千余人，尸体枕藉百余里。

萧干被金军杀得狼狈不堪，居然带着万余名残兵败将，将十万宋军赶得像鸭子一样飞，一直追到涿水才收兵。查遍中国战争史，这恐怕是一个绝无仅有的战例。

刘延庆带领残兵败将，退回雄州。辽人自此知道宋朝不能用兵，更加轻视宋朝。

童贯得知郭药师率军攻进迎春门，迫不及待地发出捷报，飞骑送往东京。等到次日郭药师、杨世可率残兵逃回，刘延庆又惨败雄州的时候，东京城却在欢庆胜利。童贯给徽宗开了一个大玩笑。

两次出兵，两次战败，眼看指望宋军收回燕云十六州无望，又怕朝廷怪罪，童贯几乎快要绝望了。万般无奈，他只得秘密派遣王瑰出使金国，央求金国派兵攻打燕京。

金人败盟

金国人从与宋朝的合作中看明白了一件事，宋朝虽是泱泱大国，却只会练嘴皮子，第一次十五万大军被辽国一万人打得落花流水；第二次十万大军，被辽人的几句谎言、一把火吓跑了。宋军闻之丧胆的对手，却是自己的手下败将。宋朝的军队里，全是酒囊饭袋。

实力就是硬道理，金国人看出宋朝不过是一只纸老虎，态度来了一百八十度的大转弯。他们派蒲家奴随王瑰来见童贯，责备宋朝不讲信用，没有按时出兵攻辽。

童贯装笑脸、赔不是，解释说，当初没有如约出兵，实在是国内发生了暴乱，朝廷要出兵平乱，所以才耽误了北伐的时间。请求金使回去后多说几句好话，当然，金使回去的时候，免不了给一份丰厚的礼品。

赵良嗣再次出使金国，央求金国帮忙拿下燕京。

金主完颜阿骨打的态度非常傲慢。他说当初约定，燕京归宋朝攻打，而如今，堂堂的大宋王朝，竟然连一个小小的燕京也攻不下来，如此没本事，凭什么想要得到十余州？要金国出兵可以，攻克燕京之后，只分燕京及蓟、景、檀、顺、涿、易六州给宋朝。

赵良嗣大声抗议说：“当初约定，灭辽之后，山前山后十七州归宋朝，现在只给燕京六州，试问信义何在？”

完颜阿骨打说：“当初是有约定，上京、东京、中京归金国攻打，西京和燕京归宋国攻打，如果十七州是你们打下来的，给你们没有话说，可是，除了涿、易投降你们外，你们什么也没有做。”燕京本来归你国攻打，你国拿不下，求我们帮忙，有什么资格向我要土地？并强硬地说：“六州之外，寸土不让。”

完颜阿骨打派李靖随赵良嗣使宋，当面向童贯说明，灭辽之后，宋朝只能得到山前六州，其余的地盘不要妄想。

童贯见事情重大，不敢做出决定，上本奏请徽宗定夺。

徽宗命赵良嗣再到金国去一趟，说六州之外，要求增加营、平、滦三州。赵良嗣一行出发不久，完颜阿骨打已指挥金军由古北口、南暗口、居庸关三路出兵。

辽军不能抵抗，节节败退，萧太后恐慌至极，连续五次上表金国，请求立秦王为帝，愿意接受金国提出的条件，做金国的附庸国。却遭到金主完颜阿骨打的拒绝。求降不成，萧太后只得派强兵把守居庸关，欲作最后一搏。

金兵抵达居庸关下，尚未开战，居庸关内一处崖石无故坍塌。山坡下正好有一座辽兵军营，由于事发突然，军营里的士兵来不及撤离，坍塌的崖石压死了很多人。其实，这只是一次普通的山体滑坡，但辽军将士却不这样想，他们认为这是天要灭辽，一片哗然，纷纷丢下兵器，逃之夭夭。

金兵兵不血刃，顺利越过居庸关，向南进军，直逼燕京，尚未抵达燕京，辽统军都监高六等人便到中途迎接金军。

萧太后知大势已去，三十六计，走为上策，携萧干等人连夜自古北口向天德逃窜。十二月底，燕京不战而克，至此，金军攻占辽国五京。

金主完颜阿骨打亲临燕京，御驾从南门进城。辽国丞相左企弓，参政虞仲文、萧公弼，枢密使曹勇义、张彦忠、刘彦义等，奉表请罪，完颜阿骨打一概宽免，命他们各守旧职，并出榜安抚燕京各州县。

宋军忙乎了几个月，损兵折将，一无所获。徽宗居然厚着脸皮派赵良嗣去金国谈判，要求金国将燕云十六州外加营州、平州、滦州共十九州之地交还宋朝。其实，营州、平州、滦州，并不是石敬瑭贿赂辽国的土地，徽宗、王黼也想收回。北宋朝廷的腐败和军事上的怯弱，给了金人可乘之机。

完颜阿骨打态度强硬，只同意将石敬瑭割让给辽国的燕京地区归宋，至于营州、平州、滦州三州，他说这是后唐刘仁恭献给契丹的，并非后晋割让，宋朝没资格索要这三州。并责问赵良嗣，当初宋金两国约定联合攻辽，为什么“到燕京城下，不见宋军一人一骑”？

负责谈判的宗翰更是说，燕京是他们打下来的，今后，燕京地区的租税收入归金国所有。赵良嗣当然不会同意，说有土地就有租税，土地归宋朝，租税归金国，哪有这样的道理？

宗翰见赵良嗣口风很紧，知道有些要求超越了赵良嗣的权限，便派李靖为使，直接到东京去与宋朝皇帝面谈。

徽宗也拿不定主意，便与王黼商量。

王黼认为，将过去给辽国的岁币转给金国不是问题，反正已经给了一百多年，但金人提出要燕京的租税一事，不能答应。

两国的使臣往返数次，金国态度强硬。经赵良嗣据理力争，最后降到每年给金国代税钱一百万贯。宗翰也只让给涿、易两州。

辽国的降臣左企弓见宋、金两国为瓜分辽国的土地争论不休，讨好地作了两句诗献给金主：“君王莫听捐燕议，一寸山河一寸金。”

经过多次交涉，金国总算还是顾及“海上之盟”的协议，答应将后晋割让给辽国的燕京及其附近六州之地归还宋朝，条件是宋朝除每年把给辽国的岁币如数转给金国外，另加每年一百万贯“代税钱”。所谓“代税钱”，是指宋朝每年向金人缴纳燕京地区的租税，实际是一种赔款。

弱国无外交，金人的条件虽然苛刻，宋朝也只能硬着头皮答应。

按说，和约签订后，事情就有了结局，可是，金人突然又提出，说辽国的天祚皇帝及萧太后、萧干等人还没有被擒获，如果不讨伐，终究是宋朝的祸患。金兵愿为宋朝剪除这一隐患，只可惜粮草不足，须向宋朝借军粮二十万石，搬运到檀州、归化州两地。名义上是借，实际就是敲竹杠。

负责谈判的赵良嗣虽然一百个不愿意，但也只能硬着头皮答应了。

宣和五年（1123年）四月，徽宗派童贯、蔡攸代表朝廷前去接收燕京地区。金兵撤退时，将燕京一带的人口、财富一并掠走，留给宋朝的只是一座空城。其余澶州、顺州、景州、蓟州等地的情况都一样，金军掠走了那里的财富和人口，留给宋朝的只是一片废墟。

说是委曲求全也好，说是曲线救国也罢，宋朝毕竟收回了燕京。童贯、蔡攸等人接收燕京之后，上了一道奏章，称燕京地区的百姓箪食壶浆，夹道欢迎王师，焚香以颂圣德。

徽宗得报大喜，命人刻了一座“复燕云碑”，树立在延寿寺中，以纪念复燕这一丰功伟绩。特下赦诏，布告燕云。命王安中为庆远军节度使兼河北、河东、燕山路宣抚使，知燕山府；郭药师为检校少保，同知府事，并特召郭药师入朝面圣。

郭药师进京后，徽宗赐给他府第、美女、金银珠宝，命朝中大臣轮流宴请。在后园延春殿召见，解下身上的御珠袍及两个金盆，一并赏给他，郭药师感激涕零。

徽宗之所以如此器重郭药师，有他的目的，因为郭药师是辽军常胜军的统领，是一个能带兵打仗的帅才，他要对此人委以重任，将镇守燕京的任务交给他，使燕京成为宋朝的一道坚实屏障。次日，徽宗又加封郭药师为太傅。

可惜，徽宗枉费心机，郭药师能反辽，照样能反宋，这是后话。

童贯、蔡攸回京之后，徽宗封赏收复燕京的有功之臣，封童贯为徐豫国公；蔡攸进位少师，赏府邸一座；赵良嗣封为延康殿学士；王黼由少师进位太傅，赐玉带一条。郑居中晋升为太保，郑居中觉得燕京六州得来并不光彩，便以自己在收复燕京中未建大功，不接受封赏。

金兵分明就是蹲在身边的一头猛兽，随时都会跳起来伤人，可宋朝的君臣竟然视而不见，好像天下真的太平了。

宋朝与金人联合之初，曾有一位大臣说过：“今女真刚悍善战，茹毛饮血，殆非人类。北虏与夷狄相攻，尚不能胜。倘与之邻，又将何求以御之乎？”

意思是说，女真人尚未开化，茹毛饮血，且又骁勇善战，形同虎狼，同是少数民族的契丹人都打不过金人，如果辽国被灭，宋朝的战斗力连辽国都不及，又拿什么来抵抗金国呢？同金人结盟，无异于与虎谋皮，自寻死路。

可惜，这位大臣的话，被昏庸的徽宗当成了耳边风。

还有一个人对宋金盟约，私下说了一句很经典的话："和金人的盟约，只能维持三年而已！"这个人就是赵良嗣。

赵良嗣从小生活在辽国，在宋与金谈判的时候，他是全权代表，经过与金人的接触，他对金人的性格非常了解，故有这番感慨。他说这番话的时候，是宣和五年四月，后来的事实印证了他的论断。

玩火自焚

北宋同金人联盟是很不明智的，在辽国遭到金军攻击，北宋同金人结盟的时候，守边大将种师道就曾说过，辽国是咱们的邻居，强盗进了邻居家，咱们不但不去帮忙抓强盗，反而还要同强盗瓜分邻居家的财宝，这样做很不地道。宋、辽有百年交好的历史，帮助邻居抓强强盗，联辽抗金才是正理。

种师道的观点很正确。辽虽然是夷狄，但已经逐渐汉化，也很懂礼貌。辽国皇帝铸造佛像时，还特地命人在佛像后面刻上"愿世世代代生中国"的字样，可见他对汉文化的欣赏。自签订澶渊之盟以来，辽谨守盟约，宋、辽两国百余年间未有大规模战乱，边境的老百姓安居乐业，友好往来。

宋与辽之所以能维持百年和好，一个很重要的原因，就是宋、辽两国的力量趋于平衡，辽的军事力量强大，宋的经济、文化发达。以前，辽兵之所以经常骚扰宋朝边境，目的是为了抢点钱财物资，辽也知道自己没有能力灭宋，双方议和后，宋每年给辽一大笔岁币，有了白花花的银子、亮闪闪的绸缎，辽国当然就不用打仗了。

金国强势崛起，风头正劲，打破了这种平衡。但是，金人也没有强到能够同时对付宋、辽两国的地步，完颜阿骨打也明白这个道理。他心里虽然想拳打辽国，脚踢宋朝，但饭还是要一口一口地吃。因此，当宋朝使臣漂洋过海到金国示好的时候，他虽然态度傲慢，但还是同意同宋联盟，共同瓜分辽国国土。但他最终的梦想，还是先吃掉辽国，再来收拾宋朝。

完颜阿骨打不愧是一个天才，他口里吃着辽国这顿大餐，心里却在筹谋着如何烹制宋朝这道菜。他虽生在北国荒蛮之地，但对汉文化并不缺少研究，既想吃掉宋朝这道菜，又不想背上背信弃约这个不好的名声，因此，他要找一些调料，让宋朝这道菜变得更加有味。

宣和五年（1123 年）五月，宋、金之间发生了张觉事件，让完颜阿骨打看到了机会。

宋、金交割燕京的盟约墨迹未干，便发生了张觉事件，使本来就不和谐的宋金关系一下子陷入谷底。

张觉是平州人，辽国进士出身，在耶律淳当政时期，曾任辽国的辽兴军（即平州）节度使。有一年，平州一带乡民叛乱，杀死节度使萧谛里。张觉率兵平定了叛乱，州人便推举张觉代理州事，当然，这个知州还没有得到朝廷的认可。不久，辽天锡皇帝耶律淳病死，萧太后掌权，张觉预感到辽国气数已尽，便开始在辖区内招兵买马，扩充势力。萧太后执政后，委任太子少保时立爱为平州知州。新知州上任，代理知州张觉当然要让位。谁知时立爱到平州上任时，张觉拒绝交权，时立爱只得灰溜溜地返回燕京。萧太后此时也是焦头烂额，自顾不暇，没有精力管张觉这档子事了。自那以后，平州境内的大小事情，都由张觉说了算，他俨然成为一方天子。

金军攻下燕京之后，完颜阿骨打召辽国旧臣萧公弼询问张觉的情况。萧公弼说张觉狂妄自大，有勇无谋，虽然有数万兵马，但都是新招的百姓，缺乏训练，没有什么战斗力，且兵器甲胄不整，粮草不足，不足为虑。因此，他建议阿骨打招降张觉，然后慢慢收拾他。

阿骨打采纳了萧公弼的建议，授张觉为临海军节度使，依旧知平州事。

金军退出燕京东归，掠走了燕京的财富和居民。完颜阿骨打命辽国降官左企弓、虞仲文、萧公弼等带领燕京一带的百姓取道平州、榆州，入榆关回上京。

打算派兵出其不意地攻下平州，擒获张觉。

萧公弼认为如果兵戎相见，只能使张觉叛金投宋，不如派人前往察看其态度如何，然后再作定夺。

完颜阿骨打从其议，授萧公弼金牌，前往试探。

张觉自然不敢与金兵争锋，谦恭委婉地表示："辽国之地，尽入金国版图，独一平州尚存，我怎敢有非分之想？之所以未解甲者，是为了防止北边的萧干侵掠。"同时，他又厚贿萧公弼，请他在完颜阿骨打面前替自己美言。

完颜阿骨打于是改平州为金国南京，加封张觉同中书门下平章事，命他留守南京。

其实，完颜阿骨打也知道张觉是在观察形势，并非真心降金，但军务倥偬，没有时间处理这件事情，而且张觉反状未明，只能先稳住他，以后看事态的发展再行定夺。

不久，完颜阿骨打率兵从燕京北出居庸关追捕辽朝天祚帝，辽朝大臣降金者如左企弓、虞公弼等及燕京豪绅富民，一起东迁。经过平州时，一些不愿离乡背井的燕京人找到张觉，请求他起兵反抗，救百姓于水火之中。

张觉本来就对金人恨之入骨，听到百姓几句好话，更是热血沸腾，只是他感觉到金军势力太大，自己独木难支。有人建议杀了左企弓那几个奸贼，投奔南朝。如果金军来攻，内有平州之兵，外借宋兵强援，军民同仇敌忾，一定能赶走金军。

张觉本来就对金人怀有戒备之心，觉得这话说得有理，经与翰林李石商量，决定叛金投宋。经过策划，他赶到滦河西岸，事先埋下伏兵，然后召见左企弓、虞仲文、曹勇义、萧公弼等人，几个人到达后，刀斧手齐出，一举擒拿了这几个卖国的奸贼。历数他们背弃辽主、诋毁天祚皇帝、弃燕投敌、认贼作父等十大罪行之后，将他们全都吊死在山坡的大树上。

张觉恐金军前来找麻烦，立即派部属张钧、张敦固持书燕山府，游说宋朝守臣王安中说："平州乃兵家必争之地，张觉是足智多谋的干练之才，其能力足以抵御金人，完抚燕境，希望宋朝能接纳他。否则，他将西迎天祚，北合萧干，宋朝便后患无穷了。”

王安中听后毛骨悚然，但事关重大，他不敢擅自做主，立即飞章奏报朝廷。

王黼认为这是天上掉下来的大馅饼，怂恿徽宗接纳张觉，多数朝臣不置可否，只有赵良嗣认为不妥，劝谏说：“我朝新与金国结盟，如果接纳金人的叛臣，必为金人落下制造毁约的口实，若因此而引发战祸，到时将后悔莫及。”

徽宗贪图小利，置与金朝的和约于不顾，不但没有采纳赵良嗣的建议，反而还将他训斥一顿，给予降五级官阶的处罚。并下诏，接受张觉投降，并命燕山府对归附的燕民多方抚恤，有官职者，尽量官复原职，命民众各安其业，免去三年赋税。张觉献平、营、滦三州归宋。

这件事的正确与否，评论不一，当时有人打了个比方：咱们大宋王朝就像一个孱弱的小孩，人小胆子大，虽然势单力薄，却又专爱惹是生非。

为何说接纳张觉投降是惹是生非呢？因为宋金结盟，有一个特别的约定，就是双方不得招降纳叛。这个约定是完颜阿骨打提出来的。完颜阿骨打知道，辽国有很多汉人，而宋朝又是汉人的王朝，金人攻占了辽国，这些辽国的汉人必定会投奔宋朝。他提出设这一条约定，就是要限制宋朝。可见完颜阿骨打确有过人之处。徽宗接纳张觉，无异于玩火自焚。

宋朝招降纳叛的举动，使完颜阿骨打非常愤怒，本想严惩张觉，然而，他此时已经没有横刀立马、驰骋疆场的机会了。因为他病了，而且还病得不轻。他似乎预感到了什么，不准备立即惩罚张觉，而是决定回上京。回京之前，他命宗翰为都统，驻扎在云中，负责军事防务，接着召皇弟吴乞买赴行在安排一些事情。回京前，他留下了一句话：“必致张觉，以雪耻辱。”他把收拾张觉的任务交给了宗翰。

童贯、蔡攸自燕京归来之后，又是加官，又是晋爵，备受恩宠，二人得意忘形，不把任何人放在眼里，渐渐地，群臣便有些议论了。

王黼、梁师成见童贯、蔡攸夺了他们的彩头，心里不服，共同举存内侍谭稹，说他熟知文功武略，是个人才，足以取代童贯出任边帅。

徽宗本来就是一个喜怒无常、反复无常的人，就是他最宠幸的蔡京，使用起来也是三进三出；奉如神仙的妖道林灵素，也因藐视太子而于宣和二年被放归故里。他听了王黼、梁师成的嘀咕，居然觉得说得有理，便命童贯以太师的身份退休。

童贯致仕后，谭稹出任两河、燕山路宣抚使，接替童贯的职位。

谭稹到了太原，作威作福，更甚于童贯，惹出了宋、金失和的大麻烦，进而撼动了宋室江山，这是后话。

宗翰送走了完颜阿骨打，便着手处理张觉的事情，命大将拣摩率二千兵马去攻打平州。

张觉得知金军来犯，率兵在营州严阵以待。拣摩率兵抵达营州，见营州兵多势众，守备森严，知道张觉已有防备，自己所带人马太少，不足以与之抗衡，便不战自退。临走的时候，拣摩派人在醒目的地方写上“今冬复来”四个大字。

张觉好大喜功，见金军不战而走，派弟弟去东京报捷，说金军来犯，大败而归。这是童贯惯用的招数，张觉偷师学去了。

徽宗闻报大喜，便改平州为泰宁军，拜张觉为节度使，犒赏银绢数万，并让张觉的弟弟捎去任命张觉及其部下的敕书、诰命。

金帅宗望侦得了这个消息，在宋朝钦差到达平州的头一天晚上，率军埋伏在平州郊外的树林里。

次日，张觉率数十余人至郊外迎接天子诏书，突然，金军从树林里杀出，切断了张觉回城的道路。张觉猝不及防，身边又没有兵将，归路被断，回不了平州，只得带着几名亲信拼死杀出重围，逃往燕山府寻求保护。

金军捕获了张觉的弟弟，缴获了徽宗封张觉为节度使的御笔诏书。

平州都统张忠嗣得知张觉逃走，与副都统张敦固率众开城投降，宗望便派人随张忠嗣进城，准备做一些安民的事情。金国使臣刚进城，便被城中愤怒的人群给杀了。大家推举张敦固为统领，闭门坚守。

宗望虽率兵攻打，但却久攻不下，因为城中的军民奋力抵抗，誓死要保卫自己的家园。金人终于知道了什么叫抵抗。

宗望在无奈之下，移文燕山府，索要金国的逃犯张觉。

燕山知府王安中把张觉藏在城里，对金人说没有这个人，后来被逼急了，便找了一个酷似张觉的人做替死鬼，将首级交给金人，企图蒙混过关。

金国使臣离去不久又回来了，将那个假张觉的头颅丢在地上，威胁说，若不交出张觉，将会移兵攻打燕山府。

王安中见事情闹大了，只得请示朝廷，并建议交出张觉，免得宋、金两国开战。

徽宗真的后悔了，后悔当初没有听赵良嗣的劝谏，招纳了张觉这个烫手山芋，他实在很害怕打仗，迫于金人的淫威，无奈之下，只得下了一道密诏，命王安中秘密处死张觉，将首级连同他的两个儿子，一并交给金人。

可怜张觉，身为辽国大将，为了不受金人的欺凌和摆布，误投了昏庸无能、仰人鼻息的大宋朝廷，到头来身首异处，而且还搭上了全家人的性命。

张觉屈死，兔死狐悲，宋朝这一举动，在辽国降将中引起了不小震动和波澜，人人伤心，个个胆寒，恨宋朝君臣寡恩薄义。

郭药师气愤地说："今天金人要张觉，便杀了张觉送给金人，如果有一天来要我郭药师，岂不是也要割了我的人头交给金人吗？"郭药师因此而心灰意冷，萌生异志，对部下的管束也就松弛了。这支被大宋朝廷倚为干城的常胜军，顿成一盘散沙。经常有士兵走出军营，干一些抢掠百姓、偷鸡摸狗的勾当。

王安中见军心已乱，自己无法控制，又觉得杀害张觉，于心不安，便辞官不做，挂印而去。

从此，辽朝的降将心灰意冷，不愿再为宋朝驰驱效命了，而金人也以宋朝不遵守和约为口实，对宋朝频频发起进攻。

徽宗君臣利令智昏，视军国大事如儿戏，终于招致灭顶之灾。

唇亡齿寒

宋朝费了九牛二虎之力，只收复了几座空城，徽宗对童贯极为不满，加之王黼、梁师成在一旁敲边鼓，徽宗便让童贯以太师的身份退休。

王黼、梁师成共同举存宦官谭稹为两河、燕山路宣抚使，接替童贯的职位。

谭稹到了太原，适逢金翰回朝。朔州、应州、蔚州三州守将乘机与宋方暗通款曲，说要献城投降。谭稹立功心切，乘机招降了这三个州，并申奏朝廷，成立朔宁军，派河东守将李嗣前往镇守。山后共有九州，谭稹不费吹灰之力就收回了三州，更加激发了徽宗收回燕云全部失地的愿望。于是，接二连三地派人出使金国，要他们履行协议，归还山后几个州。

宣和五年（1123 年）八月，完颜阿骨打病死，弟弟吴乞买继位，改名完颜晟，尊完颜阿骨打（完颜旻）为金太祖。完颜晟就是后来的金太宗。

完颜晟仍按兄终弟及的规矩，立完颜宗翰（粘罕）为大太子、完颜宗望（干不离）为二太子、完颜宗辅（讹里朵）为三太子，完颜宗弼（兀术）为四太子。

宋朝与金国结为睦邻友邦，金国大丧，新皇帝即位，自然要派使臣前往吊唁，向新皇帝表示祝贺。除吊唁、祝贺外，徽宗还给使臣交代了一个任务，就是向金国索要山后几个州。

金国此时正处大丧时期，新皇初立，百废待举，加之辽国天祚皇帝还在山上打游击，他们也不敢过分地分兵旁骛，于是，同意将武州、朔州交还给北宋。这样一来，北宋实际控制了武州、朔州、应州、蔚州四州，不及山后九州半，而这四州中的应州、蔚州，也没有得到金人的正式同意。

宣和六年（1124 年）三月，一位金国使者突然来到燕京宣抚衙门，见了谭稹，既不问好，更不施礼，当即便向谭稹索要赵良嗣许下的二十万石军粮，态度极为蛮横。

谭稹先是一愣，接着说，二十万石军粮不是一个小数字，怎么能说给就给呢？仅凭赵良嗣的一句话，岂能为凭？于是，断然拒绝了金人的要求。

金使见谭稹来硬的，只好悻悻而去。

金帝完颜晟以此为借口，决意南侵。命大将拣摩率兵攻克平州，杀死宋平州都统张敦固。并怂恿刚刚依附于金国的西夏发兵攻打武州、朔州。而金军则乘胜攻占了应州和蔚州，直逼飞孤、灵丘两城。宋、金的关系顿时紧张起来。

宋朝好不容易才收复应州、蔚州，刚刚到手，便又失陷，还殃及飞孤、灵丘两地。消息传到京师，朝廷上下一片恐慌。徽宗认为是谭稹处理失当，才引起宋金争端。当年八月，下诏贬谭稹为顺昌军副节度使，勒令他回家休息。并重新起用在家休息的童贯领枢密院事，出任两河、燕山路宣抚使。

战争是一个无底洞，打起来花钱如流水。由于连年战争，国库空虚，巨额军费难以为继。徽宗听从宰相王黼的建议，下诏在全国范围内征收免役钱，北方每夫二十贯，南方每夫三十贯，总共征到了二千万贯。天下百姓苦不堪言，怨声载道。

童贯出任宣抚使，就任太原，名义上是代替谭稹交割山后土地，实际上还有另一个秘密任务。

原来，辽主天祚皇帝自从吃了败仗逃进夹山以后，过上了流亡逃窜的生活，金军布下天罗地网，到处搜捕他，在走投无路的时候，他转奔讹莎勒，向西夏求援。

西夏主李乾顺倒也仗义，见昔日的老大哥前来求援，命统军李良辅率兵三万支援天祚皇帝，谁知夏军到达宜水，遭到金将斡鲁、娄室的夹击，大败而归。

西夏吃了败仗，尝到了金人的厉害，再也不敢轻举妄动了。

天祚皇帝失去了西夏的支援，更是恐慌，率兵继续逃窜。金国大将完颜宗望携辽国降将耶律余睹率兵紧追不放，在一个叫石辇驿的地方，追上了辽兵。

天祚皇帝见金兵不过千余人，而他却有二万五千人，从军力上看，辽军占绝对优势。他决定吃掉这股追兵。命令副统军萧特烈指挥辽军迎战，自己则带着妃嫔和身边的大臣登上一座小山观战。

耶律余睹略通兵法，用了一招擒贼先擒王的战术，避开正面的萧特烈，率兵直奔小山捉拿天祚皇帝。

天祚皇帝本想看一场猫捉老鼠的游戏，不想老鼠发威，冲自己杀来了，顿时吓得手足无措，拍马就跑，连身边的嫔妃都顾不上了。

辽军见皇上都被人赶跑了，哪有心思再战，顿时作鸟兽散，一场占绝对优势的战斗，就这样糊里糊涂地大败亏输。

天祚皇帝率领残兵逃到四部族，恰好碰上萧太后也逃到了那里，两批人马不期而遇。萧太后前来拜见天祚皇帝。

天祚皇帝虽然是个流亡皇帝，只要有机会，还是要发一发皇帝的淫威。他恨这个抢班夺权的女人，当场杀了她。

跟随萧太后的萧干见势不妙，乘乱逃脱，逃往卢龙镇，在那里召集旧部，自立为奚国皇帝，改元天复。

奚原来是契丹的旧部，与辽国皇室世代通婚，本姓舒噜氏，后改为萧氏，所以，契丹初兴的时候，史官或称其为奚契丹。所以，萧干称帝，自称奚帝。

天祚皇帝以为他还是天祚皇帝，有人另立朝廷，就是谋逆之罪，于是命都统耶律马哥率兵讨伐萧干。谁知耶律马哥还没有出发，金国的斡鲁、完颜宗望便率兵追了上来。

天祚皇帝已经成了惊弓之鸟，顾不上讨伐萧干，率众逃往应州。

斡鲁抓住了辽将耶律大石，用绳子牵着他，逼迫他当向导，一路穷追不舍。途中追上天祚皇帝的后队，活捉了天祚皇帝的儿子秦王定、许王宁、赵王习泥烈，以及嫔妃、公主及随行官员。天祚皇帝在前队，得知后队遭劫，抱头鼠窜，三儿子梁王雅里、长女特里在前队，由太保特母哥保护，乘乱逃脱。

天祚皇帝见儿女、嫔妃都成了金人俘虏，倍感悲伤，派人带着兔纽金印，向金军乞降，并要求赐给子孙土地，让他们有一个安身立命的地方。完颜宗望拒不答应。

天祚皇帝请降不成，只得继续他的逃亡之路，投奔西夏。

萧干自立为奚帝后，率众出卢龙岭，先后攻占了景州、蓟州，前锋直逼燕城。

郭药师得知萧干来犯，率兵迎战，击败萧干，乘胜追出卢龙岭，萧干在败逃途中，被属将耶律阿古哲杀了，并将首级献给宋朝的郭药师。

郭药师派人将萧干的首级送往京师，徽宗下诏加封郭药师为太尉。

天祚皇帝成了一个亡命天涯的流亡皇帝，满以为西夏是过去的属国，投奔西夏可以求得一个安身的地方。然而，金国先他一步与西夏通好，天祚皇帝的愿望落空了。

李乾顺拒绝了天祚皇帝，立即向金上表邀功，表示忠诚金国。

金太宗也不食言，命宗翰将下寨以北、阴山以南，及乙室邪剌部，吐禄、泺西地区割让给西夏。西夏与金从此通好，信使来往不绝。

金太宗要捉拿天祚皇帝，北宋皇帝徽宗也很惦记他。因为他的存在，终究还是北宋的心头之患。徽宗采纳童贯的建议，花重金找来一名番僧，让他给天祚皇帝送一封亲笔信，他在信中说："若来中国，当以皇兄之礼相待，位燕、越二王之上，赐第千间，女乐三百人，极所以奉养。"

意思是说，你如果来宋，朕会像对待皇兄一样对待你，你比朕的两个兄弟燕王和越王的地位还高，朕给你一千间房子，三百名戏子，朕养着你。

童贯此次到太原上任，是要密约天祚皇帝来降。

天祚皇帝正如丧家之犬，接到徽宗的御笔亲书，大喜过望，正想率残部南下投奔北宋，找一个遮风避雨的地方。后来又觉得宋朝靠不住，便仍然在内蒙古一带转悠。

宋人与天祚皇帝书信往来，要经过云中，金帅完颜宗望早就掌握了这一情况，但他故装不知，几次围剿天祚皇帝没有成功，便派人找童贯要人，说海上之约规定，金、宋无论谁捉到天祚皇帝，都要杀掉他，而中国违约招徕，一定是童贯将他藏起来了。

童贯当然满足不了金人的要求，因为他也在找这个人。

后来，在宣和七年二月，金军终于抓住了天祚皇帝。当时，金太宗并没有难为他，还封他为海滨王，让他带着老婆到东海边一个小镇上去居住。后来再一想，又觉得留下天祚皇帝终归是一个隐患，担心他死灰复燃，于是又下令杀死了天祚皇帝，并万马踏尸。

辽国覆亡，其残部在耶律大石的率领下向西北沙漠逃窜，金国接收了辽国的国土，不再有后顾之忧，而宋朝又是如此孱弱，不堪一击，金国的下一个目标就是宋朝。黑云压城，阴霾满天，宋、金最后的决战已迫在眉睫。

第十二章　黄河天险不设防

最后的享乐

天祚皇帝走上了不归路，徽宗依旧在荒淫，不是逛窑子，就是吟诗作画，或者到哪个宠臣家里串串门。

王黼对徽宗说，他家里的柱子上长了株灵芝，请徽宗到他家去观赏。因为徽宗偏爱稀奇古怪的事情，

有一天，徽宗突然带侍从来到王黼家，正碰上梁师成在与王黼密谈。梁师成回避不及，只得一同见驾，两人脸色都很尴尬。在徽宗的盘问下，王黼只得承认两家是隔壁邻居，有便门相通。

北宋立国之初，曾有过规定，内侍不得与权臣私相交往。这是防止权臣与内侍相勾结而扰乱朝纲。

徽宗进门的时候，问明只有王黼在家，并无外人造访。看到梁师成在王黼的家里，而且神色慌张，心里虽然明白是怎么回事，但却不露声色，看过灵芝之后，提出要到梁师成家午宴。梁师成见徽宗并无责怪之意，而且还要到自己家里喝酒，当然是受宠若惊。于是，在梁师成、王黼的陪同下，徽宗从便门进入梁府，君臣三人痛快地吃了一顿丰盛的午宴，晚上又转到王黼家吃晚宴。徽宗喝得酩酊大醉，不省人事，直到五更，才由十余名内侍带着兵器把他从艮岳山旁龙德宫的复道小门抬进宫去。

皇城使车吉看到几名带刀内侍抬着徽宗从侧门进宫，不知发生了什么事，立即将这件事报告给殿帅府，殿帅府也不知发生了什么事，立即将皇宫禁军齐集在教场，以备不虞。

第二天，徽宗不能升殿上朝，闹得人心惶惶。直到下午，才从宫里传出消息，说皇上已经醒过来了，齐集在朝堂一直不曾离开的文武百官这才松了一口气。

退朝之后，尚书右丞李邦彦进宫请安，徽宗对他说了在梁师成、王黼家喝酒的事情。

李邦彦惊讶地说："王黼、梁师成设家宴招待陛下，怎么能把陛下灌得酩酊大醉呢？他们是想让陛下成为酒仙吗？"

徽宗听后，默不作声。

李邦彦人称"浪子宰相"，听到这个绰号，不难看出这是一个什么样的人。他有一句名言，说自己要"赏尽天下花，踢尽天下球，做尽天下官"。他跟徽宗在一起的时候，满口污言秽词，市井俚语，跟倡优、侏儒杂坐，完全不顾君臣之礼。玩得兴起，甚至当着大臣、嫔妃的面脱光衣服，露出自己一身的刺青。大臣们忍俊不禁，徽宗拿着棍子追着打他，这位堂堂的宰相居然爬到树上躲起来。徽宗笑着叫他下来，他却学作女人腔娇滴滴地说："黄莺偷眼觑，不敢下枝来。"皇后看到此等情景，暗叹道："宰相如此，国焉得不亡？"

就是这样一个佞臣，却深得徽宗的喜欢。

李彦邦见徽宗不出声，问道："陛下知道他们密谋什么吗？"

"怎么？"徽宗吃惊地问，"你知道？"

李彦邦神秘地说："他们图谋夺嫡，欲立郓王楷为太子。"

"真的？"徽宗很吃惊。

"没有不透风的墙，外面早有风传。"

徽宗知道王黼欲废太子，前几天，他还奏说太子赵桓诋毁大臣，屡干国政，常与皇上意见相左，建议废赵桓而立郓王赵楷。他心里也正有犹疑，只是没有想到王黼与内侍私相往来，李彦邦说起这档子事，使他的态度立刻发生了变化。

次日，徽宗下诏，命王黼退休回家休息。提升白时中为太宰，李邦彦为少宰，张邦昌任中书侍郎。赵野、宇文粹中为尚书左右丞，并再次起用老太师蔡京，领三省事。

蔡京已是八十岁高龄、第四次执掌朝政，此时他已经是两眼昏花，视物模糊，不能写字，两腿颤抖，不能朝拜。徽宗便命他“听就私第裁处”，就是说，他可以在家里办公，实际上，大权落在他最疼爱的幼子蔡絛身上，而太宰白时中、少宰李彦邦惧怕蔡絛，一切都按蔡絛发出的文书办事。

蔡絛专权，为所欲为，朝臣敢怒而不敢言。就连蔡攸对他这个弟弟也很不满，多次在徽宗面前说他的坏话，甚至劝说徽宗杀掉他。

徽宗因之下诏，命蔡絛不得干预朝政。

蔡攸为何要对自己的弟弟下狠手呢？因为蔡京偏爱蔡絛，眼中没有他。蔡攸升任少师之后，与蔡京的权力相当，父子俩便分立为党，几乎成了仇人。蔡家父子的窝里斗，已经不是什么新闻。

蔡攸嫉妒蔡絛，白时中、李彦邦也很反感蔡絛，几个人合谋弹劾蔡絛，并牵连到蔡京。

徽宗因而发怒，撤了蔡絛的职，他不想让蔡京难堪，叫童贯、蔡攸两人一起到蔡京家，叫他自己上书辞职。

蔡京虽然已经是八十岁的高龄，但仍然不甘心就此退出政治舞台。他设宴款待童贯、蔡攸，酒席间，很伤心地说：“皇上为何不让我再干几年呢？是谁在圣上面前进谗言？”

童贯面无表情地回答：“不知道。”

“我虽然年纪大了，仍思皇恩未报，此心二公可知啊！”蔡京可怜巴巴地说。

左右听到蔡京呼蔡攸为公，窃笑不已。

蔡攸实在看不下去了，冷着脸说：“皇上派我们来叫你写辞职书，是给你面子，一大把年纪了，还想把持朝政、为所欲为呀？不要给脸不要脸，敬酒不吃吃罚酒了！”

这一对父子的对话，丝毫没有一点父子的气息。

蔡京无奈，只得写了一份辞职书，将印信一并交给童贯。一代奸相四起四落，政治生命终于宣告结束。

徽宗又晋封童贯为广阳郡王，让他到燕山加强对金国的防范。这个时候，北宋政权已经是日薄西山了。

人在倒霉的时候，总会遇到一些烦心事，国家在动乱的时候，总会出现一些怪事。北宋的政权，正处在风雨飘摇之中，怪事也层出不穷。

德隆坊是京城最大的酒楼，公子王孙宴请宾客，首选德隆坊。酒楼的老板有个女儿，虽然没有沉鱼落雁之容、闭月羞花之貌，但也有几分姿色，吸引了不少男人的眼光。不想有一天，这个女儿的脸上突然长出六七寸的胡子来，一个漂亮的姑娘，一夜之间居然变成了男人，真是奇事一桩。后来，徽宗知道了这件事，下特诏让这个变性人做了道士。

道士在当时可以享受很多优惠政策，不纳人头税，道观耕种的土地，免交各种税费。因此，获得道士的身份不是一件容易的事，这个女人因为变性，竟不费吹灰之力就成了神仙中人。

如果说女人变性奇怪的话，男人生孩子就更怪了。有一个卖青果的小贩，身为男儿身，竟然挺着个大肚子，怀孕了，最后居然生下一个胖胖的婴儿。

城郊一个卖菜的农夫走到宣德门前，突然得了痴迷症，放下肩上的担子，指着皇宫大声叫道：“太祖皇帝，太宗皇帝派我来对你们说，朝政太乱了，宜速更改，不然要大祸临头了！”巡逻兵抓住这个胡言乱语的人，关进开封府大牢里，这个人第二天清醒后，竟然什么也不记得了。狱吏处死了这个人。

奇怪的是，这些稀奇古怪的事，不是街头巷尾的野谈，而是载于正史。史家记录这些东西，似乎是要证明这样一句话：国之将亡，必有妖孽。

对于这些怪事，徽宗似乎毫不在意，照旧是该玩就玩，该乐就乐。

金兵南下

金国消灭了辽国，没有了后顾之忧，那些好斗的将士们，都在摩拳擦掌，跃跃欲试。经过这几年与宋人打交道，他们摸清了大宋的虚实。君昏臣贪，将庸兵弱，宋朝已是一座朽烂了的大厦，稍微加一点外力，便能彻底坍塌。

金太宗完颜晟的雄才大略，绝不亚于金太祖完颜阿骨打。擒获天祚帝后，是否立即南下，曾一度犹豫不决，因为宋朝毕竟是泱泱大国，能否在交战中稳操胜券，并没有十足把握。为了试探宋朝虚实，完颜晟派李孝和出使北宋，一是报谢通好，二是通告俘获了辽朝天祚帝，三是祝贺大宋天宁节（徽宗生日）名义上是告庆抓获了天祚皇帝，以示友好。

李孝和发现，从河朔至宋朝京师，沿途一片萧条破坏景象，百姓流离失所，断定宋朝武力不竞，可以战而胜之。

完颜晟摸清宋朝底细后，决意南侵。适逢隆德府（今山西长治）义胜军三千人叛宋降金，细说宋朝虚实，同时又有易州常胜军五百人投奔完颜晟，诉说自张觉被杀后，燕京人心涣散，军无斗志。完颜晟终于举起了军刀，“诏诸将南伐”，大举南侵。

金军的策略是兵分东西两路攻宋：宗翰为西路军都统帅，率兵从云州出发，直扑河东，目标是南攻太原，然后与东路军会师；宗望为东路军都统帅，率大将挞摩、汉军都统刘彦宗，夺燕京后，乘胜南下。两路军相约在汴京会师，活捉徽宗于燕山，覆亡宋朝。

此前金军的频繁调动，引起宋朝有识之士的警觉。九月间，清化县（今河北香河县）榷盐场上报燕山府，说金人前来劫掠居民，焚烧庐舍，有南侵之意。燕京守臣蔡靖一面修筑城墙，加强防御，一面急奏朝廷，请示如何处理。当时朝中大臣正忙着筹备郊祀，没有奏禀徽宗，只是吩咐蔡靖相机而行。接着不断又有谍报传来，完颜晟正在云中集结军队，伺机南侵。种种迹象表明，金军铁骑南侵，已是箭在弦上，一触即发。

直到这时，童贯才觉察事态严重，明知宗翰领兵南下，仍然在异想天开，派马扩、辛兴宗赴金军商谈移交山后的土地，并探听金人是否有南侵之意。

宗翰得知宋使求见，高坐在上，俨如金国皇帝一般，马扩等人被迫向他行参拜之礼。当马扩询问土地交割之事时，宗翰责问道："先皇与赵宋皇帝交好，各立誓书，万世不毁。贵国却要违约，暗纳张觉，接收燕京逃去的官民，我国屡次移文追还，你们都是借口搪塞，这怎么解释？"

"这都是谭稹处事轻率，听信了张觉的鬼话。我朝皇帝深有悔意。宋、金两国要重修旧好，不要总是纠缠以前的事情。"马扩看了一眼宗翰说，"我们这次来，是请贵国如约交割蔚、应两州和飞狐、灵丘两县的土地。"

宗翰大笑道："你们还想要两州、两县吗？山前、山后，都是金国的地盘，与宋朝无关，你们招降纳叛，暗结天祚皇帝，已经违背盟约，只有割地才可赎罪。你们滚吧！我会派人到你们那里通报的。"

马扩见宗翰如此蛮横，知道再说也是自取其辱，只得灰溜溜地告辞而归。

童贯见马扩垂头丧气的样子，问到底是怎么回事，马扩只说了一句话："别抱幻想，刀已架到脖子上了，准备御敌吧！"

童贯根本就不相信金国有能力、有胆子向大宋宣战。

马扩刚回来，金国使臣拣摩也跟着进门了。童贯以为金人是来商谈土地交割之事，高兴地开中门迎接，拣摩并不领情，脸色也不怎么友善，进来就座后，傲慢地递给童贯一封信函。

童贯接过一看，惊呆了。

"怎么？"拣摩讽刺地说，"害怕了？"

"我们可是兄弟之邦呀！"童贯结结巴巴地说，"贵国说我们纳叛弃盟，为何不早告诉我们呢？"

"我们已经向你们宣战了，用得着告诉吗？"

童贯问道："没有商量的余地吗？"

"有！"

"怎么讲？"童贯迫不及待地问。

拣摩看了童贯一眼，傲慢地说“若要我朝退兵，速割河东、河北之地，宋、金以黄河为界，宋朝尚有生存的机会。否则的话，数月之内，金国大军将饮马长江，席卷中原，辽国的今天，就是你宋朝的明天。”

童贯坐在那里，吓得魂飞胆丧，连金使何时走的都不知道。宋、金马上就要开战，太原城首当其冲，三十六计，走为上策，童贯脑海里第一个念头，就是逃离太原。他对太原知府张孝纯谎称，他要回京向皇上汇报情况。

张孝纯正色说道：“金国败盟，你不督促诸路兵马抵御外敌，反而要临阵脱逃，这不是自取败亡吗？万一河东失守，河北还能守得住吗？”

童贯怒叱道：“我只受命宣抚，并未奉命守土，镇守边关，驰骋疆场，是你们守臣的责任，不关我的事，如说留我才能守住太原，要你们这些守臣何用？”

张孝纯见童贯不听劝阻，仰天长叹一声，伤心地说，朝廷执掌兵权的三军主帅居然如此贪生怕死，临危脱逃，国家离灭亡也就不远了。

童贯离去之后，张孝纯并未放弃，他号召太原城的军民拿起武器，抗击金狗，誓与太原城共存亡。

宗翰率领西路军一路疾进，先后攻克朔州、代州，直逼太原城下。休兵一日后，便对太原城发起了猛烈进攻，张孝纯率领太原城军民顽强地进行抵抗，激战三天三夜，太原城仍固若金汤。宗翰见久攻不下，只得暂行退兵。

宗望率领的东路军自平州出发，一路上，所向披靡，顺利攻占了清化县、檀州、蓟州，松亭关、石门镇、野狐关、古北口，燕山府的门户大开。值得一提的是，金军占领这些要塞之地，大部分都是兵不血刃，士兵们排着整齐的队伍、说说笑笑地行进。这在中外战争史上，算得上是一个罕见的奇迹。

燕山知府蔡靖得知金军兵临城下，命郭药师带兵御敌。

郭药师自从张觉事件以后，早已心存异志，看在蔡靖以诚相待的分上，勉强率兵出城迎敌，见金军来势凶猛，这个昔日的常胜将军竟毫无斗志，未战先退，被金军一路追杀，败回燕山。金军直逼城下。

郭药师败回燕山后，并没有布防守城，而是将知府蔡靖、转运使吕颐浩、副使李与权等人抓了起来，开城投降了金军。

郭药师降金后，被宗望任命为燕京留守，赏给金牌，还赐以国姓完颜。郭药师再一次拿燕山府当礼物，谋取了自己的安全和富贵。

宗望在郭药师的帮助下，很快平定了燕山府的所属州县，除了土地之外，金军还收获了战马一万匹，甲胄五万副，无数的军需物资，还有降兵七万多人。

北宋费了数代人的心血和数以百万计的金银收复的燕京六州，在不到十天的时间内，重新沦落于金人之手。

郭药师降宋多年，深知宋朝的军事布防。他向宗望献计说，宋朝的主力都布置在河东，现在西路又被牵制，无法回师增援，假如乘河北兵力空虚之机，挥师南下，直扑宋朝的首都东京汴梁，定可建立不世之功。

宗望觉得郭药师的分析很有道理，率领金军离开燕山，挥师南下，直插大宋腹地。一开始，他把目标对准保州和安肃军，但狂野的女真铁骑，打野战所向披靡，天下无敌，打攻坚战却不是他们的强项，连续攻打保州、徐水、中山府，都未能奏效。

郭药师不愧是一个将才，他建议实行斩首行动，放弃攻坚战，采用纵深穿插，直扑宋朝的心脏——东京汴梁，摧毁他们的首都。

宗望虽然觉得有些冒险，但认为值得一试，采纳了郭药师的建议，绕开一时无法攻下的城池，不顾身后留下许多宋军固守的据点，快速向宋朝的纵深挺进。

禅位风波

徽宗看着御案上成堆的告急文书，一筹莫展，他不明白，金人怎么会背信弃义，“海上之盟”的墨迹还没有干，他们就杀上门来了。急难之中，他总算还记得“兵来将挡，水来土掩”这句话，立即命宦员梁方平率领禁军，火速赶往黎阳，力争将金军挡在黄河北岸。接着又命宇文虚中调天下兵马进京勤王。

宇文虚中立即调熙河经略史姚古、秦凤经略使种师中领兵增援东京，保卫都城。

金兵还没有到，京城便乱成了一锅粥。面对凶猛而来的金军，昔日围在徽宗身边大献殷勤的蔡攸、白时中、李邦彦似乎一下子都沉默了，没有一个人能拿出一个有用的主意。

通直郎李邺自告奋勇，请求给他三万两黄金出使金国，向金军求和。走投无路的徽宗及众臣像是抓到了一根救命稻草，明知希望不大，也要去试一试。只是国库空虚，一时凑不足那么多黄金，徽宗便叫人把内库里两个各重五千两的金瓮抬出来，让书艺局把金瓮销镕为金字牌子，全部交给李邺，让他带去见金军大帅。

金军留下一万两黄金，轰走了李邺，黄灿灿的金子，变成了肉包子打狗，有去无回。当李邺返回京城，徽宗问起求和的情况时，李邺惊魂未定，心有余悸地说："金军可不了得呀！人如龙，马如虎，上山如猿，入水如獭，其势如泰山。宋军与金军相比，简直如累卵一般。"说罢，当众大哭起来。

李邺的这段话后来传到宫外，百姓戏称李邺为"六如给事"，因为李邺曾任过给事中。

徽宗听李邺讲金军如此厉害，吓得面如土色，童贯、蔡攸一班佞臣，个个也是身战股栗，冷汗直流。

议和不成，抵御无方，徽宗一筹莫展，窘迫之中，召来宇文虚中商量。宇文虚中认为，现在形势危急，建议徽宗下"罪己诏"，革除积弊，这样或可挽回人心，国人同心协力，共同抵抗外敌。

"罪己诏"，就是皇帝自己给自己降罪，公开向天下民众认错。徽宗只爱听奉承之言，不受逆己之语，这一次听了宇文虚中的话，不但没有发火，居然还十分虔诚地接受了宇文虚中的建议，命宇文虚中起草诏书。

次日，罪己诏便发向全国各地。

所谓鸟之将亡，其鸣也哀；人之将死，其言也善。徽宗在罪己诏中坦诚承认自己多年的过错，说得荡气回肠，委婉沉痛，几乎是用血和泪写成的。为了表示自己的诚意，罪己诏颁发之后，他还采取了一些措施：下诏撤销西城所，将钱物交给户部；将没收充公田的土地，全部归还原主；裁减宫廷用度以及侍从官以上官员的俸禄；彻底罢废道观，收回赐给道观的土地；撤销大晟府、教乐所、行幸局、彩石所等等，积累多年的弊政，几乎全部被革除了。

可惜，徽宗醒悟得太晚了，一纸罪己诏，怎抵得金军的百万铁骑？

徽宗心里明白，金军已迫近黄河，各路勤王之师远水救不了近火。大宋王朝的江山摇摇欲坠，他已无力收拾这个烂摊子了。突然之间，他有了一种不祥的预感，欲念一生，挥之不去，心中便生出了三十六计走为上策的想法。

开溜之前，他还想把京城安顿一番，下诏命皇太子赵桓为开封牧，并特意赐给只有皇帝才能佩带的碾玉龙束带。

开封牧这个职位不同寻常，在北宋历史上，只有太宗皇帝、真宗皇帝在即位之前担任过这个职务。徽宗在金军来犯之际匆匆忙忙任命太子赵桓为开封牧，其用意已经很明显，他是要撂挑子了。

在此之前，徽宗曾打算向东南方向逃跑。蔡攸最先得知这一消息，马上告诉给事中、权直学士吴敏，并将吴敏引到玉华阁下。

当时徽宗已经有旨幸淮、浙，正召集大臣赴都堂议事，吴敏在玉华阁拦住徽宗说："请陛下稍作停留。"

徽宗见吴敏面色凝重，示意群臣止步。

吴敏问道："金人毁弃盟约，陛下作何处理？"

徽宗说："事已至此，朕已乱了方寸，没有妥善之策。"

其实，徽宗东行之议已定，并下诏户部尚书李兑前往建康守御，吴敏也已得到这个消息。他跟随众人来到都堂，大声说："朝廷轻率放弃京师，将祖宗一百多年基业拱手送给金人，这是什么道理？如果朝廷真的这样做，我即使是死也不奉诏。"

大臣中许多人都响应吴敏，认为朝廷不应当向东逃跑。徽宗见群臣反对，只得作罢，并让李兑停止建康之行。

徽宗尽管在安排退路，但还是幻想奇迹出现，可惜，奇迹没有出现，金国的使者却闯进了京城。

金国使者到达京城后，气焰嚣张，说自己是来送国书的，声称金军兵分两路，是来“吊民伐罪”。

白时中、李邦彦、蔡攸等听了大惊失色，不敢作答。不知谁小声问了一句：“怎样才能休兵呢？”

金使态度傲慢，说只有宋朝向金国割地称臣，金国才会休兵。这样的事情，蔡攸他们做不了主，只好将金使送来的国书转呈徽宗。

徽宗看后惊出了一身冷汗，只是唉声叹气，什么话也没有说。其实，徽宗此时已经有了主意：让太子监国，自己以行幸东南为名，逃离京师。

太常少卿李纲得知这个消息后，便去找给事中吴敏，对他说：“如今敌势猖獗，两河危急，皇上若弃城而去，只留太子监国，恐怕太子威不能服众，则京城必危。”

吴敏问李纲有什么好办法。李纲说：“如果皇上一定要离京，就应传位于太子，这样，新天子才可以号令四方。”

吴敏认为劝说徽宗禅位的风险太大，弄不好，会给自己惹来杀身之祸，还是奏请太子监国比较稳妥。

李纲激动地说：“如今国家的形势，同当年唐玄宗在灵武禅位给太子没有两样，甚至比那更危急。国家已经危在旦夕，不另建年号，不足以复邦。我们是为江山社稷着想，又不是谋逆，何罪之有？即使获罪，为人臣者，在国家危难之时，也应万死不辞。皇上聪明仁恕，一定懂得这个道理的。吴大人还是去试试吧！”

李纲所说的唐玄宗故事，就是指安史之乱后，唐玄宗李隆基出逃四川，太子李亨走到半路不辞而别，到灵武即了皇帝位，就是唐肃宗。唐肃宗遥尊唐玄宗为上皇，然后命自己的儿子做天下兵马大元帅，召集四方志士勤王，用八年时间平定了安史之乱。但是，唐肃宗做皇帝不是唐玄宗传位，而是他自立的，玄宗无可奈何，只得默认。安史之乱平息后，李亨把玄宗迎回长安，父子失和，玄宗被软禁，最后凄凉地死去。

吴敏觉得李纲说得有理，欣然答应进宫劝说徽宗。

李纲担心徽宗不听劝谏，连夜刺臂写了一封血书，他在血书中说：

皇太子监国，礼之常也。今大敌入攻，安危存亡在呼吸间，犹守常礼，可乎？名分不正而当大权，何以号召天下，期成功于万一哉？若假皇太子以位号，使为陛下守宗社，收将士心，以死悍敌，则天下可保矣。臣李纲刺血上言。

次日，吴敏进宫，将李纲的话原原本本转奏给徽宗。

徽宗听奏后，当即召李纲进宫。李纲进宫后，什么也没有说，跪下呈上写好的血书。

强兵压境，徽宗对皇帝这把交椅已经没了兴趣，放出行幸东南的风声，实际上是要撂挑子走人，李纲的血书激发了他的灵感，撂挑子，就要撂得彻底。他答应李纲，明天一定给一个说法。

第二天，徽宗突然病倒了，而且还数次昏死在龙床上。御医又是捶背，又是把脉，始终诊不出得的是什么病。几位宰臣围在旁边，急得团团转，都说朝廷不幸，怎么在如此紧要关头皇上突然得了如此怪病呢？

徽宗慢慢地苏醒了，只见他伸出手，断断续续地说："纸……纸……"

"快！"蔡攸急叫道，"陛下要纸。"

内侍连忙取来笔墨纸砚，送到御榻前。徽宗抓起笔，迅即写下一道诏书：

皇太子可即皇帝位，予以教主道君退居龙德宫。可呼吴敏来作诏。

笔走龙蛇，刚劲有力，丝毫看不出是一个病人写的字。蔡攸领旨，立即传吴敏草拟诏书。徽宗正式传位给皇太子赵桓。

赵桓在皇太子的位子上苦苦等了十四年，就是想坐上金銮殿上那把交椅，可是，当机会来临的时候，他却哭了，坚决不当皇帝。因为他发现，父皇是在撂挑子，留给他的是一个千疮百孔的烂摊子，是一座即将爆发的火山，龙椅就放在火山口上。但是，这件事由不得他，前任皇帝的禅位诏书已经签字下达了，几位宰臣也都一致拥护，虽然他心里不愿意，还是被几位宰臣硬拽到金銮殿，强行按在那把至高无上的龙椅上，将龙袍披在他身上，赵桓极不情愿地做了皇帝。

赵桓，是一个被逼上皇位的皇帝，也是北宋王朝最后一位皇帝。

宣和七年（1125 年）十二月二十三日，赵桓即位，他就是宋钦宗。

钦宗即位之后，命少宰李邦彦为龙德宫使，进蔡攸为太保，吴敏为门下侍郎，都兼任龙德宫副使。

立太子妃朱氏为皇后。朱氏是武康军节度使朱伯材之女，被封为皇后之后，她的父亲也跟着沾光，被追封为恩平郡王。

授李纲兵部侍郎，耿南仲签书枢密院事。

赵桓即位，按理说，当务之急便是阻止金军南下。然而，这个被逼上皇位的皇帝，同他的父亲徽宗一样，也是一个昏庸之君，在大兵压境之际，仍然是患得患失，多疑多变，缺乏主见。而且，他仍然和他的父亲做相同的梦：向金人乞和。

豺狼是不会同羊讲和的，因为羊天生是狼的口中食。赵家父子始终不明白这个简单的道理。金军快杀过黄河了，赵桓不思御敌，却派给事中李邺出使金营，对金人说，宋朝的皇帝已经换了人，新皇帝请他们停止前进，两国重修于好。

宗望知道自己孤军深入，风险实在很大，如果宋军抄了后路，他所率的部队恐怕一个也回不去。接到李邺送来的乞和书，有了回军北撤之意。

郭药师原本是宋将，对宋朝的情况知根知底，他怂恿宗望继续南下，说宋朝的防务形同虚设，不足为虑。更不用担心宋军抄后路，因为宋朝还没有出这样的人，即使有这样的人，宋朝的皇帝也没这个胆量，总之一句话，宋朝是一只纸老虎。

宗望考虑再三，终于还是采纳了郭药师的建议，率军继续南下。

二十六日，赵桓见金军并没有停止前进，派河东制置副使何灌率领二万禁军增援浚州，协助梁方平守卫黄河大桥，借黄河天险，将金军阻止在黄河北岸。

何灌所率的二万兵士，都是一些刚离开土地的农民，根本就不会打仗，他认为带这样的兵去打仗，无异于送死，不想奉命，但君命难违，只好硬着头皮挂印出征。

宋军出师那天，京城的百姓杀牛宰羊，带着美酒和各种慰问品涌到街头相送，叮嘱这些子弟兵上前线要英勇杀敌，将敌虏阻挡在黄河北岸，保卫京师。但是，当他们看到这些禁军骑上马，两手紧紧地抓住马鞍不敢松手的熊样子，百姓的心沉了，从脚底生出一股透骨的寒气，直冲头顶。连马都不会骑，又怎么能去冲锋陷阵呢？禁军尚且如此，其他的部队也就可想而知了。

天下人都知道，徽宗昏庸误国，蔡京、童贯等人起到了推波助澜的作用。太学生陈东在徽宗退位的第四天，便带领一些学生联名上书，要求将扰乱朝纲、贪赃误国的六大奸人斩首示众，以谢天下，他在书中说：

国事如此，乃由蔡京坏乱于前，梁师成阴谋于后，李彦结怨于西北，朱勔聚怨于东南，王黼、童贯又从而结怨于辽金，创开边隙，使国势危如累卵。此六贼名异罪同，伏愿陛下乾纲独断，擒此六贼，斩首市曹，传示四方，以谢天下。

历史上，将蔡京、梁师成、李彦、朱勔、王黼、童贯合称为“六贼”，这是第一次，此后，北宋“六贼”就是指上面这六个人。

钦宗做太子时便恨此六人误国，当即便批准了陈东的请求，派聂山（后改名聂昌）为发运使，想秘密除掉这六个人。聂山又请求开封府使臣十人一同前往。适逢李纲去福宁殿奏事，认为此举不妥，上奏钦宗说：“此数人罪恶固不可恕，但聂山之行，恐陛下不宜如此处置。如果聂山之行成功，必然惊动道君，倘若道君因此而产生意外，陛下必抱无穷之憾；万一聂山之行失败，六贼挟持道君于东南，求剑南一道，陛下何以处之？”

钦宗连连点头说：“你说得对，如今为之奈何？”

李纲回答说：“不如罢聂山之行，下诏贬谪童贯等，请道君早回銮驾，可以不劳而事定。”

钦宗以为然，于是止聂山之行。

丧家之犬

次年，钦宗将年号改为靖康元年（1126 年），下诏文武百官、士子百姓，都可以上书直言国事。此时李邦彦总领政务，他刻意阻断言路，向钦宗报喜不报忧，除急事非上报不可外，一般奏疏他都是压而不报，故当时有“城门闭，言路开，城门开，言路闭”的传闻。

靖康元年春节，是一个叫人惶恐不安的春节。

正月初一，金军东路军由邯郸分两路南进，一路以郭药师为前锋，他率领二千常胜军直扑浚州，另一路由宗弼(完颜兀术)率领，攻陷汤阴后与郭药师会师，攻打浚州。西路军则由宗翰率领攻打上党。

驻守黎阳的太监梁方平得知汤阴失陷的消息，吓得灵魂出窍。尽管金军距黎阳还有一百多里，他还扔下全部军需辎重，惶惶如惊弓之鸟，率军向南溃逃。驻守浚州黄河大桥的何灌见梁方平率军溃退，以为金军杀过来了，下令烧毁了浚州黄河浮桥。他以为，烧掉了黄河大桥，就可以将金军挡在黄河北岸。

何灌下令烧桥的时候，桥上正在过兵，他担心金兵尾随过桥，竟然不等梁方平的溃军过完，就下令点火，千余名宋兵被自家人放的一把火烧落桥下，葬身于滚滚的黄河。

梁方平一箭未发，率兵逃过了黄河，何灌不战而退，放火烧掉了黄河浮桥，宋朝寄予厚望的黄河防线不防守，完全向金兵敞开。

金军将要杀过黄河的消息，旋风般刮遍中原大地，吹进了东京汴梁城，举国上下，朝廷内外，人心惶惶。那些嚣张一时的奸臣，都在捆扎行李，收拾私财，载运娇妻美妾、爱子宠孙，准备逃离京城。逃得最快的要算王黼，他收拾好金银细软之后，叫了十辆大车，载着多年搜刮来的金银财宝，带上妻儿老小，连夜逃出京城。

有人将王黼出逃的消息报进宫里，钦宗闻报大怒，前几天太学生们弹劾，他没有动手，这次王黼出逃，可是他自找死路，怨不得他诛戮大臣了。钦宗下诏，命开封府尹聂昌派人秘密追杀王黼。尹昌派出的武士追到雍丘，杀死了王黼，取首级回京缴令。对外宣称，王黼被拦路劫财的强盗杀了。王黼一生搜刮钱财无数，到头来落得个身首异处，人财两空。

钦宗知道人心涣散，为了唤起民心，他下诏赐死李彦，没收其全部家产；又没收朱勔全部家产，削职为民。

朱勔本是个小吏，以花石纲取媚徽宗，为害州郡二十余年，官至宁远军节度使。他在苏州建造的私宅，模拟宫廷，所穿服饰、所用器物，乘坐的车轿，豪华至极。他又以押运花石纲之名，募兵数千人作为自己的卫军，势焰熏天，东南一带的刺史、郡守，多出于他的门下，时人号谓称南小朝廷。徽宗末年，更加获宠，在朝犹如王侯，进宫见皇上不避宫嫔，一门尽为显官，天下人为之扼腕侧目。至此，朱勔的好运也算到头了。凡是由朱勔而得官者，一律罢免，朝政为之一清。

钦宗又诏中外臣庶，直言得失，朝政颇有新气象。这都是为金兵逼迫所致，可惜，此时人心已散。临时抱佛脚，佛照样也没有回天之力。

再说金军赶到黄河边，看到河对岸渐渐远去的宋军旗帜，先是觉得不理解，当明白是怎么回事的时候，发出了震天的狂笑。因为他们终于明白闻风而逃是什么意思。

金军找来十几条小船，花了五天五夜的时间，将骑兵摆渡过黄河，然后再花五天五夜的时间，把步兵渡过黄河。

金人实在不明白，宋军这个仗是怎么打的，得天独厚的黄河天险，天然的屏障，居然说放弃就放弃了。金人得好卖乖，嘲笑地说："宋朝真的没有人啊！假如有一二千军队守在黄河南岸，我们插翅也飞不过来。这样的朝廷、这样的兵，不灭亡才是怪事。"

其实，无论是梁方平，还是何灌，只要有一人是有血性的将军，今后的历史会不会重写，还真的说不定。

金军在毫无阻挡的情况下过了黄河，直扑宋朝的首都。

徽宗虽然撂了挑子，但日子过得并不怎么舒心。一班醉生梦死的佞臣，如蔡攸、高俅等人，建议他到南方去避避风头。徽宗见了蔡攸，抱怨地说：“都是你的父亲误朕，如今，朝廷上下都说朕失德，这都是蔡京奉迎谄佞造成的。”

蔡攸、高俅见徽宗动了真气，情知不妙，托词退了出来。

徽宗追咎蔡京，又鉴于谏官说他失德，下诏将李明妃废为庶人。李师师含泪出宫，入庵当了女道士。

徽宗听说金军已经渡过黄河，不禁心惊胆战，立即去亳州太清宫烧香，实际上是逃离京城，东下避敌，匆匆忙忙地收拾了东西，带着老婆孩子，冒着刺骨的寒风，匆匆出宫，身边只带着蔡攸、宇文虚中和十几个侍从。

钦宗为此下诏说：“恭奉道君皇帝，近来因操劳国事而生疾，遥向太清宫祷告，旋即康复。如今没有日理万机之繁，可以前往太清宫报谢，定于今春正月节前择日诣亳州太清宫烧香，有司应做好准备。”同时任命蔡攸为上皇行宫使，宇文粹中为副使。

徽宗一行人出了通泽门，上了一条小船，沿汴河东下，连夜出发了。天亮以后，徽宗觉得船走得太慢，又下令弃船上岸，派人找到地方官弄来几乘小轿，继续向前行走。仍觉速度太慢，于是在岸边寻到一艘搬运砖瓦的船只搭载。由于出门时行色匆匆，无暇吃饭，此时已是饥肠辘辘，也顾不得身份，从撑船人那里讨得一块大饼，与皇后分吃。

不一会，蔡攸及数名内侍飞骑而至。徽宗问道：“你们是来追逐，还是来随从？”

蔡攸奏道：“臣等受陛下厚恩，死也不离开陛下。”

徽宗于是上岸，同蔡攸等人走向岸边的一座寺院，寺僧将一行人迎进寺中。他不知道眼前之人便是徽宗，自己便坐在了主位，然后问徽宗：“你们这几位官员，是现任，还是罢任？”

徽宗笑着说：“我们都是罢任。”

寺僧又问：“莫非你们还有子弟在京城做官？”

徽宗仍然笑着说：“我有二十七个儿子，长子是当今皇帝。”

寺僧这才知道眼前之人是太上皇，惊恐不已。徽宗此时顾不上责备寺僧，稍坐片刻后，与蔡攸等人上船继续东下。

小船行至雍丘（今河南杞县），徽宗命宦官邓善询召县令前来议事。邓善询传召县令，并未说是徽宗传召。县令骑马来到岸边。邓善询厉声呵斥县令，叫他下马。县令辩解说：“我贵为当地父母官，应显示威仪，何况这里又是京畿之地，哪有徒步到老百姓那里去的道理？”

邓善询大声说：“太上皇去亳州降香，想在此地驻跸。”

县令听说太上皇大贺光临，大惊失色，立即跳下马，来到徽宗乘坐的小船前谒拜，自劾请罪。

徽宗笑道：“中官（宦官）与你戏谑之词，不必当真。”当即便把县令召上船。因时值冬季，水浅难以行船，徽宗弃船上岸，骑上一匹名叫“鹁鸽青”的马代步，一路跌跌撞撞向南睢阳（今河南商丘市睢阳区）方向飞奔，这时才听到鸡啼。靠近河岸有一个小村庄，村民都已经入睡，有一户人家灯光闪烁，竹扉半掩，徽宗下马，叩门而入，见只有一老妪纺纱。老妪见有人进来，询问道：“请问客官贵姓？”

徽宗道：“姓赵，居住东京，已经致仕，举长子自代。”

随行卫士都掩口而笑，徽宗看了卫士们一眼，也笑了。老驱不懂徽宗说的话，也不知他是天子，凭着庄稼人的醇厚朴实，向徽宗敬酒。徽宗接过老妪的酒，传给卫士。老妪又将徽宗揖让进卧室内拥炉烤火，又给他烘袜暖脚。徽宗非常感动，令卫士记下老妪家地名，以便回京补报。

当天夜里，徽宗离开老妪家，继续前行，一夜之间驰骋数百里，次日便抵达南都（今河南商丘）。在驿馆中略事休息，补充一些生活用品，又骑马启程，直到符离（今安徽宿州北符离镇）才弃马上官。船行至泗上（今江苏盱眙西北），徽宗停船上岸，去集市买鱼，因鱼价高低，与商贩讨价还价。买鱼归来，徽宗兴致勃勃，赋诗咏买鱼之事，没有丝毫落魄逃难之态。

泗上是一个小镇，徽宗打算在此小憩，然后再定行止。突然听到人喊马嘶之声，一队兵马风驰电掣而至，徽宗大惊，以为金兵杀到，吓得浑身直打哆嗦，正在惊慌之际，追兵已近，跑在前头的一人滚鞍下马，给徽宗磕头请安，细看原来是童贯。

童贯痛哭流涕地说："上皇仓促出巡，连禁卫军也没有带，奴才得知这个消息，便带着两万胜捷军赶上来，给上皇护驾。"

徽宗听罢，很是感动，危急关头，还是童贯对自己忠心。

童贯此次出逃是为了自保，给徽宗护驾只不过是一个幌子而已。原来，童贯在西征的时候，特意挑选了一批精锐之士，组成了一支两万人的军队，专门为自己看家护院，保卫童府的安全。战时虽也出征，也只是跟在童贯的身边，从不让他们上前线冲锋陷阵。这支特殊的军队，实际是大宋的军外之军，是真正的童家军。童贯为他们取名为胜捷军。

徽宗这次深夜出逃，并没有通知童贯。童贯得到徽宗出巡的消息，已经是第二天中午，他还听说，老奸巨猾的蔡京，已经在上皇出走的前一天，席卷了搜刮来的金银珠宝，带上妻小家眷，偷偷地溜出京城，逃回福建老家去了。童贯得到这些消息，极度恐慌，他知道自己留在京城非常危险，新皇上做太子的时候，就对他们这些宰辅看不顺眼，现在当了皇上，如果哪个冤家对头奏上一本，自己就吃不了兜着走。再说，如果金军真的兵临城下，自己手下的两万胜捷军肯定会调去守城，到时连看家的本钱都没有了。他是越想越害怕，最后他想出了一个两全齐美的办法，就是打着为上皇保驾的幌子，带上胜捷军逃离京师。一来，待在上皇身边最安全；二来，他也可以借机保存自己的私家军。

童贯赶上徽宗后，合兵一处，急急如丧家之犬，向东南逃窜。当车驾要过黄河时，卫士们才明白真相，很多卫士跪在地上大哭，拦住车驾不放行。童贯唯恐耽误了行程，命令胜捷军放箭射杀了百余名卫士，护着徽宗及其随行人员，强行过了黄河，绝尘而去。

第十三章　软骨头帝国

李纲临危受命

徽宗仓皇出逃之后，京城可以用一个乱字来概括，政局乱，人心乱，朝廷上下、京城内外，全都乱套了，乱成了一锅粥。

新皇上六神无主，毫无主张，大臣们各怀心事，各打各的小算盘，眼看即将兵临城下，君臣们居然还在战、和、逃三者之间纠缠不休。朝堂上，钦宗眼巴巴地看着群臣，口里不断地催促他们快拿主意。

太宰白时中认为金兵来势凶猛，京城是不能待的了，建议钦宗逃往襄邓，以避其锋。宰相李邦彦觉得留在京城太危险，也主张皇上到江南去避避风头。

钦宗本就是一个怯弱无能、优柔寡断之人，从心里就不愿当这个吃力不讨好的皇帝，一听两位宰相都主张到江南去避风，正中下怀，连连点头，正要下旨南巡的时候，有人强出头，打乱了几个奸臣的如意算盘。这个人叫李纲。

李纲是正和二年（1112 年）的进士，曾做过御史，因进言朝廷要防外患，打扰了徽宗和那帮佞臣的兴头，被贬到地方上去了。金军发动进攻的时候，李纲回京出任太常少卿，掌管朝廷的礼乐郊庙事务，是一个纯文职官员，按理说，舞刀弄棒的事与他这个文弱书生扯不上关系。可是，国之将亡，匹夫有责，眼看金军已经打到家门口，朝中上下，人心惶惶，上皇走了，新皇上在两位宰相的怂恿下也想溜之大吉，性情刚烈的李纲实在忍无可忍，决定亲自找钦宗理论，不料却被一个叫孝庄的门卫挡了驾。他说皇上还在和宰相们议事，其他人不得擅入。

李纲大怒，呵斥道："金军都要打上门来了，还讲这么多规矩！"一把推开孝庄，冲进朝堂，冲着钦宗问道："听说宰相要陛下放弃京城，外出躲避金兵，有这回事吗？"

钦宗与几位执政大臣面面相觑，谁也没有说话。

李纲见状责问道："道君皇帝将宗庙社稷托付给陛下，陛下怎么能弃之而去呢？"

白时中见李纲有些咄咄逼人，心里有些害怕，嘀咕道："京城想守也守不住，不走又能怎么样？"

李纲手指白时中、李邦彦，怒斥道："你们身为宰相，不思御敌之策，先是欺蒙上皇，现在又怂恿陛下弃城而逃，京城失守，你们就是千古罪人。"

"白时中说得有理，京城守不住，京城不可待！"钦宗似乎铁了心要逃，竟然脱口而出，说出了自己的想法。

"天下城池，唯京城最坚固，如京城不可守，还有哪座城池可守？宗庙、社稷、百官、万民都在这里，舍弃京城，能到哪里去？"李纲大声说，"如果能激励将士，安抚百姓，岂有不可守之理？"

全场又是一片静默。

"说呀！你们说呀！"钦宗似乎坐不住了，气急败坏地说，"谁有什么好办法？"

李纲说："为今之计，莫如整顿兵马，号召全城军民，抵御外敌，保卫京城，以待勤王之师。"

钦宗焦急地问："谁可为将？"

李纲回答："朝廷平日以高爵厚禄富养大臣，是要这些大臣替朝廷办事，今白时中、李邦彦等，虽是书生，不一定懂军事，但以他们宰相的身份，应当承担起安抚将士、调兵遣将、抵御入侵之敌的重任。"

白时中主张逃跑，压根就没有考虑坚守城池的事，见李纲一把火烧到自己身上，气急败坏地说："李纲，你有能耐，你就领兵出战，怎么扯到我头上来了？”

白时中出语粗俗，形同市井无赖。在他的眼里，李纲也是一个文人，自己一脚将皮球踢过去，李纲是无法接招的。

李纲无心研究白时中的用心，朗声说道：“如果陛下不认为我无能，让我领军拒敌，我当以死报国。只是我位卑职微，恐难以驾驭将领，镇服士卒。”

白时中万万没有料到，平时文质彬彬的李纲，居然真的敢同金兵拼命，他睁着两眼看着钦宗，等待他的答复。

钦宗见李纲不顾个人生死，愿意领兵保卫京城，当即便命李纲为尚书右丞，东京留守。以同知枢密使李棁为副，聂昌为随军转运使，领兵守城。并对李纲说，京城的安危就靠他了，并说他还是要和皇后一起找个地方避一避。言下之意，他还是要走。

李纲跪地哭谏，哀求钦宗不要出走，折腾了半天，总算是让钦宗回心转意，答应不走。

李纲临危受命，立即就忙活起来，又是部署兵力，又是安排人修筑毁坏了的城墙。

白时中、李彦邦两人也没有闲着，他们害怕留在京城，却又不敢私自逃走，因为他们舍不得头上那顶乌纱帽。要想保住乌纱帽，又能逃离京城，唯一的办法就是劝钦宗出逃，钦宗出京，做宰相的一同出行，也就顺理成章了。为了能达到他们的目的，他们连夜找钦宗做太子时的老师耿南仲，让他去劝说钦宗，说京城是不能再待下去了，否则，就有生命危险。

钦宗本来就不想待在京城，听人一劝，又改变了主意，下旨命禁卫军次日护送后宫、宗室，准备随他南下邓州。

次日早朝，李纲来得非常早，见崇政殿外禁卫军全副武装，列队待发，后宫的嫔妃们都带着大包小包，准备升轿出行，觉得有些不对劲。一打听，才知道钦宗又要离京出逃。李纲冲着禁卫军大声问道：“你们究竟是愿意守卫京城，还是愿意随皇上出走？”

禁卫军不约而同地说，他们的妻儿老小都在京城，情愿死守京城，也不愿意离开半步。正在这时，钦宗出来了，身后的几个太监，连太庙里的祖宗牌位也都带上了。李纲迅步上前跪下奏道：“陛下昨天说得好好的，为何一夜之间又改变了主意呢？”

钦宗叹了口气说：“如今人心离散，军无斗志，孤城如何能保，朕想了一夜，还是走的好。”

正在这时，一名禁卫军来报，说皇后已经起驾。钦宗一听，不顾跪在地上的李纲，拔腿就走。李纲见状，不顾一切地扑上去，抱住钦宗的脚哭叫道：“陛下，不能走呀！陛下这一走，大宋江山将处于万劫不复的地步。”

周围的禁卫军见此情景，一阵骚动。

李纲哭着说：“将士们的妻儿老小都在京城，他们都愿意死守京城，不愿离开京城。陛下强迫他们护驾出都，万一中途他们逃散而归，陛下的安全怎能得到保证？况且，金军已经逼近汴京，他们得知圣驾离得不远，一定会派精兵追赶，到时，谁能抵挡得住金军呢？”

李纲的话，似乎打动了禁军们的心，周围的禁军再一次骚动起来。李纲知道周围有很多禁军，灵机一动，从地上爬起来，冲着禁军大声问道：“你们都是七尺汉子，热血男儿，敌人杀到家门口，你们是愿意逃？还是愿意留？”

禁军们七嘴八舌地说开了，说他们的妻儿老小都在京城或京畿，谁愿意抛妻弃子，离乡背井呢？慢慢地，竟然形成了一句话：誓与京城共存亡。

李纲乘机劝谏道：“陛下，人心不可违呀！留下来吧！”

钦宗终于又被说动了，答应留下来，不走了。禁卫军得知皇上不走，高兴得齐刷刷地跪了一地，高呼万岁。

钦宗也被眼前的气氛所感染，当即下旨，设立京师守御行营司，李纲负责指挥，并给李纲充分的权力：“听便宜从事。”即遇事自行决断，无须请示。

接着，又调整了中枢机构的领导班子，免去白时中太宰之职，以李邦彦为太宰兼门下侍郎，张邦昌为少宰兼中书侍郎，赵野为门下侍郎，翰林学士承旨王孝为中书侍郎，同知枢密院事蔡懋为尚书左丞。

金军过了黄河，距东京只有两天的路程。也就是说，满打满算，东京保卫战，李纲只有两天的准备时间。

李纲利用大家的力量留住准备逃离京城的钦宗后，立即着手部署京城的防御，他在四面城墙上储备火炮、弓箭、砖石、檑木、火种、膏油等交战应用之物，号召京城军民人等进入战斗状态，除部署镇守四门的守卫外，他将所有兵马编为六路，一路保护东门外的延平仓，那里是粮库，粮食就是生命，一路扼守朝阳门外的樊家冈。其余兵马，待命听调。

李纲正在调配兵马，何灌带领一万残兵从黄河渡口逃回京城。梁方平、何灌临阵脱逃，使宋朝白白地失去了黄河天险，杀一百次也不过分。李纲建议钦宗给何灌一个机会，让他戴罪立功。被钦宗采纳。何灌得以保得一命。

正月初七，金兵先头部队直逼东京，攻占了牟驼冈。宋朝的养马场就在牟驼冈，那里的二万匹战马，成了金军的战利品。

钦宗非常恐慌，召集群臣商量对策。朝堂上，又发生了战、和的争论。

李纲主战，他认为金军远道而来，孤军深入，击之不难，即使不胜，再闭城固守，等待勤王之师，然后内应外合，可以一举歼灭敌军；李邦彦、张邦昌主和，他们认为京城兵微将寡，勤王之师不知几时能到，唯一的办法是割地求和，才可避免破城之灾。

钦宗犹豫不决，李纲急着要布防，有事出去了。李邦彦、张邦昌乘机怂恿钦宗求和，钦宗竟不顾李纲的反对，派郑望之、高世则到金军求和。李纲返回时，求和之事木已成舟，想阻止已是不及。

郑望之、高世则走到半途，正碰上金国使者吴孝民奉命前来议和，便一同返回京城。

当天夜晚，金兵偷袭宣泽门，企图从水门乘船突入外城，幸亏李纲早有防备，率军顽强抵抗。士兵们将蔡京家的假山拆掉，当炮石用，激战一夜，击退了金兵的进攻。

宋军的顽强抵抗，让金军主帅宗望感到意外，同时也暗自庆幸，幸亏守卫黄河的不是眼前的部队，不然的话，金兵可能还在黄河对岸望河兴叹。眼见攻城无望，宗望只得命令士兵拖着百多具尸体，撤兵回营。

次日，金使吴孝民进见宋朝皇帝，责问宋朝招纳张觉之事，要求宋朝将童贯、宗望等人交给金人处理，一派兴师问罪的派头。

钦宗一推了事，说招纳张觉是前朝的事情，他不清楚这件事，至于童贯、宗望等人，早已撤职，不在京城。

吴孝民醉翁之意不在酒，责问招纳张觉只是一个借口，于是很大度地说，既然是前朝的事，那就既往不咎，那就请少帝与大金重新再立誓书修好，具体条款如何，请派一个亲王和宰相到金军营中去商谈。

金人露出了和谈的口风，钦宗心里乐得直打战，马上召集大臣们开会，商议出使的人选。几位宰臣都得了恐金症，谈金色变，没有一个人愿意到金营去谈判，会议冷场了。

李纲毛遂自荐，自告奋勇地站出来，说他愿意到金营去走一趟。

按理说，有人出头，钦宗高兴还来不及，但他却高兴不起来，因为他知道，李纲性情刚烈，不会去曲意讨好金人，去了肯定要同金人争吵，如此一来，和谈就有可能破裂，这是钦宗不愿意看到的。于是，他以李纲守城责任重大、宗社安危系于李纲一身，不可擅离职守为由，拒绝了李纲的请求，决定派知枢密院事李棁到金营谈判。

李纲深知李棁的个性，立即表示反对，说朝廷安危，在此一举，李棁太怯懦，叫他去谈判，一定会误事。钦宗仍然没有采纳李纲的意见。

屈辱的和约

李纲没有看错人，李棁果然是孬种，刚进金营，脚肚子就打战；见到两旁站立的金兵，吓得差一点尿了裤子；进入中军帐，见到高坐在上的宗望，更是吓得连话都说不出来，扑通一声就跪下，只是一个劲地磕头，好像他到金营来，不是谈判，而是求神拜佛。

宗望看到眼前的宋使，心里直乐，他真的有点搞不懂，宋朝也是一个大国，怎么派这样的没有脊梁、软脚肚子的人做使臣，进来只是磕头，却不说话。宋使的怯懦，更加助长了宗望的嚣张气焰。他顺手取过早已准备好的和约扔在地上，厉声说："拿去吧！叫你们的主子按纸上写的条款，如数送到金营，收到这些东西后，我方退兵，否则，本帅立即下令攻城，破城之日，就是屠城之时。"

李棁吓得冷汗直流，从地上捡起和约，连看都不敢看一眼，像得到大赦令一样，诺诺连声地退出。

"站住！"

李棁胆子都吓破了，转过身，可怜巴巴地问了一句："将军还有何吩咐？"

从头到尾，他就说了这么一句话。

宗望叫过萧三宝奴、耶律中、王汭三人，吩咐他们随宋使进城，立等宋朝皇帝的答复。看着离去的宋使，宗望发出一阵狂笑。

谈判，是谈判双方在谈判桌上的讨价还价，各争短长。而李棁这次赴金营谈判，从开始到结束，他都是跪在地上，就像臣子朝拜君王，施主拜见菩萨一样。宗望高高在上，成了君主、成了菩萨。宋朝的国威在这里荡然无存。

李棁的懦弱，激起了金人的欲望，次日一大早，金军对东京城的通天门、景阳门发起了猛烈攻击。宗望要以武力向宋朝施压，让宋朝接受他提出的条件。

李纲亲冒矢石，上城督战。金军离得远的，用床子弩对付；离得近的，用神臂弓侍候；攻到城下的，推下滚木檑石收拾他们，战斗进行得异常激烈。李纲决定组织一支二千人的敢死队，下城杀敌。

何灌自告奋勇，愿为统领，他说黄河大桥失守，是他今生的耻辱，他是朝廷的罪人，愿以死向天下人谢罪。李纲见何灌决心赴难，答应了他的请求，立即让人抬来烧酒，为何灌及二千名敢死队员壮行。

何灌率领二千敢死军缒城而下，像一群下山的猛虎一样，冲入敌阵，与金军展开了殊死搏斗。

宗望站在高处，看到缒城而下的宋兵，起先还不以为意，认为他们是下城找死的。谁知这些宋兵下城后，杀入金兵阵中，犹如一阵风，刮到哪里，哪里就倒下一片金兵的尸体。他自南下以来，没有碰到过顽强的抵抗，更没有遇到这种不要命的打法，看到满地的残肢断臂，他害怕了，下令撤兵回营。战场上，丢下数千具金兵的尸体。

何灌实现了他的诺言，用鲜血洗刷了他的耻辱，战死在城下。他是同敌人同归于尽的，敌人的枪，扎进了他的胸膛，他的刀，砍断了敌人的脖子。

宗望这次攻城受挫，再也不敢贸然攻城，便指使金军骚扰京畿各县，烧杀奸掠，无恶不作，闹得京畿各县鸡犬不宁，无数百姓家破人亡。

李纲击退了金军，下城入朝议事，见钦宗与李邦彦又在商谈和约之事，一纸和约就摆在案叽上，李纲凑过去一看，金人列出了四个条件：

一、送金五百万两，银五千万两，牛马万头，表缎万匹，为犒赏费；二、割让中山、太原、河间三镇地；三、宋帝当以伯父礼事金；四、须以宰相及亲王各一人为质。

李纲看完和约条款，抗声说道："这是金人提出的条件吗？这样的条件也能答应吗？"

"金军兵临城下，举国震惊，要想退敌，只能答应他们的条件。"李邦彦并不觉得金人提出的条件过分，似乎只要金人退兵，要什么都可以。

李纲愤然说道："他们索要的金银牛马，就是搜遍全国，也不能凑数，到哪里去拿？中山、太原、河间三镇，是国家的屏藩，怎么能割让与人？泱泱大国，竟称金狗为伯父，岂不是奇耻大辱？要人质，宰相就可以了，亲王怎么可以去？"

钦宗问道："照你说来，没有一条可以答应，如果金军继续攻城，如何是好？"

李纲建议派一个能说善辩的人去金营谈判，拖延时间，待各地勤王之师到达之后，就不怕金军不退，那时再与金国议和，就能获得真正的和平。

李邦彦却不以为然，他说金人狡诈得很，不会让你拖延时间的，现在连京城都不保了，还谈什么三镇？至于金币牛马，更是不必计较了，给钱买平安，没有什么不可以的。当年的"澶渊之盟"，不也是花钱买来的吗？

张邦昌随声附和，极力赞同和议。

李纲见他们二人一唱一和，正欲抗辩，钦宗却以守城要紧，叫他去安排守城的事。其实是有意支开李纲。李纲走了以后，一个昏君，两个贪生怕死的奸佞，很快达成一致意见，接受金人提出的全部条件，并派李邺同金使前往金营，商谈签约之事。

钦宗想尽了一切办法，满城搜刮金银，大家小户，搜刮一空，甚至连妓院中的财产也不放过，加上库存，也只弄到金二十万两，银四百万两，尚不足金人索要的十分之一。

钦宗命李邦彦起草誓书，称金太宗为伯大金皇帝，自称侄大宋皇帝，派李邺为使再赴金营磋商。第一条输款缺少甚多，请求分期缴纳；第二条割地，先将三镇地图呈送给金人；第三条称呼，完全照办，以后文书往来，称伯大金皇帝；第四条遣质，派康王赵构前往金营做人质。张邦昌为计议使，随同康王前往。

赵构是徽宗的第九子，韦贤妃所生，曾封为康王。

张邦昌是个卖国求荣的奸贼。当初，他和李彦邦竭力主张议和，是为了谄媚金主，不料这把火却烧到自己身上。钦宗派他与康王赵构一起到金营去做人质，顿时就吓晕了，推说自己口才不好，此去恐有辱君命，求钦宗另选他人。

钦宗当然不会答应他的要求。于是，他又要求钦宗御笔亲批，割地这一条不能变，因为他知道，割地这一条，最不被国人接受，他担心自己做了人质以后，朝廷改变了主意，他这个人质的生命安全就不能得到保障。钦宗仍然不答应，说三镇的地图都送去了，怎么能不算数呢？张邦昌流着眼泪退出。

十四日，康王赵构带着张邦昌及随行人员，走出城门，渡过壕沟，前往金营做人质去了。

民心不可违

和议达成之后，勤王之兵陆续到达，最先到达的是统判官马忠，他自京西募兵勤王，接近京城，正逢金兵在顺天门外抢掠，马忠立即指挥部队截杀金兵，金兵猝不及防，大败而归，马忠挥军乘胜追杀，敌兵死伤无数，从西面打开了进城的通道。

最先到达的边帅是种师道，他在伐辽时征战失利，被贬官致仕，后又被重新起用，出任两河制置使，得知京师告急的消息，亲率泾原、秦凤两路兵马进京勤王。为了赶时间，他亲率一队骑马急驰，让大队人马随后跟进，接近京城的时候，他命令士兵击鼓而进，大造声势，使金人弄不清楚他到底带了多少兵马。

宗望久闻种师道的威名，得知种师道率兵驰援，为避其锋，移营北退，坚守牟驼冈，收束游骑，增垒自卫。

钦宗得知种师道率兵到达，喜出望外，命李纲开安上门迎接种师道进城。种师道谒见钦宗，礼过之后，钦宗问他有何退敌之策。

种师道回答说："女真人不懂兵法，岂有孤军深入他国之境，能够平安地回去的？"

钦宗说朝廷已经同他们订约修好了。

种师道似乎对修好不感兴趣。他说率兵进京，就是要守卫京城，保卫陛下，至于其他的事情，他不想知道。看来，种师道不赞成和议。

钦宗似乎受了种师道的感染，笑着说，你来得正好，京师正缺一个统帅，那就由你来当吧！于是下诏，命种师道为同知枢密院事兼充京畿、河北、河东宣抚使，统四方勤王之兵守卫京城。

随后，姚仲平率领熙河兵也赶到了，钦宗命他为都统制。

宋、金和议虽然达成，由于该给的钱没有给到位，金军仍驻兵城下，除了不停地派人催讨欠款外，还派出多股金兵到处烧杀奸淫，肆意抢掠，各路勤王之师陆续到达之后，金军的嚣张气焰才稍有收敛。

李纲认为金人贪得无厌，猖狂至极，不用武力难以解决问题。他认为，敌兵只有六万人，宋朝勤王之兵已达二十万，如果坚守城池，截断金军粮道，等孤军深入的金军粮尽力疲、不得不后退的时候，再沿途阻击，一定能够大获全胜。

依照兵法，这是最稳妥的决策，一定能稳操胜券。

姚平仲不同意李纲的观点，他说勤王之兵集合却不出战，士卒就会有怨言。他自告奋勇请战。钦宗觉得宋朝有兵马二十万，金兵只有六万，悬殊的兵力对比，使他一下子信心陡增，腰杆子似乎突然硬了起来，居然同意姚平仲的意见，向金军开战。

一个性情怯懦、没有脑子的昏君，一个不知天高地厚、狂妄自大的将军，做出了一个冒险的决定：开战。

姚平仲的招数就是夜袭金营。种师道不以为然，认为这样太冒险。姚平仲拍着胸膛，信誓旦旦地说，此去如果不胜，情愿提头来见。

钦宗征求李纲的意见，李纲竟然也同意了姚平仲的意见，说可以一试。

姚平仲率万名兵士，乘着夜色摸进敌营，谁知却是一座空营，情知中计，急令退兵，但为时已晚，金军从四面八方冲出来，将宋军包了饺子。姚平仲偷鸡不成，反蚀了一把米，他知道回城后性命难保，干脆弃军而去，当了逃兵。

种师道本来是不赞成劫营的，当姚平仲劫营失败后，却主张明天再去劫营，他说，这在兵法上叫出其不意。如果不胜，以后每天派数千兵马前去骚扰金兵，让他们吃不安，睡不宁，不出十天，金兵就会逃走。

次日，种师道向钦宗建议再次夜袭金营，并说了他的看法。李纲也认为是奇计。

李邦彦却极力反对，他说金人天天派人来催讨欠款，你再去偷袭他的营盘，他会催得更急，实在是无法应付。

钦宗本来豪气冲天、信心十足，姚平仲战败后，又成了一个泄气的气球，瘪了。思想也来了个急转弯，由主战而变为主和。种师道的计谋，不符合他的口味，被否决了。

宗望收兵之后，庆幸自己有备，才打了一个大胜仗。

次日升帐，宗望召见康王赵构和张邦昌，怒斥宋军夜袭金营，违反了协议。张邦昌吓得哭了起来，康王赵构却站立当场，泰然自若，毫无畏惧之色。

宗望挥手让他们退下，回头对王汭说，宋朝这个亲王是一个冒牌货，恐怕是个将门之后。并命令王汭马上去见宋朝皇帝，要他们换人质。

王汭奉命来到东京，要求李邦彦更换人质，并说宋兵夜袭金营，违约背盟，他们的元帅很不高兴。

李邦彦一个劲地赔礼道歉，说劫营是李纲、姚平仲两个干的，朝廷也是后来才知道。并答应王汭，他将奏请皇上，严惩李纲、姚平仲。

钦宗为了迎合金人，下诏罢免了李纲的一切职务，并派宇文虚中随王汭一起到金营去赔礼道歉。

没有原则，没有正义，没有骨气，没有脊梁。这就是国难中的一群当政者。

钦宗万万没有想到的是，罢免李纲、种师道，会激起巨大反响。数百名太学生在陈东的带领下，到宣德门外的登闻鼓院递交请愿书，强烈要求恢复李纲的职务，让李纲和老将种师道带领军民保卫京城。同时还请求罢免李邦彦、张邦昌。

登闻鼓院是朝廷接受下级官员及老百姓诉状的地方。院外架了一面大鼓，叫登闻鼓。对于这面鼓，史书有很多记载，民间也有传说，趣事很多。北宋初，有个市民丢失了一头猪，竟也跑去击鼓，而院吏居然也将这件事上报给皇帝。赵匡胤听了不但没有怪罪，反而十分高兴，除了赏钱抚慰那个人外，还给赵普下了一道手诏："今日有人击登闻鼓问朕，寻觅亡猪。朕又何以见他的猪呀？但与卿共喜者，知道天下没有冤民。"

平常，登闻鼓院有专人值班，负责受理投诉案件。金军攻城后，这里的人也就没有心思上班了，登闻鼓院的官吏唱起了空城计。太学生们见朝廷没有人理睬，一怒之下，就敲响了登闻鼓。

钦宗是一个没有主张的皇帝，他询问吴敏该怎么办。吴敏说，宣德门已经集聚了上万人，而且越来越多，要想平息这件事，除了重新起用李纲，别无他法。

钦宗皱起了眉头，立即传召李彦邦。

李彦邦在入朝途中被围观的民众看见了，不知是谁喊了一声："打死这个奸贼！"顷刻之间，乱石如雨点般飞向李彦邦，幸亏禁军前来保护，才使得李彦邦没有被当场打死。李彦邦进见的时候，脸色惨白，浑身颤抖。

钦宗见李彦邦狼狈不堪的惨状，心里也着慌。正在这个时候，殿前都指挥王宗濋进来报告，说外面的人越聚越多，叫禁军驱赶，禁军们不但不驱赶，反而还站在那里议论起来。

“民心难违呀！”吴敏着急地说，“再拖下去，恐怕真要激起民变了。”

钦宗害怕了，外有金兵围城，求和还没有结果，内部如果再激起民变，宋朝也就要完蛋了。他急忙命太监朱拱之去宣召李纲进宫。

朱拱之原是王黼、梁师成的心腹，现在又是李邦彦的密友，李邦彦主和，李纲主战，他当然不想重新起用李纲。他带着十几名太监出去溜了一圈，回来说找不到李纲。有个小黄门悄悄地把这件事捅了出来，愤怒的人群怒不可遏，一拥而上，将朱拱之和那十几个太监活活地打死了。

钦宗知道众怒难犯，命户部尚书聂昌传旨，恢复李纲尚书右丞之职，还兼任京城四壁防御使。聂昌是个聪明人，刚走出门，就将圣旨高高举起，大声说：“皇上有旨，重新起用李大人！”

大众这才欢呼万岁。

钦宗又宣召城外的种师道进城。当种师道进城的时候，大家担心有假，拦住车子，非要掀开车帘子看看，确认是种师道后，高兴地说：“果然是我们的种老相公。”大家这才慢慢散去。

次日早朝，耿南仲、王孝迪等人提出，将带头闹事的太学生杀一批，关一批。吴敏坚决反对，他说太学生是出于正义，忠于朝廷，朱拱之逆命抗旨，阳奉阴违，激怒了众人，打死了是他咎由自取，怨不得别人。如今是同仇敌忾，共同对付外敌的时候，不应该打击太学生们的爱国热情。

钦宗这一次总算没有糊涂，决定不追究这些学生的责任。

陈东等太学生的这次请愿，在历史上称为“伏阙上书”，这是中国古代少有的一次学生爱国运动。

李纲上任之后，对城防进行了整顿，一改蔡懋只守不战的规定，下令能杀敌者，朝廷给予重奖，军民一片欢腾。如此一来，金军几次攻城，都被守城的军民击退。金军知难而退。

金军虽然从气势上压垮了宋朝君臣，但主帅宗望心里其实很害怕，他也是经过金、辽十年战争洗礼的将军，深知孤军深入是兵家之大忌。尽管宋朝君昏臣庸，但中原大地是一个藏龙卧虎的地方，说不定有哪一位懂兵法的人站出来稍加点拨，自己和六万金兵就会死无葬身之地。一想到这些，他有时在睡梦中也被惊醒。为了能早日离开这个是非之地，他让宇文虚中回城，派王汭随同进城催讨金银，并要宋朝皇帝御笔亲书，将三镇割让给金国，同时要求改换人质。说办好了这些手续，他们就撤兵。

钦宗巴不得金军快点滚蛋，亲笔写下将三镇割让给金国的诏书，让宇文虚中送到金营，并命肃王赵枢随王汭去金营换回康王赵构。

宗望接见了肃王赵枢，将康王赵构和张邦昌放回。

康王赵构从金营回到京城途中，引出了一段在民间流传了数百年的“泥马渡康王”的故事。据说赵构离开金营不久，宗望打探到赵构确实是康王，他对康王临危不惧、潇洒倜傥的气度印象极深，放他回去，无异于纵虎归山，说不定要成为金国的后患。宗望非常后悔放走了赵构，立即派出三千兵马追杀赵构。

康王赵构出了金营以后，自觉能活着离开金营，实属侥幸。他也担心金人出尔反尔，回京途中，不敢走大路，只抄偏僻小道行走。没走多远，果然有金兵追来，赵构躲进树林里，看着金兵向京城方向追去，他只得改换方向逃跑。跑了半天，眼看避开了金兵，但此时天已经全黑了，远远看见半山腰有一座破庙，走近一看，原来是一座崔君庙。赵构是又累又乏，又饥又困，只得进庙休息。

赵构太累了，坐下就睡着了，谁知刚睡着，忽然听到有人喊：“王爷快跑，金人追来了！”赵构猛然惊醒，不见说话的人，却看见一匹骏马在门前急躁地扬鬃刨蹄。他也顾不得多想，起身冲出门，翻身上马，加鞭急驰，骏马四蹄腾空，如飞一般，一口气跑出七百余里，渡过一条水流湍急的大河。金兵站在河对岸傻眼了，而他身边的马，却僵立不动。赵构看时，却是崔君庙中的一匹泥马。

这个传说中的故事，只见野史，正史不曾记载，只因其流传甚广，在此稍作说明而已。

赵构回京后，晋封为太傅，加封节度使。文封太傅，武封节度使，赵构一下子成了皇族中的一颗新星。

宗望得知宋朝重新起用了李纲，东京的守卫更加严密，而且宋朝的勤王之师陆续到达，再待下去，不但很难再捞到油水，而且还危机四伏。他无心再等宋朝凑足下欠的金银，派韩光裔去向宋朝皇帝告辞，准备北归。

可笑的是，韩光裔向宋朝君臣告辞，给钦宗带去了人参、貂皮之类的礼物，仿佛是客人辞行一般。

宗望带着宋朝献给的大量金银绢帛、牛马驼骡，带着割让三镇的诏书与人质肃王赵枢，浩浩荡荡北归。其实，他走得提心吊胆，胆战心惊，因为他心里有四怕：一怕宋军轻骑追杀，二怕北渡黄河遭袭击，三怕北岸有宋军堵截，四怕沿途宋军伏击。如果真的是这样，金军将面临灭顶之灾。

侥幸得很，种师道、李纲虽然派出部队跟在金军后面恃机杀敌，钦宗、张邦昌却下了一道死命令，不准追杀，谁要擅自出手，按抗旨不遵论处。宋军护送金军顺利渡过黄河后，也就不再跟了。

黄河北岸，宋军照样是不设防，金军过河间、中山的时候，曾想进去接收城池，但守城的宋军不让进，他们不愿将国土拱手送人。宗望知道这是宋朝的地盘，不敢再纠缠，命令部队绕城而走。

两镇也没有出城击敌，因为朝廷有令，谁要是拦截金军，就是抗旨不遵。故此，他们也只能眼睁睁地看着金军通过自己的防地，大摇大摆地回家。

就这样，宋朝自己把击溃金兵的机会又一次放过了。

东京保卫战胜利了。

陈东等人的“伏阙上书”胜利了。

然而，大宋朝的威严荡然无存，割地，赔款，皇帝成了金国皇帝完颜晟的侄皇帝。

其实，宋朝还真的有人懂兵法，而且这个人就在京城，他就是老帅种师道。

金军撤退之后，种师道主张沿途对金军进行阻击，金军黄河半渡时，再打一个歼灭战。

许翰、李纲也都极力赞同种师道的主张，因为这个时候，各路勤王之师都已陆续抵达京师，宋军在兵力上占绝对优势。

可惜，钦宗坚决不同意。这才出现了种师道率军尾追其后，却不能向金军放出一箭的情景。金军过黄河后，不见宋军的踪影，因为沿途的驻军都接到了一个相同的命令：放行。

一次绝好的反击机会，白白地丧失了。

中国有句古话，叫亡羊补牢，犹未为晚。

御史中丞吕好问对这句话颇有心得，他对钦宗说，金人此次得志，会更加轻视中国，到秋冬的时候，一定会再来。此时如果不追击金兵，但还是要早做准备，防止金军再来。

吕好问的金玉良言，被钦宗当成了耳边风。北宋的边关照样不设防，大门仍然向敌人敞开。

张邦昌因议和有功，晋升为太宰，吴敏为少宰，李纲为知枢密院事，耿南仲、李棁为尚书左右丞。同时，还莫明其妙地撤了种师道的职。

六贼伏诛

宋朝虽然老老实实地遵守和约，金兵却不甘心就此离去。宗翰的部队仍从西路返回，在返回的路上，他又留下完颜银术可所率的主力部队猛攻太原，而自己所率的大队兵马顺路进攻威胜军、隆德府。威胜军守将李植，畏于金兵势大，献城投降。德隆府知府张确率城内军民誓死抵抗，终因寡不敌众，被金兵攻陷。城中军民惨遭屠杀。张确不甘受辱，自刎而亡。

威胜军、隆德府失陷的消息传到京城，又一次激怒了朝中的主战派，大臣们纷纷上书，弹劾李彦邦、张邦昌等主和派。

钦宗在金军围城时吓破了胆，又是送金银，又是割地，总算将金军打发走了。金军撤走之后，他越想越觉得窝囊，送给金人那么多金银，还欠了一屁股账，而且还要认贼作父，称金主为伯大金皇帝，再加上一些大臣说，三镇是中国的屏障，割让三镇之地，就等于是将宋朝的北大门拱手相让。想到这些，他的肠子也悔青了。看到大臣们的上书，便下诏罢免了李彦邦、张邦昌、李棁、郑望之、李邺等人的官。处罚这些人并不冤枉，但如果将接受金人那些耻辱条件的责任全算在这几个人的身上，那可就真有些冤了。李纲、种师道等人的良策他不听，奸佞们的谗言却当成圣经，真正的罪魁祸首不是别人，应该是他自己。

钦宗处罚了主和派，提升徐处仁为太宰，唐恪为中书侍郎，何栗为尚书右丞，许翰为同知枢密院事。

吴敏上言，说金人毁约败盟在先，大宋绝不可能再放弃三镇。钦宗也顾不得与金人有约定，下诏固守三镇，他在诏书中说：

金人要盟，终不可保。今粘没喝（宗翰）深入，南陷隆德，先败盟约，朕夙夜追咎，已黜罢原主议和之臣，其太原、中山、河间三镇，保塞陵寝所在，誓当固守。

钦宗的这道诏书，极大地鼓舞了主战派的士气。接着，他又命种师道为河东、河北宣抚使，驻军滑州；姚古为河北制置使，率兵援救太原；种师中为河北副使，率兵援救中山、河间二府。当金军大队人马退去之后，姚古乘机率军重新夺回了隆德府、威胜军，扼守南北关。

按理说，金军退去之后，钦宗可以过几天安稳的日子，然而，他又遇到了一件烦心事。原来，京城谣传，说上皇在江南不甘寂寞，在童贯、高俅等人的怂恿下，欲在镇江复位。

钦宗听到谣言后很恼火，心想，这皇位也不是一件衣裳，说扔就扔，要穿就穿。当初，金军大举来犯，父皇扔下一个乱摊子就跑了，现在金军走了，又想要回皇位。世上哪有这好的事呢？他准备派聂昌为东南发运使，火速赶往镇江，力图制止这件事。

李纲头脑比较冷静，他说，京城受围，东南邮路受阻，彼此信息不通。童贯、高俅向来怙恶不悛，京城的百姓非常恨他，或许是这个原因，有人故意放出谣言，要置他们于死地也说不定。现在就派人去问罪，如果真有其事，也就惊动了上皇，如果没有这件，反而逼迫童贯、高俅生变。如果他们挟上皇于东南，传诏天下，局面就难以控制了。因此，他建议改问罪为迎请。

钦宗觉得李纲说得有理，收回聂昌南行的诏命，改由李纲前去迎接上皇回京。

徽宗自从正月初三逃离京城去江南后，虽然远离了战场，没有任何危险，但他还是有些惦记京城，他担心朝廷的那些人忘了他这位太上皇。二月下旬，当他得知金兵北撤之后，便有了返回京城之意，但一直未拿定主意。正在举棋不定之时，李纲奉旨前来迎驾。

徽宗见了李纲，难免口出怨言，说他自南巡之后，皇上与他生疏了，天冷了，也不记得进奉衣服用品。这样的小事情，也要让他这半老之人日夜盼望。

李纲一听，知道徽宗对钦宗的误会很深，父子二人在感情上出现了裂痕。于是解释说，上皇的冷暖，皇上日夜放在心上，只是金军围城，如果派人向江南送这些东西，恐怕暴露了上皇的行踪，给上皇带来危险，这样就会因小失大。

徽宗仍然是牢骚满腹，说他听说朝中又追赠司马光，还拆毁了夹墙，等等，难道我以前做的事都错了吗？

李纲只好耐心、委婉地劝谏，说皇上仁孝小心，唯恐有一事不合上皇之意，每次收到上皇的御批诘问，忧惧得连饭都吃不下。朝廷和平常人家一样，家长有事外出，家中的大小事情都落在儿子的肩上，如果这个时候强盗前来抢劫，儿子必须随机应变，进行处理，来不及请示外面的家长。等到家长回来了，儿子心里还忐忑不安，担心家长不满意。家长应该对儿子能赶走强盗、保守家园的功劳多加褒奖才是，其他一些小事，没有必要计较。上皇南巡之时，正是金兵大举来犯的时候，为江山社稷着想，政令上做一些小小的改革，也是必要的。

如今江山无恙，四方安宁，上皇回到汴京，应该善言嘉勉皇上，这样，父子之间自然就会亲密无间。

李纲耐心劝谏，果然使徽宗怨气渐消，答应立即起驾回东京汴梁。

四月初三，上皇徽宗由蔡攸、高俅等护驾回京。钦宗率文武百官迎于数里之外，父子见面，和好如初。

徽宗回京后，仍居龙德宫，在他回京的当天，钦宗便将上皇最喜欢的孙子、自己的皇长子赵谌立为太子，让他待在龙德宫侍奉上皇。

徽宗回京后，遵守自己的诺言，不过问朝政，每有手札递给钦宗，自称“老拙”，称钦宗为“陛下”，相处得倒也融洽。但是，钦宗仍然不放心，担心上皇会要回皇位，为此，他把上皇身边的心腹侍从全部都撤换了。有一次，徽宗上手札，说金人虽然暂时退兵，还会卷土重来，他打算到西京洛阳去募兵。钦宗感到很为难。宰相吴敏提醒说，上皇南巡时，曾截留过勤王的兵马，如今既然回京，就不要再让他管军队，否则，政出多门，会带来不必要的麻烦。钦宗心领神会，没有答应上皇的要求。徽宗知道儿子不信任自己，终日郁郁寡欢。

徽宗退位，围在他身边的一些奸佞也就失去了靠山，没有了市场。右谏议大夫杨时上表奏说童贯、梁师成等人的罪状，侍御史孙觌又上表论蔡京父子的罪行，他们强烈要求将这些误国的奸人绳之以法。

钦宗做太子的时候，就对这些人看不顺眼，曾奏请父皇惩治梁师成这些阿谀奉承的小人，没有被采纳。如今做了皇帝，就可以按自己的意志办事了，于是下诏，贬梁师成为彰化军节度副使，蔡京为秘书监，童贯为左卫上将军，蔡攸为大中大夫。

太学生陈东，布衣张炳，再次上书力数梁师成等人的罪恶。

钦宗便诏令开封府派人去追杀梁师成，再贬蔡京为崇信军节度副使，童贯为昭化军节度副使。

梁师成接到贬彰化节度使的诏令，以为朝廷对他法外施恩，带上妻儿老小，高兴地起程前往彰州上任。刚走到八角镇，突然，开封府的差人追了上来，当他跪接赐死诏书之后，这个横行于朝政数十年的宦官，像一团烂泥一样，软倒在地。

蔡京天生阴险狡猾，在徽宗朝呼风唤雨、作威作福近二十年，四起四落，堪称政治上的不倒翁。童贯掌兵二十余年，同蔡京狼狈为奸，且专结后宫嫔妃，以小恩小惠收买人心，深得圣宠，权倾一时，内外百官，多出自童贯荐引，穷奸积恶，罄竹难书。

当时京城有一首歌谣说："打破筒，拨了菜，便是人间好世界。"筒暗寓童贯，菜暗寓蔡京。

中国有句古话，叫作树倒猢狲散，墙倒众人推。蔡京、童贯，就是这棵烂倒的大树，就是这堵倒塌的墙。当钦宗下诏再贬的时候，言官更是猛烈弹劾他们，而猢狲们唯恐自己受到牵连，也纷纷站出来反戈一击，同蔡京、童贯划清界限，揭发他们的罪行。

钦宗下诏，再贬蔡京到儋州，蔡京的两个儿子蔡攸、蔡翛也被下诏赐死。

蔡翛平时比蔡京、蔡攸两人稍有正义感，接到诏命后，仰天长叹说，误国如此，死亦何憾！于是服毒自行了断。

蔡攸接到诏命，尚且犹豫不决，宣旨官将三尺白绫和一把钢刀丢在他脚边，喝令他自行选择，如果拿不定主意，他们可要帮忙了。蔡攸自知再拖下去，可能会死得更惨，捡起地上的三尺白绫，找一棵歪脖子树，上吊了。

蔡京前往儋州，一路上悲凉凄惨自不必说。走到潭州的时候，已经是七月天气，骄阳似火。北方人初到南方，耐不得南方炎热的天气，见路边有一个卖炊饼豆浆的小摊，让家人歇在树底阴凉处，派人去买炊饼豆浆充饥解渴。谁知那些小贩听说眼前这个老人就是老贼蔡京，不但不卖给他，反而还将他的轿子围起来，老贼长、奸贼短，痛骂起来。蔡京害怕这些百姓当场要了他的老命，躲在轿子里暗自流泪，不敢出来。

一路的惊恐、羞辱和颠沛流离，终于使这个一生安享尊荣的人身染疾病。他自己知道快要走到人生尽头，临终作词一首：

八十一年往事，
四千里外无家。
如今流落向天涯，
梦断瑶池阙下。
玉殿五回命相，
彤庭几度宣麻，
止因贪此恋荣华，
便有如今事也。

七月二十一日，一代元恶撒手人寰，结束了他可耻的一生。当时潭州知府是蔡京的仇人，蔡京停尸数天，不得安葬，押送之人将他草草埋葬于漏园（公墓）内。下葬时没有棺材，以青布裹尸埋入土中。

童贯贬往吉阳军（海南崖县）。当他走到广东雄州时，有一个京官赶上他，刚一见面，就笑逐颜开地说："恭喜童大人，天子有诏赏赐茶药，宣召大人返回京城，听说已经任命为河北宣抚了，小人特地先赶来祝贺。"

"真的吗？"童贯惊喜万丈，"这消息可靠吗？"

"宣旨官明天即可到达。"来人信誓旦旦地说。

童贯大笑道："朝廷到底还是离不开我童贯啊！"随即命令从人停止前进，等候宣旨官的到来。

第二天，御史张澂果然赶了上来，童贯整衣出迎，张澂命他跪听诏书，童贯喜滋滋地跪下。谁知御使宣读的并不是封官诏书，而是催命符，诏书诉说了童贯的十大罪状。童贯越听越不对劲，抬头吃惊地看着昨天前来报信的那个小吏，小吏手握刀柄，眼中露出狡黠的笑容。童贯知道上了大当，圣旨刚刚读完，小吏拔出快刀，纵步上前，手起刀落，砍下了童贯的人头。

原来，这名小吏是御史张澂的随行官。张澂担心童贯诡计多端，且执掌兵权二十年，防他抗旨不遵，特地派出小吏假传消息，先稳住童贯，免生变故。

连一个赐死之人，尚对他如此畏惧，可见童贯的势力之大。相传童贯相貌魁梧，颐下长有十数根胡须，皮骨劲硬如铁，不像是一个阉人。

张澂把童贯的首级装进黑漆木匣，然后用水银及生漆浸泡，以防止腐烂，再用生牛皮加封牢固，带回京城。钦宗下诏在开封府市曹热闹处出榜晓示，悬挂童贯的首级，任人观看。

高俅见“六贼”纷纷被诛，终日惊恐不安，得暴病而亡。最后只剩下朱勔，当钦宗派诛杀蔡攸的差人连夜赶赴朱勔贬谪地循州去处死朱勔的时候，朱勔的人头已经不属于他自己了，据说，取朱勔项上人头的人，是方腊的余党。

第五篇

时代与个人命运的悲歌

第十四章　一个时代的终结

太原保卫战

金军撤兵，“六贼”伏诛，朝廷上下无忧无虑，似乎将金人入侵的不快忘得一干二净。除了李纲、吴敏几个人常常提醒钦宗要备战固防之外，没有人记得这档子事了。平静的背后，预示着更大风暴的来临，因为和平表象的背后，仍然弥漫着战争的硝烟。金军的大队人马北撤之后，还留下十几万大军围困太原城，边境上宋、金之间的摩擦，仍然不断发生。

靖康元年（1126年）五月，种师道与姚古、张灏两位将军约定，三军齐进，会师山西榆次，准备与围困太原的金军展开决战，以解太原之围。结果由于姚古的部将焦安国妒忌种师道的军队，向姚古谎报军情，说种军离得还很远，姚古便让部队停下来等候种师道的部队。张灏见姚军停止不进，也下令停止前进。结果，种师道的部队孤军深入，而此时的种师道身染疾病难以出战，由二弟种师中、三弟种师闵各率三万人马进军。结果，种师中被金军包围，孤军无援，战死沙场。

姚古也在盘陀驿遭到金军袭击，败退到隆德。

种师道得知弟弟战死沙场的消息，悲痛成疾，便以身体有病为由，告老还乡了。

种师中战死，姚古战败的消息传到京城，李纲大惊失色，查明原因后，立即上奏钦宗，赠种师中少师，贬姚古安置广东，将焦安国就地处死。另授解潜为置制副使，代替姚古之职。

前方战火不断，后方仍然在争论不休。朝中是主战派掌权，吴敏为宰相，李纲任尚书右丞兼知枢密院事，许翰为同知枢密院事。三人日夜筹划调兵遣将，谨防金兵秋后入侵。

唐恪、耿南仲两人自从金兵围困东京、他们劝钦宗逃跑被李纲谏止之后，对李纲怀恨在心，一直想找机会把李纲挤出朝廷。得知种师道因病辞职，便联袂去找钦宗，说种师道请辞了，如今要解太原之围，非李纲莫属。

钦宗不知是计，还以为他们是忠心为国。于是下旨命李纲为大元帅，领兵驰援太原。

李纲犯难了，上前线，朝中的事情怎么办？不去，就是抗旨不遵。吴敏、许翰心里明白，这是主和派要挤走李纲，两人一同去找李纲，劝他留下来。李纲于是去找钦宗，说自己是一介书生，不懂兵法，难以带兵打仗。

钦宗不答应。李纲又要求病退，钦宗还是不准。朝中大臣们知道这件事后，纷纷上书，要求将李纲留在朝中。

耿南仲乘机密奏钦宗，说李纲游说大臣，要挟朝廷，意在不测。

真是人牵不走，鬼牵猛跑。钦宗对大臣们建议留下李纲的奏疏无动于衷，对耿南仲的谗言却信以为真，直斥李纲专权凌上。

许翰见情况不妙，立即派人给李纲送去一张小纸条，李纲打开纸条一看，小纸条上就两个字：“杜邮”。

“杜邮”是先秦时期的一个故事。说的是秦始皇当年命大将白起带兵征伐越国，白起宁死不受命，遭到放逐。当白起走到杜邮这个地方的时候，朝中使臣追来了，带来秦始皇的一道诏书和一柄剑，诏书就两个字：“赐死！”剑，当然是送白起上路的工具。结果，白起在杜邮被秦始皇赐死。

李纲当然知道这个故事，看了纸条后，眼泪哗地一下就流出来了，长叹一声道：“大宋之事，不可为也！”无奈之下，只得打点行装，离开东京汴梁，上前线去了。

李纲在河阳用了十余天时间训练士兵，修缮武器，然后进驻怀州，大造战车，誓师御敌，他派解潜驻扎在威胜军，刘鞈驻扎在辽州，幕官王以宁与都统制折可求、张思正等驻扎在汾州，范琼驻扎在南北关，相约三路并进，增援太原。

耿南仲、唐恪害怕李纲得势，又向钦宗提议同金人议和，密令解潜、刘鞈等武将直接听从朝廷指挥，不必受李纲的约束。

李纲本不愿上前线，但却又不能不去，去了以后却又没有指挥权，这个仗怎么打？想不败也难。本想上表申辩，不料奏疏还没有呈上去，朝廷的一纸调令却先到了，召他回京，让种师道接替他的职务。

朝廷的这些宰臣，敌人来了做缩头乌龟，敌人走了就搞窝里斗，不仅如此，他们还要去招惹金人。

肃王赵枢往金国做人质的时候，宋朝也扣留了金国的使臣萧仲恭和副使赵伦。萧仲恭、赵伦是辽国旧臣，为了达到回家的目的，两人谎称自己是不得已才投降金人，其实心里非常痛恨金人，时刻都想复国。如果宋朝能放他们回去，他们可以联络辽国旧将耶律余睹除去宗望、宗翰两人。

宋朝几个没脑子的宰臣包括吴敏在内，居然信以为真，写了一封信，蜡封后交给萧仲恭和赵伦，让他们回去策反耶律余睹，除掉宗望、宗翰。

徐处仁、许翰两人虽然极力反对，但却阻止不了昏君和佞臣的愚蠢行动。

靖康元年（1126 年）八月，萧仲恭、赵伦返回金军营，第一件事便是将宋廷的蜡书交给宗望。宗望再转交给金主完颜晟。完颜晟看后大怒，下令命宗翰为左副元帅，宗望为右副元帅，发兵南侵。

宗翰率西路军从西京出发，直扑太原。

自去年十二月以来，太原城的军民在知府张孝纯、副都统王禀的率领下，万众一心，同仇敌忾，以弹丸之地，无数次击退了金兵的进攻，金军死伤无数，保得太原城九个月城池不失。太原成了宋朝抗金的一面旗帜。

宗翰向金兵下了死命令，一定要拿下太原，撕破大宋这面旗帜。

实际上，太原城的情况，可以用“惨烈”二字来概括，军民困守孤城九个月，内无粮草，外无救兵，已经到了弹尽粮绝的地步。金兵再次围城，城里几乎断粮，守城军民一天只能吃一顿饭，饿得连武器都拿不动，更不用说同敌人展开拼命搏杀了。

在金兵的猛烈攻击下，九月三日，太原城失陷，副都统王禀率疲惫不堪的士兵同金兵展开巷战，最后居然突出重围，金兵仍然穷追不舍，王禀等不愿做金兵的俘虏，纵身跳入滚滚的汾河，以身殉国。通判方笈、转运使韩揆等三十多人一并遇难。张孝纯被俘，在金人的利诱下，变节投敌。

太原一战，是金兵第二次南侵的揭幕战。

北宋版“烽火戏诸侯”

太原失守的消息传到京师，举朝震惊。而宋朝的君臣们，又在战、和之间发生了争吵，你言和，我主战，吵得个不亦乐乎。徐处仁、许翰是主战派，耿南仲、唐恪是主和派，吴敏原来本是主战派，这次竟然也附于耿南仲、唐恪，反对主战。两派之争异常激烈，在朝堂上差一点打了起来。御史中丞李回受耿南仲的指使弹劾徐处仁、吴敏和许翰。

钦宗是决意主和，下诏罢免了主战派徐处仁、许翰及吴敏，用主和派唐恪为宰相，何栗为中书侍郎，陈过庭为尚书右丞，聂昌为同知枢密院事，李回签知密院事。并派刘岑到宗望军营请求和谈；太常博士李若水到宗翰军营中请求和谈，分别恳求金人暂缓出兵。

刘岑回来后，说宗望索要所欠金银；李若水回来后，说宗翰要割让三镇之地。

钦宗再派刑部尚书王云出使金军，说愿意将三镇的赋税收入全部交给金国。

金人的意图是司马昭之心，路人皆知，其意已不再是三镇，而是大宋江山，偏偏钦宗缺心眼，始终看不明白这一点。

正在这时，李纲应召回京，耿南仲、唐恪担心李纲又要主战，唆使言官弹劾李纲，说他劳师费财，有损无益。钦宗先贬李纲为扬州知州，接着又流放建昌军，最后发落到四川奉节安置。

更可笑的是，太原保卫战打响之后，钦宗下令调集各路兵马北上，太原沦陷之后，他却听信唐恪、耿南仲之言，让奉命北上的各路兵马停止前进。四川、福建、广东、陕西的兵马都走在半道上，接到命令后，只好掉头回去了。钦宗在耿南仲、唐恪的怂恿下，导演了一场北宋版的“烽火戏诸侯”的闹剧。

“烽火戏诸侯”的闹剧可不是好玩的，当年的周幽王就曾为此付出了惨重的代价。此后不久，钦宗这场闹剧玩大了，大得让他失去了江山社稷，堂堂的一国之君，成了金人的阶下囚，这是后话。

宋朝君臣只想和谈，金国的兵马只管挺进。十月间，宗望率领的东路军越过中山府，在井陉一带击败种师道所部，围困了真定府。知府李邈快马传书，向朝廷连上三十四道告急奏章，都被唐恪、耿南仲扣压了，钦宗居深宫，不知道外面的世界。此时，真定府守军不足二千人，居然在李邈率领下，坚守了四十多天，最后粮食耗尽，真定失守。

副都统刘翊率兵与金人展开巷战，部卒大多战死，刘翊大呼：“我乃宋将，决不做金人的俘虏。”随之自刎而亡。

李邈被金人俘虏，仍骂敌不止，金人被骂得恼羞成怒，割掉他的舌头，最后凌迟处死。

太原、真定失守，大宋北部再无屏障，河北、河东一片惊慌。

宗望派杨天吉、王汭为使，赴东京见宋朝皇帝。王汭气冲冲地将宋廷写给耶律余睹的书信弃之于地，质问钦宗说：你们不肯割让三镇也就罢了，为何还要挑唆耶律余睹恢复契丹呢?

钦宗自知理亏，推说是奸人所为，他不知道这件事情。

王汭并不想听解释，直接提出两个条件：一是金国必得太原、中山、河间三镇；二是宋朝派康王赵构到金国和谈。答应，可以议和；不答应，金兵将挥师南下，剑指汴梁。

钦宗说事关重大，容商议后再作回答。

“那你们商量去吧。”王汭挖苦地说，“等你们商量好了，我们的兵马已经过了黄河。”

钦宗仍然是犹豫不决。

“你们派亲王去军前说吧，我没时间在这里等。”王汭说罢，甩袖而去。

钦宗这下慌了，下诏四处调兵进京勤王。由于有了上次“烽火戏诸侯”的闹剧，响应者寥寥无几。

种师道料定京城很难守住，上表建议钦宗移驾长安，暂避敌锋。唐恪反而说种师道贪生怕死，怂恿钦宗召回种师道，命范讷接替种师道之职。

种师道奉召回京，见沿途宋军毫无准备，从内心发出悲叹，有昏君如此，有佞臣如此，大宋朝真的完了。种师道回京数日，猝然病故。种师道是活活地被气死了。

金兵第一次围攻东京汴梁，全仗李纲、种师道二人主持战局，才使京城没有落入敌手。如今，种师道死了，李纲贬往扬州，京师无可战之将了。

耿南仲、唐恪似乎并不担心金兵犯境，反而对贬到扬州的李纲念念不忘，再次将李纲贬为保静军节度副使，安置建昌军。

一个王朝的终结

王云出使金营回来，带回来的消息让钦宗很失望：金人坚持要三镇之地，并且要康王亲自到金国去谈判，否则就发兵南下。

钦宗慌忙召集文武百官在尚书省开会，讨论三镇的弃守问题。讨论来，讨论去，还是老生常谈，唐恪、耿南仲力主割地，何栗说三镇乃国家之根本，不能割弃。唇枪舌剑，打了一场嘴巴仗，最终毫无结果。

金人并不坐等宋朝的答复，他们表面上讲和，实际上仍然没有停止军事行动。宗翰自攻克太原以后，继续率兵南下，陷平阳，降隆德府，一路上长驱直入，直向黄河边挺进。

宗翰的部队是一支杂牌军，八万人的军队，女真人不过二万，其余都是契丹人、汉人、渤海人。宋朝驻守黄河天险的是宣抚副使折彦质，所部十二万人，还有守御使李回率领的一万骑兵协防。宋军不仅在兵力上占优势，而且还是以逸待劳，按常规推断，金兵要越过黄河天险，比登天还难。

然而，实际情况却大出人们的意料。金兵不但过了黄河，而且还是轻而易举，不费吹灰之力。说起金兵这次过黄河，绝对是一个笑话：金兵抵达黄河岸边，为了壮军威，他们在河对岸架起数百面大鼓，整整敲了一夜，据说为了节省体力，他们把羊绑在鼓上，让羊敲鼓。第二天，战鼓停了，河对岸却不见了宋兵的踪影。

原来，宋军听到河对岸的鼓声，以为金兵大举来攻，吓得屁滚尿流，夹着尾巴逃走了。黄河不防守，金兵兵不血刃便过了黄河。数百头羊、数百面大鼓，吓跑了十三万宋军，在中外战争史上，绝对是独一无二的战例。

钦宗又惊慌了，又要派人去向金人求和。刑部尚书王云建议，谈判还是派康王去，因为金人早就放话：“须康王亲到，议乃可成。”

钦宗无奈，只得召见康王赵构，请他当议和大使。说议和是好听的，明摆着是送羊入狼口。赵构不能推辞，奉旨北上。

赵构和王云带领随从一同出使，出了京城，一路北上，经滑州、浚州进入磁州地界。当地守将、知州宗泽闻讯赶来，在城外十里坡拦住赵构的车驾，不让赵构北上。他说，康王上次为人质，侥幸逃脱，此次再去，无异于肉包子打狗，有去无回。肃王被金人带走后，从此杳无音信。金人狡诈，用心叵测，明摆着就是要诱你北上，然后将你扣押在北国。

赵构心里也明白，已有一个亲王被带过了黄河做了人质，不可能再回来，自己此去也是白白送死。这一次与上次不同，上一次，金人怀疑自己亲王身份，让肃王做了替换，这一次身份明确，下场也就可想而知了。

正在赵构犹豫不决的时候，突然有很多百姓围了过来，当他们得知知州与王爷的对话内容后，纷纷议论起来。王云怕耽误了行程，喝令百姓让路。接下来发生的事，彻底地打消了赵构北去的念头。人群中，不知谁大叫了一声：“这不是狗官王云吗？”

“就是这个狗官，害得我们无家可归！”

“这个奸贼，又要去同金人议和，打死他！打死他！”

突然，几条汉子从人群中冲出来，将王云从马上拽下来，众人一拥而上，将王云按在地上狠打。

宗泽知道百姓对王云恨之入骨。因为在抗金之战中，王云让磁州的百姓坚壁清野，将城外百姓的房子都扒掉了，弄得很多百姓无家可归。如果是为了抵抗金兵，百姓还是愿意做出这种牺牲的。然而，朝廷并不是真的要抵抗金兵，而是铁了心要同金人讲和，眼前这个王云，几次路过磁州去同金人议和。百姓们都说他是汉贼。就在宗泽这么一犹豫间，王云便被愤怒的人群打死了。

有人说百姓打死王云，得到宗泽的默许，因为宗泽是主战派。不然的话，当着知州和康王的面打死朝中大臣，这是一件不可思议的事情。

王云死了，赵构也不能走了，但磁州也不安全，因为金兵的侦察兵经常在城外出现，据说是在打探康王赵构的行踪。

相州知州汪伯彦得知宗泽留住了康王，并得知康王在磁州也有危险，立即赶到磁州，力邀赵构南下去相州暂居。

正是宗泽、汪伯彦两人的努力，才为赵宋王朝留住了一位皇帝。

十一月二十五日，宗翰率领的东路军抵达东京汴梁城下，七天之后，宗望率领西路军在汴梁城下同宗翰的东路军会师。

汴梁城又一次面临死亡的威胁。钦宗见强兵压境，派往金营求和的人连营门都没让进，就被人家撵回来了。无奈之下，只好硬着头皮应战，他一面将七万士兵分成五军，命姚友仲、辛永宗为统领，登城御敌。一面催促大臣们出谋划策，以退强敌。

同枢密院事孙傅想起丘濬的《感事诗》中有“郭京、杨适、刘无忌，尽在东南卧白云”之句，突发奇想，张贴布告，要找一个名叫郭京的世外高人，让他来帮助退敌。天下事也真有这么巧，布告贴出不到一天，竟然真的有一个叫郭京的人找上门来，自吹神通广大，撒豆成兵，有驱使六丁六甲神兵作战之能。

声称只要给他七千七百七十七人，他就可以退敌。

钦宗信以为真，授郭京为京城忠郎之职，命他在全城军民中任意挑选、自行招募兵士。

郭京招兵不问技艺，只论生辰八字，只要生辰八字对路就行。于是乎，京城一些市井无赖纷纷前来报名，不到一天时间，便凑足了名额。一个平日在街上耍刀弄棒、名叫薄坚的卖艺人被封为教头，一个叫刘宋杰的江湖卖药人被封为将军。

钦宗不相信种师道、李纲这样的忠臣，却想倚仗这支“神兵”来保卫京城。在国家生死存亡的紧要关头，军国大事被当作儿戏一般，这在中国数千年的历史上，恐怕又是一个空前绝后的笑话。

唐恪密奏钦宗，请他到西京洛阳去避难。钦宗不知哪里来的勇气，恼怒地说：“朕死也要死在京城，哪里也不去。”

次日，唐恪给钦宗送来了一份辞职书，一问原因，原来是他退朝回家的时候，被人痛打了一顿。打他的理由是，金人兵临城下，是他们这些奸贼造成的，如果不一味求和，金人也不至于如此猖狂。唐恪害怕了，故而递了辞呈。

钦宗知道唐恪不得人心，下诏罢免他宰相之职，让何栗接任。

当时，天正在下着大雪，钦宗冒雪上城视察，并命御厨烧好热汤，送上城给守城的将士御寒。即使有皇帝御厨的热汤，但连续的大雪，还是有不少的宋军冻死在城墙上。

金兵生长在北国，天生不畏寒。望着漫天的大雪，钦宗心里着急，赤脚站在雪地里，祈求天能放晴，然而，他的愿望落空了，天不仅没有放晴，而且雪还越下越大。

闰十一月初九，金兵开始大规模攻城，金人本想把整个汴梁城包围起来。由于汴梁城太大，金军兵力不足，所以只围攻善利、通津、宣化三城门，每天矢石如雨，杀声震天。守城的宋军只是消极防御，由于城高墙厚，易守难攻，战事进入胶着状态。

二十日，钦宗诏命康王赵构为河北兵马大元帅，不久，又派人持蜡书乘夜出城，约康王赵构和河北守将增援京师，但信使被金兵截获。

张叔夜父子三人率兵勤王，领三万余人杀到南薰门外。张叔夜只身进城，请钦宗移驾襄阳。钦宗仍然不愿离开京城，命张叔夜领军进城，提拔他为签书枢密院事，命他率兵助守。

王宗濋领一万人出城迎战金军，没交锋就逃跑了。

金军猛攻南城，张叔夜和都巡检范琼，竭尽全力防守，击退金兵。

宗翰见久攻不下，又玩起了和谈的把戏，派萧庆进城，要钦宗亲自出城缔结盟约。钦宗当然不敢亲自去金营，只派冯澥和赵仲温到金营求和，宗翰的目的是要钦宗亲自来，其他人根本就不接见。

东道总管胡直孺率兵增援京城，被金军击败，胡直孺被擒，绑到城下示众，城中人更加惧怕。

范琼带一千人出击，渡河时冰面崩裂，溺死五百人。

何栗想到了郭京和他的六甲神兵，郭京几次推说，不到危急关头，神兵不出。现在已到危急关头，何栗再次催促郭京率神兵出战。

郭京是一个骗子，当然知道六甲神兵是什么东西，被逼出战时，他就留下了退路，借口有人在旁边观看，法术就不灵验，把城头上的宋兵全都撵下城，只留下张叔夜等少数几个人。

六甲神兵从宣化门出城，刚过壕沟，金兵迎面冲杀过来，六甲神兵其实是临时凑合起来的乌合之众，连普通士兵都不如，有的甚至连箭都不会放，除了摇旗呐喊，什么都不会。

金兵铁骑从两翼杀过来，可怜这些“神兵”都是血肉之躯，被金兵铁骑一扫而尽，尸横遍野，血流成河。

郭京站在城头上，情知不妙，对督战的张叔夜说要亲自下城去作法。张叔夜下令打开城门，放郭京出城。

这位郭神仙出城之后，带着几个人，一溜烟逃跑了。据说，这位郭神仙逃出汴梁后，一路南逃到襄阳，竟欲聚众为乱，被张恩正拘杀了，也算是罪有应得。

张叔夜知道受骗，急命关闭城门，命令守军上城墙。但为时已晚，金兵从四面八方登上了城墙，杀进南薰门。苦苦坚守了一个多月的京城，让一支荒诞的“神兵”给毁了。

其他各路宋兵也相继战败：姚友仲死于乱军之中；刘延庆夺门出奔，为金兵所杀；统制何庆言、陈克礼，中书舍人高振等力战至死。张叔夜率两个儿子奋力抵抗，父子均受伤，只好退回内城。钦宗得知城门失守，痛哭流涕，后悔当初不听种师道之言，可世上没有后悔药。

宋都汴梁自五代后梁即建都于此，至陷落金兵之手，中原王朝惨淡经营了两个世纪，至北宋末年极臻繁华。北宋自太祖赵匡胤开国以来，经太宗、真宗、仁宗、英宗、神宗、哲宗，由徽宗传至钦宗，历九世，近一百七十年的基业，毁于一旦。

一个曾经创造过辉煌文化的王朝，从此改朝换代。其实，北宋不是亡于金人的强大，也不是亡于联金攻辽有什么策略失误，而是亡于廊庙朽蠹，朝政腐败，人心涣散，军无斗志，而对手又是刚刚勃兴的游牧民族，一方是气数将尽，一方是锐气方涨，两相比较，便知北宋必然灭亡了。

献降表

靖康元年（1126年）闰十一月二十六日，徽宗在龙德宫得知京城已被攻破，不禁魂飞魄散，心惊胆战。刚刚起床，便被卫兵拥入禁城，当时雪虐风厉，漫天皆白，徽宗心乱如麻，不知何去何从，钦宗派人迎徽宗去延福宫，而太后早已等候在那里了。夫妻相见，泪流满面，无言以对。

二十七日，宗翰以战胜者的身份邀请宋朝宰相议事，实际上是命令宋朝接受亡国的命运，接受金人提出的苛刻的投降条件。

钦宗喜出望外，立即派何栗与济王赵栩去金营，宗翰、宗望接见他们，对他们说，自古有南即有北，不可有北无南，现在要谈的是割地问题，这事你们做不了主，请你们的上皇亲自来谈。

何栗、赵栩回城，将金人的要求转告给钦宗。

钦宗沉吟片刻说："父皇经过这场大变，又惊又忧，大病一场，怎么能让他去呢？罢、罢、罢，还是朕亲自去一趟吧！"

二十九日，钦宗派皇叔燕王赵俣、越王赵偲等十一人前往，宗望拒而不见。闰十一月三十日，钦宗亲率何栗、孙傅、陈过庭等几位大臣前往金军大营。金军统帅宗翰、宗望竟然避而不见，钦宗一行无奈，当晚宿于斋宫。

十二月初一，金人一反常态，坚持要钦宗献降表，表示宋朝社稷已经覆亡。

钦宗此时已是金人刀俎下的鱼肉，不敢不从，便按照金人的要求，命何栗写降表，金人对降表措辞进行刁难，要求去掉"大金"两字，只称皇帝，抹去"大宋皇帝"四字，意思是只有金国皇帝，宋朝只配称臣，又把"负罪"改为"失德"，把"宇宙"改为"寰海"。钦宗一一照办，命孙觌反复斟酌，降表算是勉强通过。

接着，金人在斋宫里向北设香案，举行受降仪式，宗翰傲慢地坐在上面，命宋朝君臣面北而拜，以尽臣礼，宣读降表。当时风雪交加，钦宗君臣受此凌辱。

宗翰接受降表，傲慢地说："我国本不愿劳师动众，实在是你国君臣太昏庸，所以特来问罪。我们准备选贤者为宋国主，削去帝号。"

钦宗不敢吭声。何栗抗争道："割地输金，都可以遵依，易主一事，不容再议。"

宗翰只是摇头。宗望狰狞地笑着说："既然愿意割地，快去割让两河之地，至于金帛，就先送来金一千万锭，银二千万锭，帛一千万匹。"

漫天要价、敲诈勒索，宋朝君臣面面相觑，谁也没有开口。

"有困难，是吧？那你们就住在这里，想好了再回答。"宗翰冷笑一声，转身离去。

钦宗无奈，只得硬着头皮答应金人提出的条件。

钦宗一行出了金营，想到在金营受到的屈辱，悲痛难抑，走到南薰门，见到在那里等候的群臣和民众，悲从心来，不禁号啕大哭。

张叔夜等迎上前，也是放声大哭，汴梁城一片哀恸之声。

何栗等人归来之后，以为和议告成，竟然约在一起摆酒庆贺，至于金人索要的金帛从哪里来，今后的日子怎么过，似乎都不是他们担心的事情。

钦宗不敢含糊，命何栗、陈过庭等为割地使，分赴河东、河北给金人割让土地。又派欧阳珣等二十人到各州县，通知地方官投降金国。

割地钦差到达两河传达圣旨，两河民众一片哗然，拒不奉诏。

欧阳珣虽为宣旨官，却不愿做亡国奴，在金人的押送下到达深州城下，冲着城上的守兵大声喊："朝廷为奸人所误，丧师割地，我特拼死来此，奉劝你们，要做忠义之士，守土报国，不要做亡国奴，不要投降金狗。"

随行的金人没有料到欧阳珣会来这一手，将他捆起来，送往燕京。欧阳珣面对金人的酷刑，视死如归，最后竟被活活地烧死了。

钦宗刚派出传谕割地、劝降的人，金人就上门来催讨一千万锭金，二千万锭银，一千万匹帛。钦宗已被吓破了胆，一意屈辱退让，又下诏增派侍郎官二十四名为根括官，下令大括金银，无论宗室、权贵、商人还是娼妓，甚至连僧道都不能免，据记载，就连"福田院"（福利机构）里的贫民乞丐，也要"纳金二两，银七两"。

金人除了索要金、银、帛外，还要宋朝为他们提供后勤保障，今天要粮食，明日要骡马，甚至还向宋廷索要少女一千五百人。

一千五百名少女，仓促之间难以凑齐，钦宗便让后宫的嫔妃、宫女抵数，可怜一班宫娥彩女，得知自己要被送往金营的消息，很多人投河自尽了。

少女之数总算是凑齐了，金银之数却是无能为力，因为京师已经成为一座孤城，全城的财富已被洗劫了一次，即使是挖地三尺，也不能满足金人的要求。金人没有得到想要的，便赖着不走，扬言要纵兵入城抢劫，并要求钦宗再次去金营商谈。

钦宗想起上次去金营的情景，心有余悸，尽管心里一百个不愿意，却又不敢拒绝。张叔夜闻讯赶来，跪求道："陛下不能去啊！去了恐怕就回不来了。"

钦宗扶起张叔夜，流着泪说："朕为顾全满城百姓，冒死前往，实出于无奈，嵇仲留守京城，可要努力啊！"

嵇仲是张叔夜的表字，钦宗以字称臣，这是重托之意。

第十五章　个人命运的悲歌

帝王沦为阶下囚

钦宗抵达金营后，宗翰、宗望根本就不与他见面，将他们君臣软禁在军营斋宫西厢房的几间简陋的小屋内。屋外派金兵把守，天还没黑，便用锁链将门牢牢地锁起，大宋朝皇帝，成了金人的阶下囚。此时正是寒冬季节，朔风凌厉，滴水成冰。钦宗晚上睡在土炕上，仅有一床毛毯御寒，又冷、又饿、又悲、又忧，一夜辗转反侧，不能成眠。

太学生徐揆到金营投书，请求放钦宗回朝，被宗翰杀死了。

割地使刘韐到金营，宗翰派仆射韩正告诉他，说国相（宗翰）很器重他，要重用他。刘韐义正词严地说："忠臣不事二主，烈女不嫁二夫，我就是死，也不会投靠金人，并不想得到你们的重用。"

韩正笑着说："军中正在议立一个异姓人做南朝的皇帝，相国欲以你取代那个昏庸无能的钦宗，这样的好事你也不愿意？"

刘韐怒斥韩正，称决不受金人的胁迫利诱。随即进入内室，写下绝命辞：

贞女不事二夫，忠臣不事两君，况主忧臣辱，主辱臣死，以顺为正者，妾妇之道也，此予所以必死也。

刘韐写完绝命辞，交给亲信送给他的家人，然后悬梁自尽，以身殉国。

钦宗去金营议和，一去不返，朝中文武大臣每天都到南薰门等候，谁知人没有盼到，却盼来了圣旨：满足金人的所有要求，要什么，给什么，赎朕回朝。

宋朝的臣子们闻讯，加紧搜刮。开封府派官吏直接闯入百姓家里强索，横行无忌，如捕叛逆一般。为了防止百姓逃走，规定五家为保，互相监督，如有藏匿，即可告发。就连福田院的贫民、僧道、工伎、倡优等人也不放过。到正月十九日，才搜刮到金十六万两，银二百万两，衣缎一百万匹。

提举官梅执礼将金银布帛送往金营，宗翰见与他们索要的数目相差甚远，一怒之下，杀了梅执礼，将随行人员痛打一顿，逐出了金营。

金人知道宋朝已榨不出多少油，便改掠其他物品，如祭天礼器、天子法驾、各种图书典籍、大成乐器以及百戏所用服饰，都在搜求之列。

抢完了东西，再抢人。首先是抢有技术专长的人，如医生、教坊乐工、各类工匠、课命官、卜祝司、天台官、六尚局修内司等等，都列入了抢人黑名单；抢完了技术人才，又疯狂地掠夺妇女，稍有姿色的女子，都被捉拿送往金营，供金兵淫乐。

灭宋，是金人的既定方针，所以，尽管宋朝君臣对金人俯首听命，要什么，给什么，但金人还是要废掉宋朝的皇帝。

靖康二年二月初六，对于赵宋王朝，这是一个耻辱难忘的日子，对于中国的历史，也是一个不能忘记的日子。

这一天，宗翰、宗望命人将钦宗押到金军营中，命他下马跪听金朝别择贤人立为藩屏的诏书。同一天，金人宣布废宋朝皇帝钦宗为庶民。

二月七日，金人又传金主完颜阿骨打的旨意，命令上皇及太后等出城前往金营。

徽宗与郑太后抱头大哭，不敢不从。徽宗将要出行的时候，大臣张叔夜赶来哭谏，说金人诡计多端，皇上一去不返，上皇不可重蹈覆辙，他愿率领精兵保驾突围。即使逃不出去，鲜血洒在大宋土地上，也比去金国为阶下囚好。徽宗犹豫不决。

正在这时，早已投降金人的都巡捡范琼来了，催促道："上皇，快起驾吧！金人等得不耐烦了。我将车都备好了，快上车吧！"说罢，也不管徽宗愿意不愿意，硬将他和郑太后拽上了牛。

牛车缓缓驶出龙德宫—皇城—汴梁城。一代风流天子，从此走上了不归路。

接着，金人按范琼等人拟定的一份赵氏宗室人员名单，按图索驹，将徽宗的儿子、帝姬、妃嫔、驸马以及钦宗的后妃、太子和所有赵氏宗室的人，全部拘捕，一个不留。宫里抓不到的，就在全城搜捕，五户联保，不得藏匿，若藏匿皇亲国戚一人，就要灭九族。几天时间，共捉获三千多人，将皇宗中人一网打尽。金人将他们一条绳子串了，牵往金营。

这中间，有一个重要人物漏网，她就是哲宗的元祐皇后孟氏。由于她是被废的皇后，居住在宫外，范琼、内侍邓述这些叛逆就没有将她列入花名册。这也就给宋朝从北宋到南宋的转换，留下了一个非常重要的过渡性人物。这是后话。

宗翰得到上皇徽宗后，命他们父子俩脱去龙袍，换上胡服。

改换装束，就意味着徽、钦二帝不再是天子，沦为金人的阶下之囚。跟随徽宗前往金营的宋朝吏部侍郎李若水扑上前去抱住钦宗不让脱，并大骂金人，说这是大宋朝皇帝，龙袍不能脱。

宗翰见李若水忠义，似乎不想为难他，命人将他拖到一边。李若水破口大骂，说宗翰是巨贼，金人是金狗。宗翰恼羞成怒，挥拳击打李若水。李若水的牙齿被砸掉了，血流如注，但仍然骂声不止，金人恼羞成怒，割断他的舌头，割断他的咽喉，李若水气绝而亡。

金人中有经过金人灭辽过程的，看到李若水宁死不屈的壮举，感叹地说："辽国亡国的时候，有十多人死于忠义，南朝仅李侍郎一人，算是一个血性男儿。"

宗翰也叹李若水是忠臣，命人用一张破席子包了他的尸体，抬出去埋了。

金国人万万没有想到，大宋王朝竟然这么不堪一击，他们的本意只是想惩罚一下宋朝的言而无信，没想到如此顺利，不但攻克了宋都城汴京，而且还俘获了赵宋的两任皇帝和宋室的龙子龙孙。胜利来得太突然，让金人有些措手不及，如何统治广大的中原地区和汉人，他们没有经验。于是，有人建议让辽国的降臣萧庆来统治中原，因为辽国毕竟占领过燕云十六州，有统治汉人的经验。

萧庆倒是有些自知之明，因为他知道，要威服宋人，统治宋土，不是一件容易的事情，连连推辞，说自己能力有限，干不了这个事。金人又打算让刘彦宗来完成这项使命。刘彦宗本是辽国的汉人，辽国降金的汉将。刘彦宗抵死不干，推说萧庆干不了，我更不行。

徽宗、钦宗两代帝被俘，宋朝绝对不能再恢复，金人不想老待在中原，谁来统治中原，一时倒成了难题。谁来收拾这个残局？金主完颜阿骨打给出了答案：宋人治宋，建立一个傀儡政府。

宗翰派人进城告诉宋朝的大臣，叫他们自己推选一个有才能、有德行的人做皇帝，废掉赵氏。

宋朝大臣纷纷反对，他们说赵宋统治天下已经有一百多年，深仁厚德，百姓众望所归，并无大错，至于对金人失信，那是权臣所误，错不在他。仓促册立，会四方不服。

灭宋是金人的既定方针，当然不会答应宋臣的请求，甚至扬言，如果不按照他们的意图办，就要下令屠城。

二月十一日，宗翰命吴幵、莫俦将宋朝旧臣召集在一起，商议推举一个人出来做皇帝。非常时期，众人谁也不敢开口。留守王时雍私自问吴幵、莫俦，金人到底属意谁。莫俦说金人属意太宰张邦昌。因为张邦昌曾在金军营中做过人质，对金人竭力谄媚奉承，摇尾乞怜，早为金人看中。王时雍说张邦昌恐难服众。正在这时，尚书员外郎宋齐愈从金营归来，带回一张纸条，上面写了三个字：“张邦昌”。金人扬言，如果不立张邦昌，他们就不退兵。

王时雍便把张邦昌的姓名列入议状，吴幵、莫俦首先签名，孙傅、张叔夜拒不签名，太堂寺主簿张浚、开封士曹赵鼎、司门员外郎胡寅也都进入太学躲避，拒不签名。唐恪签名之后，也许是良心发现，竟然服药自杀了。吴幵、莫俦将情况向金人做了汇报，宗翰派人将孙傅、张叔夜抓走了。

王时雍召集百官到秘书省开会，议题是民主选举皇帝。然而，门外却有金兵守卫，看来，这个民主是刺刀下的民主。

范琼不待大家举手表决，当众宣布拥立张邦昌为帝。

御史马伸、吴给和中丞秦桧坚决反对，要求迎钦宗回朝。金人将他们几个人抓走了。

三月七日，金人举行册命之礼，立张邦昌为楚帝，国号大楚。张邦昌粉墨登场，当上了金人的傀儡皇帝。

张邦昌在文德殿接受朝贺，看着空荡荡的御座，触景生情，悲从中来，搞得即位大典和丧礼差不多。百官被逼向新皇帝行君臣之礼，谁的脸上也没有喜色。唯有王时雍、吴幵、莫俦、范琼四人面带喜色，等着大楚皇帝册封，好做开国功臣。

古代皇帝的宝座都是面朝南方，背朝北方，所以说“南面为君，北面称臣”。张邦昌不敢坐御座，他叫人在御座旁另设一个座位，面朝东而坐，文武百官面向西给他行礼。百官行礼的时候，他一定要站起来还礼，表示我不是皇帝。张邦昌也不敢穿黄袍，而是穿红袍；不敢张黄伞，张红伞；不敢称朕，称予。开口就是予怎么怎么样，下的命令也不敢叫圣旨。所有的宝殿，张邦昌都不敢进，还给贴上封条，封条上写着“臣张邦昌谨封”，表示他只不过是替大宋皇帝看摊子。

张邦昌任命的官员，前面一律加一个权字，如命王时雍为权知枢密院事，吴幵同为权知枢密院事，莫俦为权签书院事，吕好问为权领门下省，徐秉哲为权领中书省。

张邦昌做了皇帝，虽然没有改元，但却撤去了“靖康”的字样，唯吕好问行文，仍继续签署“靖康”二字。王时雍进殿，对张邦昌称陛下，自称臣，并劝他到以前宋朝皇帝坐堂的紫宸垂拱殿去接见金使。由于吕好问的力阻，才没有成行。

上皇徽宗得知张邦昌僭位做了皇帝，向少帝钦宗说：“张邦昌若以节死，则为社稷增光，今已僭位，我们还有什么指望呢？”说罢，父子二人泪下沾襟。

其实，他们这是自作自受，因为张邦昌等一班奸臣，都是他一手提拔起来的。

凄怆北行路

从三月底开始，金人便开始撤离东京汴梁。

四月一日，徽宗、钦宗二帝及后妃、皇子、帝姬、驸马等四百七十余人，宫女、孝坊乐人等三千余人，被分为七批押解北上。

宗望押解上皇徽宗、郑太后、亲王、帝姬、驸马、徽宗众妃嫔及康王母韦贤妃、康王夫人邢氏，往滑州进发。

宗翰押解钦宗、皇后、太子、钦宗妃嫔及大臣何栗、孙傅、张叔夜、陈过庭、秦桧等，由郑州取道北上。两路人马约定在燕京会齐。

徽宗一行即将启程之时，忽然有一个身着道服的女人，不顾金兵拦阻，欲进金营与上皇诀别。徽宗听到争吵声，远远望去，竟惊愕得两眼发直，原来，来人便是曾经让他神魂颠倒的奇女子李师师。

李师师自从徽宗逃往东南被贬出宫之后，便隐迹尼庵，当了尼姑。当她得知京城失陷，金人将劫二帝北去，她以为宫眷不会同去，便想来寻到上皇徽宗，前往金国服侍他。她不顾利害地闯进了金营，却巧闯进了真珠营中。

真珠是宗翰的儿子，是个好色之徒，他早闻李师师的艳名，金人攻陷京城后，他曾派人四处寻找，欲求一欢，只是杳无音信，这才作罢。此次李师师自动送上门，令他大喜过望，问过姓名之后，竟将她拥住不放。李师师面无表情，推说让她见上皇一面，她便随金人北去，否则就死在眼前。真珠便带着她来见上皇。

李师师来到徽宗乘坐的牛车旁，看着面容憔悴的徽宗，泪如雨下。徽宗见了李师师，几次想开口说话，却又不知从何说起，两人竟大眼瞪小眼，泪眼婆娑。

真珠站在一旁，看到两人含情脉脉，醋意顿发，扯着李师师就走。李师师回过头，惨叫一声道："上皇保重啊！"说罢，哭着被金人拖走了。

真珠将李师师带到自己车上，好言相慰，李师师两眼呆滞，口里只是念叨着上皇，时过不久，突然两眼一瞪，仰面倒在车上，猝然而逝。真珠欲抢救也无从下手，后来经检验，才知李师师事先已经吞服了一枚折断的金簪。真珠叹惜不已，便在青城附近择地埋葬，立石以记，石碑上写着：烈女李师师之墓。并亲自吊祭一番。

徽宗这一路从刘家寺出发，夜晚行至封丘，金人下令就地宿营。徽宗、郑皇后与帝姬分别居住在毳帐中，身边是金兵将领住的毳帐，回周是金军士兵住的布棚，严密监视着宋俘的一举一动，金人称之为馆伴。

四月一日，徽宗一行到了胙城，与第二批韦贤妃（康王赵构之母）、第三批钦宗朱皇后相遇，彼此只能以目示意，不敢说话。由于道路不畅，在此停留了三天。

四月五日，徽宗眼睁睁地看着韦贤妃等人乘车先行而去，至亲骨肉竟不敢和他们道声问候，不觉五脏俱焚，潸然泪下。

徽宗等渡过黄河，行走到浚州（今河南浚县）城外时，百姓纷纷前来围观，金兵奋力拦阻，不准百姓靠近，只许卖食物的小贩近前。小贩们得知囚车上坐的是被废黜的徽宗皇帝，可惜他身为囚徒，落魄江湖，动了恻隐之心，纷纷将带来的炊饼、藕菜送给他，不收分文。

四月七日，徽宗一行抵达汤阴，妃嫔曹才人离队小解，被金兵乘机奸污。徽宗无可奈何，只得令肃王赵枢传谕后宫，不要擅自离开大队，以免遭到淫污。

四月八日，徽宗一行抵达相州（今河南安阳），与谷神押解的贡女相遇。这批贡女人数众多，乘坐牛车，夜晚宿营时，贡女在车中安睡，金兵宿于帐篷里。适逢天下大雨，车篷渗漏，不能遮雨，贡女们只得到金兵帐中避雨，金兵乘机奸污了这些贡女，很多贡女当场被糟蹋至死。徽宗只是暗自叹息，毫无办法。

四月十五日，徽宗一行进入邢州，因途中食物匮乏，又遭风雨侵袭，宋朝俘虏饿死无数，弃尸荒野，无人掩埋，惨不忍睹。因食物匮乏，徽宗与郑皇后两人分得羊一只、粟一斗，其他人则是四人或六人才能分得一只羊，米按人头每人分两升，所发食物，仅此而已。由于食物不够，徽宗不得不采摘野菜充饥。

四月十六日，徽宗行至都城店（今河南内丘县南），燕王赵俣因途中乏食，被活活饿死。金人以马槽盛殓，因马槽太短，两只脚露在外面，就寨外焚化。

漫长的押解路程，使徽宗有度日如年之感，而金人又不时故意羞辱这位废黜的天子。四月二十三日，车过真定，徽宗与宗望并驾从东门而入，前面的旗帜引导，上写“太上皇帝”字样，城中居民知是徽宗从此经过，无不失声痛哭。金人也不计较，把徽宗安置在静渊庄居住。午饭后，宗望请徽宗一起去看踢球。徽宗本是行家内手，由于沦为了阶下囚，生死未卜，完全没有心情，但宗望相邀，又不敢不去，只得同郑皇后一同前往。看完球后，侍中刘彦宗突然跪奏，请徽宗就所看球赋诗。徽宗无奈地说：“自从社稷倾覆，愁肠百结，早已辍笔不作，今既索诗，敢不应命！”沉思片刻，提笔写了一首七绝：

锦袍骏马晓棚分，一点星驰百骑奔。
夺得头筹须正过，无令绰拔入邪门。

刘彦宗捧读称赞，递给宗望，又用女真语讲解诗意，宗望频频点头致谢，徽宗也起身相谢。

五月十八日，徽宗一行抵达燕京，在路上足足行走了五十天，居住在延寿寺。

魂断五国城

徽宗抵达燕京后，随行宋朝官吏不谙风土，饮食失调，几乎有一半人生病了。徽宗叹息之余，搜索箱箧，拿出所有衣服，低价变卖，再买回药物，给众人治病。后来又听说宗室其他人居住在仙露寺，大家的生活条件非常差，很多人都是食不果腹、衣不蔽体，徽宗又动了恻隐之心，将金人赠给他的一万匹生绢散发给随行的亲族官吏，而他自己却已是捉襟见肘，囊无余财了。

在燕京安顿下来后，徽宗才得知自金人侵宋以来，俘掠宋朝男女，都押解到燕京，不下二十万人，自谋生路。有一技之长，能自食其力者，尚可生存，最苦的是那些戚畹贵族，身无一技之长，连煮饭牧马的事也干不了，只能当奴隶天天受鞭挞。

钦宗出发时，被迫头戴毡笠，身穿青布衣，骑着黑马，由金人随押，一副失魂落魄的样子，不但受尽旅途风霜之苦，而且还受尽金兵的侮辱。每经过一座城池，他都要痛哭一场，走到白沟这个昔日宋、金的界河的时候，发生了一件意外的事情。

张叔夜在途中早已绝食，仅饮水以维持生命，到白河沟的时候，驾车的人说："要过界河了！"原来，澶渊之盟划定，宋、辽以白沟河为界。

张叔夜一听要过界河，从此将进入异国他乡，突然弹身而起，仰天狂叫道："苍天，苍天，此身竟为俘囚，奇耻大辱啊！奇耻大辱啊！"喊罢，以右手自扼咽喉，惨叫一声而亡。金兵围过来，见他左手却紧紧攥着，掰开五指，却见一张血写的字条，上面有七个血字："葬我于大宋国土"。

宗翰得报，也哀叹不已，敬重张叔夜是个忠臣，命人将他葬在宋境之内。

随同押往金国的中丞秦桧，见张叔夜死得如此凄惨，吓得魂飞魄散。他自拘押北上以来，便被分在完颜阿骨打的弟弟完颜昌手下为奴，鞭挞羞耻，忍饥挨饿，实在是不堪忍受。看到张叔夜的下场，想到自己的后果，不寒而栗。他伤心地对妻子王氏说："我们还年轻，不能再这样过下去，得赶紧想办法啊！"

"那怎么办？"王氏说，"逃又逃不脱，连熟人也没有一个，谁能帮我们？"

秦桧泪流满面、唉声叹气，迟疑了一会，对王氏说："你就去求求完颜昌吧！我看他一路上总是偷偷地看你，似乎对你很有意思。"

王氏眼睛一亮，佯嗔地说："就凭我去求人家，动动嘴皮子，管用吗？"

秦桧有些不耐烦地说："都什么时候了，哪顾得了那么多虚荣！只要他能照顾我们，他想怎么的，就依了他，都这个时候了，还是性命最重要。"

这天夜里，王氏精心打扮一番，悄悄钻进了完颜昌的帐篷。

第二天，秦桧做了完颜昌的书办，渐渐成了完颜昌的亲信。后来，经金太宗完颜阿骨打同意，秦桧和他的老婆王氏回到南朝，官至南宋宰相。他自己谎称说是杀了金人看守逃回的，其实，他是做了金人的奸细。

七月十日，钦宗一行经云中到达燕京，居住在愍忠寺，朱皇后、太子、祁王等也与他居住在一起。

七月二十日，金人安排徽宗、钦宗父子在昊天寺相见，大宋王朝的两代皇帝在异国他乡相会。父子俩自汴京一别，虽然只有几个月光景，恍如隔世，两人都憔悴了许多，四十多岁的徽宗须发皆白，二十八岁的钦宗衣冠不整，父子二人你看看我，我看看你，几乎不敢相认。怔忡片刻，这才相互抱头痛哭起来。

金军会合之后，宗翰的儿子真珠求见宗望，宗望笑问他何事。

原来，真珠是一个好色之徒，逼死李师师之后，又看上了徽宗身边的婉容王氏和另一个帝姬刘氏，起了占有之心。由于徽宗这一路由宗望监押，难以染指，只好向宗望请求，叫他开方便之门成全他。宗望便来征求徽宗的意见。

徽宗此时连性命都不保，哪里还顾得了妻女？无奈之下，只得忍痛割爱，答应宗望的要求。真珠带着徽宗的两个美人，回营受用去了。

靖康二年（1127 年）九月，金人又将徽宗父子押送到更远的上京。

金人之所以再次将徽宗父子转移，是因为金人北撤以后，傀儡张邦昌自知皇帝那把交椅不好坐，他请元祐皇后出来主持大局。孟皇后以太后的身份，册立康王赵构为帝，建立了南宋政权。此时，南宋势力渐强，金人怕他们夺回被他们囚禁的两位宋朝的皇帝，使他们在同南宋政权的交涉中失去了讨价还价的筹码。

徽宗父子再受颠沛流离之苦，中途在中京（辽朝故城）居住了九个多月，于建炎二年（1128 年），金人又决定将徽宗送往上京（今内蒙古巴林左旗南），其他宗室则发配到通塞州，那里离燕京一千五百里，更为荒凉。

八月二十一日，徽宗一行跋涉千余里，抵达上京，开始的三千余人，到上京时死得只剩下一千多人。

金太宗有意羞辱北宋君臣，让他们去拜祭金人祖庙，行献俘之礼。

在金兵威逼下，徽宗、钦宗两父子脱去袍服，身穿孝服，其他人不论男女，都脱光了上衣，身披羊裘，腰系毡条，入庙行牵羊之礼。金国的君臣哄堂大笑，宋朝的宗室、大臣放声大哭。

接着，金人又逼迫他们在乾文殿拜见金太宗完颜阿骨打。徽宗、钦宗及太后、皇后，都要穿金人的平民衣服，以帕巾包头，外着衣裘。而其他诸王、驸马、妃嫔、王妃、帝姬、宗室妇女和太监们，一律赤裸着上身，披一件羊裘，身后插着五面白旗，上面分别写着“俘宋二帝”“俘宋二后”“俘叛奴赵构母、妻”“俘宋诸王驸马”“俘宋两宫眷属”。君臣人等跪在殿下听金人宣读诏书。

献俘仪式完成后，金太宗完颜阿骨打下令册封徽宗为昏德公，钦宗为重昏侯。这种封号，显然是侮辱他们的，并不是真的要让他们享受公侯的待遇。

此外，郑太后、朱皇后并封为夫人。三百名妃嫔宫女没为奴婢，到上京洗衣局干杂活；四百名宫眷送入元帅府女乐府，供金人淫乐。

钦宗的朱皇后不堪忍受侮辱，上吊自杀不成，又愤而投水自尽了。

徽宗、钦宗两父子误国，耻辱却让这些女人来承担，朱皇后烈性，一死了之，而两位昏君却不顾廉耻，苟且偷生。

不久，金人又将徽宗、钦宗转移到荒凉而偏僻的五国城(黑龙江依兰县)居住。说是五国城，不过是一个边陲小镇。从此以后，他们便在这里定居下来。

南宋绍兴五年（1135年）四月二十一日，徽宗病死五国城。绍兴二十六年（1156年），钦宗病死五国城。

跋：徽宗的才华与贡献

中华上下五千年，在历代帝王中，爱艺术的皇帝一大堆，比如唐太宗、李后主、乾隆，但真正称得上艺术家的恐怕只有一个，那就是宋徽宗。徽宗在政治上昏庸无能，毫无建树，在艺术上却造诣颇深，瘦金体书法独步天下；丹青造诣堪称登峰造极，是一位才华横溢的艺术家。

独树一帜的书法

徽宗的书法艺术，在北宋末年独步一时，十六七岁时与驸马都尉王诜、宗室赵令穰过从甚密，这两个人都擅长绘画，而赵令穰又喜欢黄庭坚的书法。近朱者赤，近墨者黑，受赵令穰的影响，徽宗也喜欢书法。徽宗早年临摹薛稷、黄庭坚，个人书法稚嫩婉约。后期融合各书法家之长，自辟蹊径，独树一帜，字体刚劲强健，如屈铁断金，号瘦金体。瘦金体有骨感美，结字至瘦，颇具筋骨之力，似铁画银钩，字形夸张，线条丰腴，瘦硬却不失其肉。

有人称徽宗的书法笔势飘逸，如冲霄鹤影，高迈不凡，掠水燕翎，轻盈无迹，瘦劲而不纤，端整而不板。

鹤影直冲云霄，是何等的潇洒飘逸；燕翎掠水，是何等的轻盈而不着痕迹！笔迹虽瘦，但遒劲而不纤细；字体端正，但又不显呆板。这种艺术境界不是一般书法家所能达到的。

南宋末年书法家赵孟頫曾说，“所谓瘦金体，天骨遒美，逸趣蔼然，细玩之，信不在李重光下，诚足珍矣。”

徽宗的书法作品传世者不多，稀世珍宝《牡丹帖》是瘦金体的代表作，全帖共一百一十字，潇洒飘逸，刚柔相济，结构、行笔恰到好处，给人以艺术的享受。

徽宗不但擅长写楷书，草书也达到炉火纯青的地步，一气呵成，意先笔后，潇洒流落，笔翰飞舞，奔放流畅，字里行间全是霸王之气。现珍藏于辽宁博物馆的草书《千字文》，被誉为“天下一人绝世墨宝”。

上海博物馆庋藏的徽宗《草书纨扇》，上面写“掠水燕翎寒自转，堕泥花片湿相重”十四个字，婀娜多姿，风流跌宕，恰似出水芙蓉，天然而去雕饰，也是不可多得的珍品。

徽宗的书法在当时深受欢迎，群臣皆以争得一轴为荣。相传有一次他到秘书省去，打开箱子，取出御书画，凡公宰亲王、使相从官，各赐御画一幅，兼行草书一纸，命蔡攸分给大家。群臣欣喜若狂，断佩折巾，争先恐后地索要，徽宗高兴得开怀大笑。这则皇帝赏赐臣下书画的故事，在中国书法史上传为佳话。

徽宗的瘦金体作为众星捧月的书体，有很多崇拜者。蔡京也曾模仿徽宗的瘦金体，蔡京的行书虽然不输徽宗，但瘦金体却模仿得四不像。他之所以临摹，只为拍君王的马屁而已。据说金国皇帝金章宗完颜璟非常喜欢汉族文化，也曾临摹过徽宗的瘦金体，但金帝的书法缺了徽宗书法之大气。

精湛的绘画艺术

徽宗自幼酷爱绘画艺术，十六七岁时就声誉鹊起。他的画路宽广，画技精妙，丹青卷轴，具天纵之妙，有晋、唐风韵。

徽宗的花鸟画尤为世人称道，传世的作品也以花鸟画居多。据邓白所撰《赵佶》一书统计，国内现存的徽宗花鸟画有：

故宫博物院收藏——《听琴图轴》《芙蓉锦鸡图轴》《祥龙石图》《枇杷山鸟图》《池塘秋晚图卷》《梅花绣眼图》；

上海博物馆收藏——《柳鸦图》；

辽宁博物馆收藏——《瑞鹤图》；

四川省博物馆藏——《蜡梅双禽图》；

南京博物院藏——《鹳鸽图轴》

现存台湾——《红蓼白鹅图轴》《山禽蜡梅图》《杏花鹦鹉图》《鸲鹆图》《香梅山白头图轴》；

流散在国外——《竹禽图》《写生珍禽图》《四禽图》《御鹰图》《六鹤图》《栀雀图》《金秋英禽图》《五色鹦鹉图》，以及藏于日本的小品《水仙鹌鹑图》《小鸠桃花》《桃鸠图》等。

这些画用笔细腻，逼真传神，具有独特的风格。《画继》记载，政和初年，他曾画了一幅《筠庄纵鹤图》，画面上二十只神态各异的白鹤，或游戏于上林苑，或饮水于太液池，或昂首向天、引吭高鸣，或刷洗羽毛于清泉。并立而不争，独行而不倚，闲暇之格，清迥之姿，寓于缣素之上，各极其妙，千姿百态，没有一个是相同的。如果不是大手笔，很难达到这种境界。

元朝人刘敏中说徽宗的鹤图，骨活神从，曲尽真态。元朝的贝琼评徽宗的《蝉雀图》所画螳袭蝉后，蝉环顾左右，布局恰当，非一般画家所能企及。

南宋初年的王廷珪《题宣和殿双鹊图》诗中说：

宣和殿后新雨晴，
两鹊飞来向东鸣。
当时妙手貌不成，
君王笔下春风生。

另一位南宋人李曾伯评论徽宗的《宣和浦禽图》说，徽宗的画技超群，一片羽行，一株花卉，皆落笔不凡，精妙过人。

宣和初年，徽宗又画了一幅《双鹊图》赏给中书舍人何栗，校书郎韩子苍赋诗赞道：

君王妙画出神机，
弱翅争巢并语时。
想见春风　鹊观，
一双飞占万年枝。

喜鹊站在万年枝（冬青树）上，神态自然，呼之欲出。

清人王士祯在其《池北偶谈》记载了这样一个故事：武昌府有一个姓张的人家，儿媳妇狐仙缠身，请了几个道士驱鬼，都没有效果。一天，设宴请客，把徽宗画的鹰图挂在堂上让客人欣赏，狐仙来了之后，不敢进门，一天风平浪静。等客人散去，已是深夜时分，狐仙这才进去。妇人问狐仙，为何这时才来，狐仙说："你们家堂屋里有神鹰，看见我即奋爪搏击，如果不是它脖子上系着铁链，我就死无葬身之地了。"第二天，妇人将狐仙说的话告诉丈夫，将图中神鹰脖子上系着铁链涂掉，到了晚上，狐仙果然被击死于堂下。这是一个神话故事，当然不可信，但也说明徽宗画的鹰栩栩如生，呼之欲出，与真鹰没有区别，狐仙才把画上的鹰当成了真鹰。蔡京题《御鹰图》，称之为神笔，并非溢美之词。

徽宗的人物画也有很高的水平。元人汤垕在其所著《画鉴》说徽宗画的《梦游化城图》（佛教用语，即化出来的城市），在很小的画幅中，不但能画出上千个人物，而且还把城郭、宫室、麾幢、鼓乐、仙嫔、真宰、云霞、霄汉、禽兽、龙马等也描绘在上面，看后令人有神游八极的感觉。

徽宗的画，既有临摹，也有自己的创作。临摹的如故宫博物院馆藏《摹张萱虢国夫人游春图》、现存于美国波士顿美术馆的《摹张萱捣练图》，笔墨生动，几可乱真。元代大画家赵孟　说徽宗的人物画，风神法度可与顾恺之、陆探微一争高下。

徽宗人物画的真迹只有《文会图》（藏于台湾）、《听琴图》（藏于故宫博物院）两幅。《听琴图》画面上有一株苍松挺拔的松树，枝繁叶茂，高耸云天，树下一人身穿道袍，专心致志地弹琴。左右各有大臣一人，右边一人俯首凝视，左边一人目视远方，全神贯注地听琴，他身后有一小书僮侍立，画的正上方有蔡京题的诗。

据后人考证，弹琴者为徽宗本人，右边俯首听琴者是蔡京。画面完整和谐，意境优美，给人以无限遐想，仿佛悠扬的琴声与雄浑的松涛声汇成了一首动人的合唱曲。

徽宗的山水画也气概不凡，有一幅《奇峰散绮图》，画的是秀丽山水，迢迢银河，琼楼玉宇，使人有身临其境，飘飘欲仙之感。《画继》一书称意匠天成，工夺造化，妙外之趣，咫尺千里。

现存于故宫博物院的《雪江归棹图卷》，也是一幅气势恢宏的作品。蔡京在题跋中称赞这幅画“水远无波，天长一色，群山皎洁，行客萧条，鼓棹中流，片帆天际，雪江归棹之意尽矣”。

除花鸟、人物、山水画之外，徽宗还擅长其他杂画，墨竹就是一例。《画鉴》说徽宗的花鸟、山石、人物画可入“妙品”，而有些墨花、墨石画则可入“神品”。他画的墨竹紧细不分浓淡，一色焦墨，从密处微露白道，自成一家，绝不蹈袭古人轨辙。

工于格律的诗词

徽宗的诗词在文学史上地位不高，但他贵为天子，也有大量诗词流传下来，但大都是一些粉饰太平之作，可取者不多。靖康之变之后，环境骤变，真是天上人间，伤感时事，也留下一些感伤诗。这些诗大都婉转浏亮，发自肺腑，情真意切，悲怆欲绝，虽不能与王禹偁、梅尧臣、苏东坡、欧阳修、王安石、李清照等诗坛大家媲美，但也有自己的特色。可惜的是，当徽宗身陷五国城，沦为阶下囚后，因沂王樗、驸马刘文彦告变而心灰意懒，将他以前的诗作付之一炬，仅留下数十首，真是一件憾事。

徽宗的诗分为四类。

第一类是宫词。这些诗多是描绘宫廷景色，即兴吟咏，格调不高，《宋诗纪事》一书虽有收录，但流传不广，不为世人所知。如一首写宫中打水球的诗：

苑西廊畔碧沟长，
修竹森森绿影凉。
掷球戏水争远近，
流星一点耀波光。

第二类是题画诗。这些诗大都描写女性，清新自然，通俗易懂而又寓意深远。如《题修竹仕女图》：

瑶台无信托青鸾，
一寸芳心思万端。
莫向东风倚修竹，
翠山禁得几多寒。

瑶台是神仙所居之地，是指远方的情人；青鸾指传说中的神鸟。心中的人音尘阻隔，杳无音信，只得托青鸾传递信息。一个痴情女子，春心脉脉，穿一件薄薄的翠衫，背倚修竹，思念远方的情人，尽管寒气袭人，也毫不在意。一个多情女子的形象跃然纸上。

第三类是赐给臣下的诗。这类诗大部分是赐给宰相蔡京的，这些诗尽是粉饰太平之作，思想性、艺术性都无可取之处，只有一首《赵昌江梅山茶》颇可玩味：

赵昌下笔摘韶光，
一轴黄金满斛量。
借我圭田三百亩，
真须买取作花王。

这首诗写画家赵昌运用神来之笔，摘下春光置于画卷之中，百花盛开，如同一轴黄金。如果徽宗有三百亩圭田（卿大夫供祭祀用的田地），就全部种上花卉作为花王。诗意饶有趣味，使人浮想联翩。

第四类是沦为囚徒后的伤感之作。这类作品因身处逆境而显得感情真挚，哀婉凄凉，催人泪下。如：

其一　在北题壁

彻夜西风撼破扉，
萧条孤馆一灯微；
家山回首三千里，
目断山南无雁飞。

这首诗描绘徽宗被俘北上途中的酸辛。西风凛冽，摇撼门窗，馆驿萧条，一灯如豆，回首乡关，三千余里，仰望云天，无雁南飞。此情此境，实在是令人感慨万分。

其二

九叶鸿基一旦休，
猖狂不听直臣谋。
甘心万里为降虏，
故国悲凉玉殿秋。

北宋一共有九位皇帝，因此称作九叶鸿基，徽宗是第八位皇帝，到他的儿子钦宗时国祚中断，个中原因是没有采纳贤臣的忠言劝谏，于今悔之晚矣。山河破碎，北国为囚，遥望故国，悲怆难言，玉殿萧瑟，又逢深秋，怎不让人气塞咽喉！

徽宗的词也可分为三类。

第一类是描写帝王宫阙生活之作，如：

《声声慢（春）》

宫梅粉淡，
岸柳金匀，
皇州乍庆春回。
凤阙端门，
棚山彩建蓬莱。
沈沈洞天向晚，
宝舆还、花满钧台。
轻烟里，
算谁将金莲，
陆地齐开。

触处声歌鼎沸，
香鞯趁，
雕轮隐隐轻雷。
万家帘幕，
千步锦绣相挨。
银蟾皓月如昼，
共乘欢、争忍归来。
疏钟断，
听行歌、犹在禁街。

这是一个乍暖还寒的初春，岸柳吐绿，大地回春，凤阙端门已经搭起了山棚，装点得如同蓬莱仙岛一般。烟雾弥漫之中，到处悬挂着状如莲花的彩灯。耳目所及之处，笙歌鼎沸，鞍韂生香，车轮驶过之处，隐约听到轻雷之声。看灯的人搭起帘幕，万家相连，如同锦绣一般。皓月当空，如同白昼。如此良辰美景，使人流连忘返，夜阑人静之时，钟声已稀疏了，但禁街上仍不时传来悠扬的歌声。这是一幅多么令人陶醉的太平景象啊！

《探春令》

帘旌微动，
峭寒天气，
龙池冰泮。
杏花笑吐香犹浅。
又还是、春将半。

清歌妙舞从头按。
等芳时开宴。
记去年、对著东风，
曾许不负莺花愿。

帘旌微微飘动，春寒料峭，池中的冰已开始融化，杏花正在逐渐开放，透出淡淡的清香，不过已是烂漫的春天了。春光如许，正是载歌载舞的好时机，等到百花万紫千红的时候，再设宴赏春。去年百花盛开时，对着骀荡东风，曾许下诺言：不辜负莺、花、燕，即在有莺、花、燕的地方饮酒探春。这首诗把宫廷的美好风光、帝王的闲适恬淡都描绘出来了。

第二类是悼亡之作。流传下来只有一首“预赏景龙门追悼明节皇后”的《醉落魄》词：

《醉落魄》

无言哽咽，
看灯记得年时节。
行行指月行行说。
愿月常圆，
休要暂时缺。

今年花市灯罗列。
好灯争奈人心别。
人前不敢分明说，
不忍抬头，
羞见旧时月。

明节皇后，即林灵素所说的九华玉真安妃刘氏。宣和三年（1211年），刘氏病故，徽宗悲惜不已，当后宫众人前往吊唁时，徽宗掩面而泣。这首《醉落魄》词情真意切，感人肺腑。上半阕写去年上元节时，两人携手观灯，一边行走，一边低声诉说，愿花常开，明月常圆，有情人白头偕老。下半阕笔锋一转，写今年风景依旧，街市花灯罗列，而安妃已逝，空有满怀惆怅，又不便在人前诉说，更不忍心观看去年此时两人共赏过的那轮明月。通篇没有“相思”二字，但悼念亡人的一片挚情却绵绵不尽。给人以无限想象的余地。整篇词质朴自然，没有雕琢痕迹，哀婉动人，是一首非常成功的作品。

第三类是退位、被俘后的作品。这些作品抒发胸中愤懑，叙述自己坎坷困顿的遭遇，使人看后不禁流下同情之泪。除了那首《眼儿媚》外，还有一首《燕山亭》，也是一首非常好的作品。

《燕山亭·北行见杏花》

裁剪冰绡，
轻叠数重，
淡著胭燕脂匀注。
新样靓妆，
艳溢香融，
羞杀蕊珠宫女。
易得凋零，
更多少无情风雨。
愁苦！
问院落凄凉，
几番春暮。

凭寄离恨重重，
这双燕何曾，
会人言语？
天遥地远，
万水千山，
知他故宫何处？
怎不思量，
除梦里有时曾去。
无据，
和梦也新来不做。

这首词上半阕写一个妙龄女子试新妆，淡施脂粉，风情万种，芳香四溢，天上的仙女也自愧不如。但是韶光易逝，人生易老，经过几度风雨摧残，春已迟暮，庭院冷落凄凉，往日繁华不再，人也变老了。这虽然是作者自况，从雍容华贵的天子沦落成金人的阶下囚。下半阕抒写国破家亡的离愁别恨，家乡天遥地远，相隔万水千山，旧时宫阙何处寻觅，恐怕只能在梦里相见了。这首词哀怨低回，虽然说不上是千古绝唱，但也深深打动着读者的心。

推动文化的繁荣

由于特殊的身份，身为皇帝的徽宗，凭借其特殊的身份，对北宋末年的文化艺术，特别是绘画艺术的发展，做出了巨大贡献，有力地推动了当时的文化繁荣。

徽宗组织人力收集整理古今名画，把上自三国时期的曹不兴，下至宋初的黄居宷的作品，共一百帙，分为十四门，总数达一千五百卷，编辑成《宣和睿览集》。在此之前，虽然也有人做过收集整理工作，但都没有达到如此规模。蔡京的儿子、《铁围山丛谈》的作者蔡絛说，徽宗自即位后，着意访求天下书法绘画，自崇宁末年便命宋乔年负责御前书画所，后来又命著名书画家米芾接替他，至崇宁末年，内府所藏已达千件有余了。

据《画继》一书记载，宣和殿御阁内庋藏有隋代画家展子虔的《四载图》，号称高品，徽宗玩赏，终日不倦，但四图只收集到三图，有一幅《水行图》是他人补遗之作，不是完璧，徽宗常常叹为憾事。一次，一位太监赴洛阳公干，在一户人家见到一幅画，正是宣和殿中缺少的那幅，便立即收购过来，贡入御阁中，徽宗欣喜若狂。

徽宗还组织人编写过《宣和画谱》，成书二十卷，内府收藏的魏晋以来的名画尽收其中，计二百三十一家，作品达六千三百九十六件，详分为道释、人物、宫室、番族、鱼龙、山水、鸟兽、花木、墨竹、果蔬十门，并分别加以品评。托名徽宗御制的“叙”中说，编撰这本画谱的目的，是为了“见善以戒恶，见恶以思贤”。这本画谱是研究中国古代绘画不可多得的资料。

据《铁围山丛谈》记载，内府所藏名画，曹不兴的《元女授黄帝正符图》名列第一，与他同时代的魏国高贵乡公曹髦的《卞庄子刺虎图》名列第二。其实，《卞庄子刺虎图》是西晋人卫协的作品,《宣和画谱》的作者误认为是曹髦的作品。西晋人谢雄的《列女贞节图》名列第三。

据说有一次曹不兴画屏风，墨汁误落于纸上，曹不兴随手将掉落在纸上的墨汁勾勒成苍蝇之状，惟妙惟肖，孙权误以为是一只真苍蝇，以至用手弹之。卫协画道释人物《七佛图》，从不画眼睛。有人请他补上，他却说，不能补，如果补上，佛就腾空飞去了。这两个人时代既早，画技高超，列为前两名，可谓是实至名归。紧随其后的便是顾恺之、陆探微、张僧繇等人。唐代画家的作品很多，已不足珍贵了。

徽宗经常品赏揣摩这些名画，自然受益良多。

北宋的绘画艺术在徽宗时代达到了鼎盛时期，其时高手如云，名家辈出，这与徽宗关心画院，优待画家的做法密切相关。

画院在我国历史悠久，可以上溯到春秋、战国时期。到了五代十国时期的西蜀、南唐，画院大盛。当时的著名画家如高太冲、周文矩、顾闳中、董源、高文进、黄筌父子等，都在画院供职。

赵匡胤统一天下后，供职于南唐、西蜀以及中原各地的画家，纷纷归附。北宋沿袭五代旧制，也建立了翰林图画院，官职的设置，也较之前完备。除翰林院待诏、图画院待诏、图画院祗候补，还有翰林应奉、翰林画史、翰林入阁供奉、图画院艺学、御画院艺学、正画谕、画学正等，让这些画家粉饰太平，为统治者服务。

徽宗因喜好绘画，且画技精湛，爱屋及乌，对当时的画家、书法家也格外优待，改善他们的生活，提高他们的政治待遇。比如诸待诏立朝班时，画院的待诏站在最前面，以下是书院待诏、琴院待诏、棋院待诏等。其他局工匠发工资叫食钱，只有画院、书院发工资称俸直。书画院的人还可以佩鱼。所谓佩鱼，是指官员身上佩戴的鱼袋，不到一定级别不许佩戴，是身份尊贵的标志。

把绘画列入科举制度与学校制度之内，是徽宗的一大创举。

传说徽宗要建五岳观，召集天下名家数百人作画，绘画作品确实不少，但能让徽宗看得上的少之又少，于是，徽宗萌生了兴建画学，开科取士的念头。崇宁年间，徽宗以画家、书法家米芾为书画两学博士，开始招收生员。当时的试题多采自古诗，谁能准确地画出诗句的意境，便能中选。这种考试别开生面，前所未有。至今还传为艺林佳话的考试题目有：

1. 野水无人渡，孤舟尽日横

“野水无人渡，孤舟尽日横”是寇准的诗句。要求作品不但要切合试题，更要构思巧妙，不落俗套。应试者有的画一只空船系于柳岸，有的画一只鹭鸶立于船舷，还有的画一只乌鸦栖于篷背，表示船上无人。但诗的原意是无人渡河，小船自有撑船的船夫，因而意境都不佳。唯独有一人画者，画了一船夫卧于船尾，横一孤笛，从流漂荡，任意东西，而中选夺魁。

很显然，夺魁者的成功之处在于突破了常规思维定式的束缚，运用反向思维，立意构图，即以没有渡客来对比出寒江旷野中船夫的悠闲孤寂，从而切中了诗句中“无人”的真正含义。可见，反向思维立意在艺术创作中对突破常规思维定式，取得创造性思维成果的形成起着重要作用。它的突出特征是反常规性，体现一种创新精神。

2. 深山藏古寺

这名诗的意境隐在“藏”字。应试者有的把古庙画在山腰间；有的把古庙画在丛林深处。有的把庙画得完整，有的只画出庙的一角或庙的一段残墙断壁。主考官看了很多幅，都不满意。就在他感到失望的时候，有一幅画深深地吸引了他，他再仔细端详了一番，便连连点头称赞，说：“好，好，这才是‘魁选’之作呀！”

那幅画好在哪里呢？好就好在构思巧妙，那位高明的画家，根本就没有画庙。画的是崇山峻岭之中，一股清泉飞流直下，跳珠溅玉。泉边有个老态龙钟的和尚，一瓢一瓢地舀了泉水倒进桶里。就这么一个挑水的和尚，就把“深山藏古寺”这个题目表现得含蓄深邃极了。和尚挑水，当然是用来烧茶煮饭，洗衣浆衫，这就叫人想到附近一定有庙；和尚年迈，还得自己来挑水，可以想象到那庙是座破败的古庙了。庙一定是在深山中，画面上看不见，这就把“藏”字表现出来了。这幅画比起那些画庙的一角或庙的一段墙垣的，更切合“深山藏古寺”的题意。

那些落选的画家并非画技不好，如果不好，根本就没资格参加应考了，他们落选的原因是因为构思平庸。而那位聪明的画家过人之处未见得是绘画技术，但由于他巧于构思，选择了老和尚挑水的角度，就使画面含蓄，能启发别人的联想。对于作画来说，仔细审题，选择新颖的表现角度，巧妙地构思是十分重要的。作者深刻地发挥了想象能力，用他的巧妙的构思，完成了作品。

3. 嫩绿枝头一点红，动人春色不须多

多数应试者都是用花卉来表示春色，立意平平，难入主考官的法眼。唯独有一人画的是高亭，在绿树成荫的树丛中若隐若现，一位美人凭栏而立，体现出了闺中少妇因春色撩人而思春的意境。此画评为魁首，其他应试者大为叹服。

4. 踏花归来马蹄香

画家们拿到试题后，面面相觑，一筹莫展。有的画家在“踏花”二字上下功夫，有画面上画了许许多多的花瓣儿，一个人骑着马在花瓣儿上行走，表现出游春的意思；有的画家在“马”字上下功夫，画面上的主体是一位跃马扬鞭的少年，在黄昏时疾速归来；有的画家在“蹄”字上下功夫，在画面上画了一只大大的马蹄，特别醒目。

有一位画家别出心裁，着重表现诗句末尾的“香”字。他的画面是：在一个夏天的落日近黄昏的时刻，一个游玩了一天的官人骑着马回归乡里，马儿疾驰，马蹄高举，几只蝴蝶追逐着马蹄蹁跹飞舞。

考卷交上来以后，主考官一幅一幅地审看，没有一幅画满意，当他看见蝴蝶追逐马蹄蹁跹起舞这一幅时，脸上露出了微笑，连声称赞：“好极了！好极

了！”于是选中了这一幅。

在这句诗题里，“踏花”“归去”“马蹄”都是比较具体的事物，容易体现出来；而“香”字则是一个抽象的事物，用鼻子闻得到，眼睛看不见，而绘画是用眼睛看的，所以难于表现。

被选中的这一幅，恰恰体现出这个“香”字来，蝴蝶追逐马蹄，使人立即联想到马蹄踏花泛起一股香味而引来蝴蝶将其误作花，如此画境，自然成功得获得第一名。

5. 竹锁桥边卖酒家

许多考生从“卖酒家”三字着眼，去刻画酒店的摆设，以小桥、流水、竹林作为陪衬，没有表现出“锁”字的意境。只有李唐独出心裁，画了一弯清清的流水，一座小桥横架于水上，桥畔岸边，在一抹青翠的竹林中，斜挑出一幅酒帘，迎风招展。

李唐的画虽然没有画出酒家，但却很好地表现出酒家被竹林遮挡的“锁”字的意境，被徽宗评为这次考试的第一名，并录入图画院，后来李唐也成为北宋的著名画家。

6. 蝴蝶梦中家万里，子规枝上月三更

有一个名叫王道亨的生员，画苏武牧羊于北海，披毡持节而卧，一双蝴蝶在苏武身体上方飞舞，表现出苏武在沙漠风雪中羁旅愁苦之状。又画林木扶疏，上有子规，月正当午，木影在地，亭榭楼观皆隐约可辨，准确地体现出了诗的意境。徽宗拍案叫绝，钦点王道亨为学录。

7. 六月杖藜来石路，午阴多处听潺授

多数人画茂树临溪，一人面水而坐，表现了“听潺授”之意，但缺少意境，因而落选。独有一人画林木茂盛，浓阴匝地，山径崎岖，乱石铺疲乏，一人于树荫深处倾耳以听，但水在山下，目不能见，只能用耳朵听，“听潺授”的意

境表现得恰到好处，自然入选。

8. 万年枝头太平雀

这是徽宗亲自主持考试时出的试题，因考生不懂万年枝为何物，无人中选，实际上万年枝就是冬青树。

徽宗观察生活细致入微。一次，宣和殿前栽种的荔枝树结果，特地前往观看，发现孔雀在荔枝枝下，便召画师描绘。画师们各展技艺，妙趣横生，但画到孔雀飞往藤墩时，都是画右脚先举。徽宗摇头说画错了！画师们面面相觑，不知错在哪里。几天之后，徽宗召画师们询问，众人仍然不知错在哪里。徽宗说，孔雀升空，必先举左脚。检验发现，果然正确，众画师们大为叹服。

有一次，龙德宫落成之后，徽宗召画师们在屏壁上作画，画成之后，徽宗前往观看，没有一句夸赞之词，画师们格外紧张。突然，徽宗在一幅月季画前徘徊不已，一问才知道，那幅画是一位少年新进画的，没有什么名气。徽宗当场给那幅画的作者赐绯。按照制度，六品官才能赐绯，那位少年新进还没有进入仕途，得此殊荣，实属少见。众人不解，询问原因。徽宗说月季花春、夏、秋、冬四季及朝暮，蕊、叶各不相同，这幅画是春天正午时分的月季，没有丝毫差错，因此才赏赐他，众人佩服得五体投地。

录取进入画院的学生分士流、杂流两种，分室居住。士流兼学一大经或一小经。杂流只诵小经或读律考。每隔十天，徽宗便命宦官将两匣内府收藏的名画送往画院，让士子观看，但立下规矩，不得渍污、遗失。

画师们每作一幅画，都要先呈上草稿，然后再呈上真品。徽宗也不定期前往观看，如果对哪一幅画不满意，先用白色涂去，令画家重新构思，直到徽宗满意为止。徽宗在位期间，是宋代画家人数最多的时候，有成就的画家达四十八人之多。